Den öko-sozialen Umbau beginnen

Lieselotte Wohlgenannt
Herwig Büchele

Den öko-sozialen Umbau
beginnen: Grundeinkommen

Europaverlag
Wien · Zürich

Band 15 der Reihe *Soziale Brennpunkte*
Herausgegeben von der Katholischen
Sozialakademie Österreichs

CIP-Titelaufnahme der Deutschen Bibliothek

Den öko-sozialen Umbau beginnen: Grundeinkommen / hrsg. von der Katholischen Sozialakademie Österreichs. Lieselotte Wohlgenannt; Herwig Büchele. – Wien; Zürich: Europaverlag, 1990
(Soziale Brennpunkte; Bd. 15)
ISBN 3-203-51101-0
NE: Wohlgenannt, Lieselotte (Mitverf.); Büchele, Herwig (Mitverf.); Katholische Sozialakademie Österreichs (Wien); Grundeinkommen; GT

Umschlag: Ute Strohmeier
Lektorat: Wolfgang Astelbauer, Ludwig Paulmichl
Medieninhaber: Europa Verlag GesmbH Wien
© 1990 by Europa Verlag GesmbH Wien
Hersteller: Elbemühl Graphische Industrie GesmbH Wien
Verlags- und Herstellungsort: Wien
Printed in Austria
ISBN 3-203-51101-0

INHALT

Herwig Büchele
GRUNDEINKOMMEN ALS MOMENT
EINES ÖKO-SOZIALEN UMBAUS 157

VORWORT DES HERAUSGEBERS

Den öko-sozialen Umbau mit der Einführung eines Grundeinkommens zu beginnen, bedeutet, auf die Dynamik des Vorläufigen zu vertrauen.

Vorläufigkeit kennzeichnet den Vorschlag eines „Grundeinkommens ohne Arbeit", den die Autoren 1985 mit Band 11 der „Sozialen Brennpunkte" zur Diskussion stellten. Der Vorschlag nahm eine beachtliche Dynamik an und verband sich mit der Diskussion um die Schaffung sozialer Mindeststandards in verschiedenen europäischen Ländern. Die Idee eines Grundeinkommens gewann Gestalt.

Ein Bewußtsein der Vorläufigkeit dieses Ansatzes stellt sich erst recht im Blick auf die Entwicklungen der Weltgesellschaft ein. Seine Dynamik wird ein Grundeinkommen dann entfalten, wenn es nicht isoliert, sondern als Moment eines mehrdimensionalen Konzepts für den öko-sozialen Umbau von Wirtschaft und Gesellschaft gesehen wird.

Wien, Mai 1990

P. Alois Riedlsperger SJ
Leiter der Katholischen
Sozialakademie Österreichs

VORWORT DER AUTOREN

Das Vorhaben, ein allgemeines Grundeinkommen einzuführen, läßt sich nicht länger aus den Auseinandersetzungen über unsere politische Zukunft heraushalten, obwohl es an Versuchen, es vorab als unrealistisch oder gefährlich zu disqualifizieren, nicht gefehlt hat.

Vor allem ist in letzter Zeit die Einsicht gewachsen, daß auch in der Sozialpolitik isolierte Änderungen nicht sinnvoll sein können. Lassen sich die herrschenden Vorstellungen von einer mit den bisherigen Instrumenten gestaltbaren Normalität noch aufrechterhalten – von den Wahnvorstellungen eines scheinbar endlos abrollenden quantitativen Wachstums ganz abgesehen? Sind nicht vielmehr die einander verstärkenden Tendenzen zur ökologischen Selbstauslöschung zur Kenntnis zu nehmen? Und sind nicht auch inmitten der reichen Gesellschaften die Zonen des Elends und der Ausgrenzung von Minderheiten durch Mehrheiten – die „Zweidrittelgesellschaft" – trotz Hochkonjunktur in voller Ausdehnung? – Diesen dramatischen Zuspitzungen muß Rechnung getragen werden. Es ist Zeit für einen entsprechenden Schritt.

Dieses Buch ist ein Vorschlag, sofort mit der Einführung eines Grundeinkommens zu beginnen. Der erste Teil verdeutlicht den Vorschlag und beschreibt die sozialen Perspektiven in den reichen Ländern Europas. Dabei ist uns wichtig, die Einführung eines Grundeinkommens im Kontext der Weltgesellschaft zu behandeln. Das ist der Zweck des zweiten Teils. Nur solche Antworten sind realistisch, die mit den ökologischen auch die sozialen Zerstörungstendenzen abwenden: ein Programm des öko-sozialen Umbaus in der Gesellschaft. Es versteht sich von selbst, daß in diesem gedrängten Rahmen nur eine Skizze des nötigen Umbaus, des Paradigmas und einiger seiner Grundelemente gegeben werden kann.

Wir haben bei der Abfassung dieses Buches vielfältige Unterstützung erhalten. Stellvertretend möchten wir danken: Erich Kitzmüller und Ehrenfried Natter für Anregungen und Kritik und Gisela Kaltenhauser, Elfriede Landauer und Gerlinde Wolschke für die „Textverarbeitung".

Wien, Innsbruck   Lieselotte Wohlgenannt
Ostern 1990   Herwig Büchele

Lieselotte Wohlgenannt

Von der Notwendigkeit und Möglichkeit der Einführung eines Grundeinkommens

1. GRUNDEINKOMMEN IN DISKUSSION

Thema dieses ersten Teils ist die Einführung eines Grundeinkommens, das jedem Mitglied unserer Gesellschaften bedingungslos zusteht, und das so hoch ist, daß man – bescheiden – davon leben kann. Dies müßte ein monatlicher Betrag in der Größenordnung von 4500 Schilling für Österreich oder 700 DM für Westdeutschland sein, für Kinder in etwa 3000 Schilling oder 400 DM. Je nach sonstigen Einkommen könnte dieser Betrag direkt ausbezahlt oder von der Steuer in Abzug gebracht werden.

Grundeinkommen kann im Rahmen eines öko-sozialen Umbaus als Weg betrachtet werden, die alte und die neue Armut dauerhaft aus der Welt zu schaffen, als Instrument zu einer flexibleren Gestaltung der Arbeitswelt und der Wirtschaft, und als Voraussetzung eines selbstbestimmten Lebens mit Freiräumen für Kreativität und gesellschaftliche Innovation.

1.1. Armut trotz Reichtum

„Bei uns braucht keiner zu verhungern" – so meinen viele, wenn sie mit dem Vorschlag für ein „Grundeinkommen ohne Arbeit" konfrontiert werden.[1] Diese Aussage ist wohl im wesentlichen für alle europäischen Länder richtig. Daraus zu schließen, alles sei in Ordnung, alle materiellen Bedürfnisse oder auch nur die Grundbedürfnisse, Essen, Kleidung und ein Dach über dem Kopf, seien abgedeckt, wäre ein großer Irrtum. Menschen fallen auch in unseren Ländern durch das soziale Netz, etwa weil sie nicht – oder noch nicht lange genug – sozialversichert sind, weil Arbeitslosengeld oder Pension unter der Armutsgrenze liegen und nicht ausreichen, die lebensnotwendigen Bedürfnisse abzudecken, oder einfach, weil das Arbeitseinkommen zu niedrig ist, um die Familie mit dem Notwendigen zu versorgen. Und obwohl es ein Recht auf Sozialhilfe gibt, schämen sich viele, dieses – mit vielen Diskriminierungen verbundene – Recht in Anspruch zu nehmen.

Als Mitte der 80er Jahre das Thema Grundeinkommen in einer relativ breiten Öffentlichkeit diskutiert und auch Gegenstand politischer Überlegungen wurde,[2] war der auslösende Grund die rasch wachsende Arbeitslosigkeit, die Verlangsamung des Wirtschaftswachstums und die mit den beiden Faktoren verbundene

Tendenz zur gesellschaftlichen Ausgrenzung und Spaltung, für die der Begriff der „Zweidrittelgesellschaft" geprägt wurde.[3]

An der Wende zum letzten Jahrzehnt des ausgehenden Jahrhunderts scheint alles anders. Die Wirtschaft europäischer Staaten verzeichnet Wachstumsraten bis zu 5%, die weit über das hinausgehen, was Wirtschaftsforscher aller Richtungen prognostiziert hatten; Industrie und Gewerbe beklagen einen Mangel an Facharbeitern, die Beschäftigtenzahlen steigen. Selbst die Sorgen um die langfristige Sicherung der sozialstaatlichen Einrichtungen tritt damit vorübergehend in den Hintergrund. Einerseits, weil die Sparmaßnahmen auf der Ausgabenseite der Arbeitslosen- und Pensionsversicherung, die in der Zeit langsamen Wachstums durchgesetzt wurden, zum Tragen kommen, andererseits aber, weil höhere Beiträge von einer größeren Zahl von Beschäftigten für wachsende Einnahmen sorgen. Dazu kommt 1990 die Euphorie über neue Märkte im Osten, von denen sich die westeuropäischen Länder neue Wirtschaftsimpulse, zusätzliche Kapazitätsauslastung und zusätzliches Wachstum erhoffen.

Hinter der glänzenden Fassade von Wirtschaftswachstum, Beschäftigungszuwachs und zunehmendem Reichtum vollzieht sich ein rascher Veränderungsprozeß. Jene Arbeitsgesellschaft, die sich vor allem in den Jahrzehnten nach dem Zweiten Weltkrieg entwickelt hatte, mit weitgehender Vollbeschäftigung und stetig wachsenden Realeinkommen für alle Bevölkerungsschichten, weist Sprünge auf. Die nach wie vor bestehenden gesellschaftlichen Unterschiede in Einkommen und Lebenschancen werden wieder deutlich erkennbar: die trotz steigender Beschäftigung stagnierenden Arbeitslosenzahlen, der fallende Anteil der Einkommen der Unselbständigen am Volkseinkommen bei gleichzeitigem Zuwachs der Einkommen aus Besitz und Vermögen, die Zunahme von Obdachlosen und Sozialhilfeempfängern. Dies alles in einer Gesellschaft, deren Reichtum zunimmt, einer blühenden Wirtschaft mit wachsenden Spitzeneinkommen, in der es wieder zum guten Ton gehört, sich Luxusbedürfnisse zu erfüllen und zu zeigen, daß man sich etwas leisten kann.

Daß Arbeitslose und Arbeitsunfähige arm sind, wurde in einer Arbeitsgesellschaft als „normal" hingenommen. Doch nun zeigt sich in europäischen Ländern ein Phänomen, das bisher eher aus den USA bekannt war: Menschen, die trotz Erwerbsarbeit unter der Armutsgrenze leben. So kamen in der BRD zu den rund

2 Millionen Arbeitslosen, die Anfang 1989 registriert waren, mindestens ebensoviele „geringfügig Beschäftigte" mit Monatseinkommen unter 450 DM[4] (ca. 3150 S), die nicht sozialversicherungspflichtig sind. 60% dieser Beschäftigten sind Frauen, die auf diese Weise weder für den Fall der Krankheit noch für ihr Alter einen eigenständigen Versicherungsschutz erwerben können. Auch in Österreich wird arbeitssuchenden Frauen häufig versicherungsrechtlich ungeschützte, schlecht bezahlte, dafür aber „flexible" Arbeit angeboten. Auch hier sind die USA „Vorbild": Der Großteil der dort seit 1982 neugeschaffenen 19 Millionen Arbeitsplätze sind Teilzeitjobs mit schlechter Bezahlung und mangelnder sozialer Absicherung, meist im Bereich einfacher Dienstleistungen wie Reinigung oder Hilfsdienste im Handel oder im Pflegebereich.

Doch auch ganz normale Beschäftigungsverhältnisse können in die Armut führen, wenn die Kollektivvertragslöhne für eine 40-Stunden-Woche nicht mehr als 6000 bis 7000 S netto ergeben.[5] Ein Grundeinkommen würde die niedrigen Arbeits- und Sozialversicherungseinkommen anheben und den wirtschaftlichen Druck abbauen, jede Arbeit, auch unter schlechtesten Bedingungen, annehmen zu müssen.

1.2. Technikentwicklung und Arbeitsorganisation

Vorausberechnungen gehen davon aus, daß zu Beginn des 3. Jahrtausends die gesamte Produktion materieller Güter in den entwickelten Ländern von nur 10 % der Bevölkerung geleistet wird. Unter der Annahme unveränderter Arbeitszeit könnte es zu hoher Arbeitslosigkeit und in der Folge zu verstärkten gesellschaftlichen Spannungen kommen, vor allem dann, wenn auch viele junge Menschen vom Arbeitsmarkt ausgeschlossen würden. Eine derartige Entwicklung könnte in Gang kommen, wenn unter dem Druck leerer Pensionskassen das Alter des Pensionseintritts systematisch erhöht würde.

Was die Arbeitsplätze betrifft, stehen wir vor der Perspektive einer dualen Gesellschaft: die „Leistungsstarken" auf der einen Seite, die voll- bis überbeschäftigt, mit hohem Einkommen, ein wachsendes Produktionsvolumen aufrechterhalten; auf der anderen Seite die wachsende Zahl von Arbeitslosen und Ausgeschlossenen, die zwischen Gelegenheitsarbeiten und Einkommen aus Arbeitslosen- oder Sozialhilfe hin- und hergeschoben werden. Die Perspektive: eine Zweidrittel-, wenn nicht eine Splittergesellschaft. Im ersten Fall würde einer Mehrheit von Beschäftigten mit sicheren und gutbezahlten Arbeitsplätzen eine Minderheit von Beschäftigten mit prekärer und schlechtbezahlter Arbeit und Arbeitslosen gegenüberstehen. Von „Splittergesellschaft" dagegen könnte gesprochen werden, sollten im Namen einer neuen „Freiheit" Solidaritäten zwischen unterschiedlichen Gruppen von Arbeitenden sich auflösen.

Geht der Arbeitsgesellschaft die Arbeit aus? Oder haben jene Recht, die aufzeigen, daß es in unserer Gesellschaft noch sehr viel Arbeit gibt, vor allem im Bereich persönlicher Dienstleistungen, der Pflege alter oder kranker Menschen, der Betreuung von Kindern und Jugendlichen, im Umweltbereich, und daß diese Arbeit nur darum nicht getan wird, weil kein Geld dafür vorhanden ist?

Grundsätzlich gibt es drei Möglichkeiten, solche Bedürfnisse zu befriedigen:

– über den Markt, nach dem Muster der Vereinigten Staaten. Die dabei geschaffenen Arbeitsplätze sind im allgemeinen schlecht bezahlt, weil nur so die angebotenen Dienstleistungen in Anspruch genommen werden können. Anders ausgedrückt: Voraussetzung für die Marktlösung sind große Einkommensunterschiede zwischen jenen, die diese Dienste in Anspruch nehmen, und denen, die sie leisten.

– über den Staat. Auch über staatliches Angebot lassen sich soziale Bedürfnisse abdecken und Arbeitsplätze schaffen, wie es zum Beispiel in Schweden geschieht. In diesem Fall müssen die öffentlich organisierten und bezahlten Dienstleistungen über Steuern finanziert werden. Dies bedeutet eine hohe Steuerquote – ohne gleichzeitige Garantie, daß damit auch die Lebensqualität erhöht wird.

– über freiwillige private Dienstleistungen, indem z. B. die Pflege Alter und Kranker von den Familienangehörigen oder privaten karitativen Einrichtungen erwartet wird. Bei diesem „Modell" sind Familien und private Wohltätigkeit meist überfordert; wer keine Hilfe findet, bleibt auf der Strecke.

Diese „Falle" könnte überwunden werden durch eine Zusammenarbeit von zwei oder drei dieser Instanzen mit dem Ziel, freiwillige Hilfe – in und außerhalb der Familie – zu erleichtern oder erst zu ermöglichen. Voraussetzungen dafür wären die freie Entscheidung und eine materielle Absicherung. Damit käme ein neues Gesellschaftsmodell in den Blick, in dem sich Staat, Markt und Privatinitiative gegenseitig durchdringen und ergänzen. Durch Grundeinkommen würden derartige Entwicklungen und Initiativen wesentlich erleichtert.

Flexibilisierung

Die tiefgreifendste Infragestellung der Arbeitsgesellschaft kommt allerdings aus jenem Komplex von Veränderungen der Organisationsstrukturen von Produktion und Arbeit, die mit der Forderung nach „Flexibilität" in Zusammenhang stehen. Die Arbeitsgesellschaft der zweiten Hälfte des 20. Jahrhunderts war gekennzeichnet durch eine hoch arbeitsteilige Massenproduktion, Konzentration der Produktionsstätten, geregelte Arbeitszeit, verbunden mit einer hohen Berufs-, Arbeits- und Wohnsitzstabilität. Die goldene Uhr zum 40jährigen Betriebsjubiläum und die Firmenpension charakterisiert diese Form der Arbeitsorganisation, die bis in die Gegenwart herein unser gesamtes gesellschaftliches Leben und unsere Vorstellungen prägt. Sie beginnt sich aufzulösen unter dem Druck technologisch-ökonomischer Entwicklungen: der Entmaterialisierung der Technik, ihrer Flexibilisierung und Integration.

„Entmaterialisierung der Technik" bedeutet, daß Intelligenz (in Form von Programmen) immer stärker in Materie (Computer) eingebunden wird. Der so gesteuerte Produktionsvorgang wird mit den organisatorischen und kaufmännischen Erfordernissen vernetzt.

Erzeugt soll nach Möglichkeit nur werden, was schon verkauft ist. Nebenkosten wie Lagerhaltung und -finanzierung können so weitgehend „wegrationalisiert", d. h. vermieden oder den Zulieferern aufgelastet werden.

Flexibilisierung und Integration stellen ganz andere Anforderungen an die Beschäftigten als Fließbandarbeit in der klassischen Fabrik mit ihrer strikten Trennung von Konzeption und Ausführung. Die alte Vorstellung von „Leistung" paßt nicht mehr zu dem Angestellten, der auf elektronischen Anzeigetafeln Produktionsvorgänge überwacht. Auch die traditionellen Berufsbezeichnungen passen nicht in die neue Wirklichkeit: in der „neuen"

Fabrikation ist es z. B. nicht mehr möglich, zwischen Produktion und Wartung zu unterscheiden. In den Büros fällt die Unterscheidung zwischen Sachbearbeiter und Schreibkraft, in den Redaktionen liefert der Redakteur seinen Artikel direkt in die Druckmaschine. Vielseitigkeit ist die Regel, Fähigkeit zur Initiative und Teamarbeit sowie Intelligenz sind gefordert.

Mit dem Einsatz und der Vernetzung elektronischer Datenträger entfallen weitere Zwänge der klassischen Produktionsweise: weder die räumliche Konzentration, noch große Serien sind notwendig, um neue, flexible Technologien rationell einsetzen zu können.

„Flexibilität" erschöpft sich jedoch keinesfalls in Vielseitigkeit und Anpassungsfähigkeit; flexible Produktion verlangt auch zeitliche Flexibilität der Arbeitnehmer, um sich den Produktionserfordernissen anzupassen, ständige berufliche Weiterbildung oder öfteren Wechsel des Berufes.

Lassen sich diese Formen von Flexibilität noch immer einigermaßen mit dem traditionellen Bild der Arbeitsgesellschaft vereinbaren, kann dies von den neuen Formen der Arbeitsorganisation – oft auch als „neue Selbständigkeit" bezeichnet – nicht mehr gesagt werden. Als Folge der dezentralen Produktionsmöglichkeiten von Gütern und vieler Dienstleistungen im Bereich der Hochtechnologie können Arbeiten als Aufgabenpakete vergeben werden. Dabei wird kein Arbeitsvertrag geschlossen, sondern eine bestimmte Leistung vertraglich zugesichert: „verkauft" wird das Produkt der Arbeit und nicht die Arbeitskraft. Das kann eine sehr angenehme und durchaus gewinnbringende Arbeitsform sein für hochgebildete Spezialisten und gesuchte Fachkräfte. Für andere könnten die Nachteile überwiegen: Bei solchen Verträgen, in denen häufig vorausgesetzt wird, daß die Arbeitsleistung in der eigenen Wohnung erbracht wird, greifen arbeitsrechtliche Bestimmungen nicht mehr, Sozialversicherungsschutz fällt weg oder bleibt der eigenen Initiative überlassen.

Was sich mit dieser neuen Form von Heimarbeit aufzulösen beginnt, ist die traditionelle, in den Gewerkschaften institutionalisierte Solidarität zwischen Arbeitnehmern. Damit verstärkt sich eine Tendenz, die bereits durch die Dezentralisierung von Betriebsstätten entstanden ist und die durch eine zunehmende Polarisierung zwischen Stammarbeitern und Randbelegschaften verstärkt wird. Es ist kein Zufall, sondern Folge all dieser noch kaum beachteten Flexibilisierungsschritte, wenn die Gewerkschaften unter Mitgliederschwund leiden. Die alten Solidaritäten sind schwer aufrechtzuerhalten, wo Einzelverträge ausgehandelt werden, die Starken keiner Solidarität bedürfen und die Schwachen, Ungelernte, Saison- und Gelegenheitsarbeiter, keine finden.

Längerfristig könnte damit auch das bestehende gesellschaftliche Kräftegleichgewicht verschoben und damit einer Aushöhlung der sozialstaatlichen Absicherungen Vorschub geleistet werden. Die Stimmen mehren sich, die im bestehenden sozialen Netz die Barriere für jene Flexibilität zu erkennen glauben, die – ihrer Meinung nach – die unabdingbare Voraussetzung für Wirtschaftswachstum, Leistung und Arbeitsplätze bildet.

Soll diese Form gesellschaftlicher Spaltung vermieden werden, braucht es neue Formen der gesellschaftlichen Solidarität, eine Art neuen Gesellschaftsvertrag. Eine gespaltene Gesellschaft bringt allen Nachteile, auch jenen, die die Gewinner zu sein scheinen. Ausschluß großer Bevölkerungsteile führt zu Gewalt und Terror, die die Gegengewalt der Polizei herausfordern und die Lebensqualität in vieler Hinsicht beeinträchtigen. Grundeinkommen wäre ein Element dieser neuen Solidarität, als Voraussetzung für eine dem einzelnen zumutbare, gesellschaftlich verträgliche Flexibilität.

1.3. Welche Zukunft wollen wir?

Ohne Zweifel bergen aber die neuen Technologien auch ein hohes Potential für positive Entwicklungen. Ob „Flexibilität" als Organisationsform der Wirtschaft zur gesellschaftlichen Desintegration (Splittergesellschaft) führt oder ob Wissens- und Produktivitätsfortschritte für neue Formen gesellschaftlicher Integration und für das Gemeinwohl nutzbar gemacht werden, ist nicht eine Folge anonymer Sachzwänge, sondern bewußter Politik.

Die Anwender und Befürworter computerintegrierter Systeme rechnen gerne vor, daß die wegrationalisierten Arbeitsplätze durch ebensoviele neue ersetzt worden seien. Wo dies geschehen ist, steht dahinter eine Ausweitung der Produktion, verbunden mit der Erschließung neuer Märkte. Wenn die Schweizer Uhrenindustrie nach Jahren der Rückschläge Uhrwerke nach Hongkong liefern kann oder westdeutsche Textilerzeuger mit hochmodischen Konfektionsmodellen verlorenes Terrain zurückgewinnen, so sind damit zweifelsohne auch neue, meist qualifizierte Arbeitsplätze verbunden. Solcher Verdrängungswettbewerb mag für die einzelne Firma oder bestenfalls für ein Land etwas bringen, doch was würde geschehen, würde dieses Modell auf die gesamte Wirtschaft oder auf die ganze Welt ausgedehnt?

Nirgends wird deutlicher als in der Diskussion um den EG-Binnenmarkt, daß Wirtschaft zum Selbstzweck geworden ist. „Große Einheiten", „Skalenerträge", „Markt ohne Grenzen" und daneben die Konkurrenzfähigkeit gegenüber den großen Wirtschaftsblöcken Amerikas und des fernen Ostens sind die Ziele; natürlich soll es daneben auch „soziale Begleitmaßnahmen" geben, um die hart gerungen wird.

Mit anderen Worten: Das Wohl der Menschen ist vom Ziel der Wirtschaft zur bloßen „Begleitmaßnahme" geworden, dazu bestimmt, die negativen Auswirkungen wirtschaftlicher Größe und Konzentration zu mildern. Längst ist das Ziel dieser Wirtschaft nicht mehr die Befriedigung menschlicher Bedürfnisse. Was zählt, ist nicht der Hunger der Armen in der Dritten Welt oder die Wohnungsnot in den reichen Ländern des Nordens, sondern ausschließlich eine kaufkräftige Nachfrage, die mit riesigen Werbebudgets und großem Ideenreichtum auf die jeweils eigenen Produkte gelenkt wird.

Maximale Konkurrenzfähigkeit erfordert die Minimierung von Kosten. Daher die Warnung der Wirtschaftsvertreter an die Gewerkschaften, angesichts der europäischen Integration höhere Löhne zu fordern, daher die Forderung nach strengeren Regelungen und Beschränkungen im sozialen Netz, daher die „Warnung" vor Umweltauflagen, welche der europäischen Industrie Wettbewerbsnachteile gegenüber der außereuropäischen Konkurrenz bringen könnten. Dies alles wird begründet mit dem Ziel eines höheren Lebensstandards, gemessen an einer in Geld ausgedrückten Kaufkraft. Diese mit Lebensqualität gleichzusetzen, ist der Irrtum einer Gellschaft, die sich der „Eigengesetzlichkeit der Wirtschaft" unterworfen, das heißt die Wirtschaft zum höchsten Herrn gemacht hat.

Um die wirklichen Lebensbedürfnisse und -wünsche zu erfüllen, braucht es eine neue Konzeption von Wirtschaft oder – richtiger – die Rückführung einer zum Selbstzweck gewordenen Wachstumswirtschaft auf die ursprünglichen Ziele allen Wirtschaftens: bei möglichst schonendem und sparsamen Umgang mit den zur Verfügung stehenden Mitteln möglichst gute Lebensbedingungen für die (Haus-)Gemeinschaft zu schaffen. Nur: Mittel, Ressourcen sind eben nicht Geld, sondern Erde, Wasser, Luft, die ganze Natur und die Schätze unserer Erde, die nicht nur uns gehören, sondern auch den Ländern des Südens und späteren Generationen. Und Lebensqualität entsteht nicht nur durch bezahlte Arbeit und Bruttosozialprodukt, sondern in hohem Maße auch durch unbezahlte Arbeit, vor allem von Hausfrauen und Müttern. Zum menschlichen Leben gehören zwischenmenschliche Beziehungen und Zuwendung, gegenseitige Hilfe und gemeinsame Feste, die nicht einfach von „der" Wirtschaft produziert werden können, selbst wenn sie wesentliche Voraussetzungen dafür schafft.

Eine Ausrichtung der Wirtschaft auf das Ganze der Lebenswelt würde in erster Linie einen sparsameren („ökonomischen") Umgang mit unersetzlichen Ressourcen unserer Erde bedeuten. Eine Umorientierung dieser Art kann jedoch nicht von einer auf Wachstum fixierten Wirtschaft kommen, sie muß politisch durchgesetzt werden, wozu ein Umdenken der Staatsbürger den Anstoß geben muß. Damit „Lebensqualität" entstehen kann, muß ein ökologischer Umbau der Wirtschaft mit einer gerechteren Verteilung der Arbeit Hand in Hand gehen, die Flexibilität durch ein garantiertes Einkommen abgesichert werden.

1.4. Ein neuer Gesellschaftsvertrag

Die hohen Arbeitslosenzahlen der 80er Jahre führten zu Finanzierungsproblemen des Wohlfahrtsstaates und bildeten so den Anlaß für eine Infragestellung des erreichten sozialstaatlichen Niveaus. Das soziale Netz sei, erstens, in Hinkunft wegen der „Überalterung" der Bevölkerung nicht mehr finanzierbar, zweitens entmündige es den einzelnen und beschränke die persönliche Freiheit – so die neoliberale Kritik.

Das österreichische Sozialversicherungssystem ist – vergleichbar den sozialstaatlichen Einrichtungen der meisten europäischen Länder – extrem erwerbsarbeitszentriert, auf das „Normalarbeitsleben" des erwachsenen männlichen Vollzeitbeschäftigten abgestimmt und wird im Umlageverfahren finanziert: das heißt, die Einnahmen aus Beiträgen werden im selben Jahr für die Auszahlung an Arbeitslose und Pensionisten verwendet. Wenn sich nun aufgrund höherer Arbeitslosigkeit oder einer Zunahme der Pensionsberechtigten das Verhältnis zwischen Beitragszahlern und Anspruchsberechtigten ändert, müssen weniger Beschäftigte für eine größere Zahl von Leistungsempfängern aufkommen; es entstehen Finanzierungsschwierigkeiten. Dies gilt auch dann, wenn der Rückgang der Beschäftigung auf Rationalisierungsfortschritte zurückzuführen ist und eine Steigerung der gesamtwirtschaftlichen Leistungsfähigkeit zur Folge hat.

Unabhängig von der wirtschaftlichen Entwicklung wird allein durch die höhere Lebenserwartung die Zahl der Pensionisten steigen. Mit einem besonders großen Schub von „Neupensionisten" ist in den Jahren zwischen 2020 und 2030 zu rechnen, wenn die starken Geburtsjahrgänge der 60er Jahre ins Pensionsalter kommen. Sollte sich bis dahin eine Zweidrittelgesellschaft installiert haben, würde ein im Umlageverfahren ausschließlich aus den Beiträgen der Beschäftigten finanziertes System wohl aus psychologischen Gründen unfinanzierbar.[6] Und dies, obwohl dann das Bruttosozialprodukt – mit weniger Arbeitseinsatz und veränderter Zusammensetzung – wahrscheinlich etwa doppelt so groß sein wird wie heute.

Es ist notwendig, mit der falschen Vorstellung zu brechen, das aktuelle Sozialprodukt würde allein durch die jetzt geleistete Arbeit und die dabei zum Einsatz gelangenden Werkzeuge (Kapital) erbracht. Die Produktivität dieser Arbeit hängt ja von vielen weiteren Faktoren ab: der natürlichen Ausstattung eines Landes wie fruchtbaren Böden, günstigem Klima und Bodenschätzen, von früheren Investitionen in eine geeignete Infrastruktur (Straßen und Schienenverkehr, Schulen und Universitäten und anderen öffentlichen Einrichtungen), vom angesammelten Wissen und dem Grad der Ausbildung der Bevölkerung, und schließlich auch von der unentgeltlich geleisteten Arbeit für Kindererziehung und Haushalt, welche ebenfalls Voraussetzungen für die Erwerbsarbeit bilden. Der Anteil dieser „Produktionsfaktoren" wird dem Lohn von Arbeit und Kapital zugeschlagen. Was bisher vor allem ein Unrecht gegenüber den Frauen war, die im wesentlichen die unbezahlte Arbeit leisten, wird zum gesellschaftlichen Sprengsatz in einer gespaltenen Gesellschaft, in der die einen von regelmäßigen Erwerbseinkommen ausgeschlossen sind, die anderen aber glauben, ihre sehr hohen Einkommen allein der eigenen Tüchtigkeit zu verdanken. Die Solidarität könnte rasch aufgekündigt werden, wenn von diesem sehr hohen Einkommen mehr als die Hälfte für Steuern und Sozialversicherung abgezogen wird. Wie schnell Arbeitslose zu Schmarotzern abgestempelt werden und der Ruf nach Kürzung ihrer Einkommen laut wird, wurde in Österreich anläßlich der hohen Arbeitslosenzahlen Mitte der 80er Jahre deutlich.

Es ist also Zeit, mit einer falsch verstandenen Leistungsillusion aufzuräumen und die Verteilung der zur Verfügung stehenden Güter auf eine vernünftigere und gerechtere Basis zu stellen. Dafür ist es nicht notwendig, philosophische Überlegungen[7] oder komplizierte ökonomische Berechnungen anzustellen. Überlegungen darüber, ob die besonderen Fähigkeiten eines Menschen, seine Gene, als Beitrag der „Natur" besteuert werden sollen, wie sie der englische Philosoph Hillel Steiner anstellt, oder der Versuch, die jeweiligen Beiträge der Natur, der unbezahlten Arbeit und des gesellschaftlichen Erbes an Infrastruktur und Wissen zum erwirtschafteten Volumen an Gütern und Leistungen zu fixieren, können interessant und sinnvoll sein, die Frage der Gerechtigkeit wird aber damit nie endgültig beantwortet werden können.

Notwendig ist lediglich eine Übereinstimmung darüber, daß ein „gutes" Leben nicht möglich ist in einer gespaltenen Gesellschaft, auch nicht für die Reichen und Mächtigen, und daß Demokratie und Freiheit nicht lebbar sind ohne materielle Sicherheit. Auf dieser Basis wird sich ein Konsens über die Trennung zwischen erwerbsunabhängigem Grundeinkommen und leistungsbezogenem Erwerbseinkommen ebenso finden lassen wie über die dazu notwendigen praktischen Schritte.

Denn ein Grundeinkommen ist notwendig:
- um den Skandal der materiellen Armut in einer überreichen Gesellschaft zu überwinden,
- um den technischen Fortschritt für eine positive gesellschaftliche Entwicklung zu nützen,
- um die Freiheit des einzelnen nicht dem freien Markt zu opfern,
- um Freiräume zu schaffen für einen ökonomischeren Umgang mit den Gütern der Erde.

2. WAS HEISST „GRUNDEINKOMMEN"?

Unter „Grundeinkommen" ist eine finanzielle Zuwendung zu verstehen, die jedem Bürger oder jedem Bewohner eines Landes als Rechtsanspruch zusteht, so hoch, daß sie eine angemessene Lebensführung ermöglicht, ohne Rücksicht auf sonstiges Einkommen, auf Stand, auf Arbeit oder Verfügbarkeit für Erwerbsarbeit.

Neben diesem „Grundeinkommen", für dessen Einführung wir mit diesem Buch plädieren, gibt es andere Formen von Mindestsicherung, die nur teilweise das erfüllen, was ein Grundeinkommen leisten kann. Im folgenden sollen diese Unterschiede herausgearbeitet werden.

2.1. Was ein „Grundeinkommen" ausmacht

Was hier als Grundeinkommen bezeichnet wird, wird häufig auch unter anderen Namen diskutiert: Bürgergeld, Sozialdividende, garantiertes (Mindest-)Einkommen. Aus dem englischen übernommen ist der Ausdruck „Basiseinkommen" („basic income"). Auch mit „Basislohn" ist meist dasselbe gemeint, doch ist dieser Ausdruck mißverständlich, da Lohn im Deutschen als Entgelt für unselbständige Arbeit verstanden wird. Gerade darin liegt aber ein wesentliches Unterscheidungsmerkmal: daß bei einem Grundeinkommen der direkte Zusammenhang mit einer wie immer definierten Arbeit aufgehoben ist. Grundeinkommen ist dadurch gekennzeichnet, daß es ohne spezielle Bedingung allen Gliedern der Gemeinschaft zusteht. Deshalb wird auch oft von einem „allgemeinen" Grundeinkommen oder einer „universellen" Mindestsicherung gesprochen.

Allgemein

Von Grundeinkommen im Sinne dieses Buches kann nur dann gesprochen werden, wenn alle Mitglieder einer Gesellschaft, z. B. alle Schweizer, Österreicher oder Westdeutschen, oder alle, die in Österreich bzw. Deutschland wohnen, oder alle EG-Bürger, tatsächlich in den Genuß dieser finanziellen Leistung der Gemeinschaft kommen. Unerheblich ist dabei, in welcher Form ein

Grundeinkommen ausbezahlt wird, ob die Summe jedem Bezugsberechtigten auf ein Konto überwiesen oder von vornherein mit
der Steuer als eine Art negativer Einkommensteuer[8] verrechnet
oder in irgendeiner anderen Art verfügbar gemacht wird. Auch
eine Auszahlung gestaffelter Beträge je nach Alter oder höherer
Beträge für bestimmte Gruppen mit höherem Bedarf (Behinderte, Pflegebedürftige) würde dem Universalitätsgrundsatz
nicht widersprechen.

Existenzsichernd

Von Grundeinkommen im vollen Sinn des Wortes kann erst die
Rede sein, wenn die zur Verfügung gestellte Summe ein zwar bescheidenes, aber dem Standard der Gesellschaft entsprechendes
Leben, also die Teilnahme an allen Tätigkeiten und Lebensvollzü-
gen, die in dieser Gesellschaft wichtig sind, ermöglicht.

Was darunter liegt – ein Teil-Grundeinkommen – kann als Weg
zum vollen Grundeinkommen sinnvoll sein, doch ist damit gerade
in Zeiten hoher Arbeitslosigkeit immer auch die Gefahr der Ruhigstellung der von der Gesellschaft Ausgeschlossenen und damit
der Verfestigung gesellschaftlicher Spaltung verbunden. Ein
Grundeinkommen kann deshalb nicht als Alternative zu einer gerechten Verteilung der Arbeit (Arbeitszeitverkürzung) betrachtet
werden.

Personenbezogen

Die meisten Menschen leben in Familien oder familienähnlichen
Gemeinschaften, deshalb scheint die Berechnung von Einkommen nach der Haushaltsgröße auf den ersten Blick gerecht und
sinnvoll. Für die Einzelperson als Berechnungseinheit spricht
zum einen, daß damit Kontrollen im Bereich der persönlichen
Beziehungen wegfallen, die einer staatlichen Stelle nicht zustehen und rasch in Schnüffelei ausarten. So haben die Erfahrungen
mit dem erhöhten Karenzurlaubsgeld für alleinstehende Mütter
in Österreich gezeigt, daß dabei immer wieder der Ruf nach der
Kontrolle eines möglichen Zusammenlebens laut wird.

Zweitens können durch personenbezogene Berechnung Abhängigkeiten entschärft werden, die im familiären Bereich durch
die Aufgabenverteilung, etwa in der Kindererziehung, entstehen.

Sie würden durch ein haushaltsbezogenes Grundeinkommen zumindest festgeschrieben, wenn nicht verstärkt. Es würde zwar das Familieneinkommen erhöhen, jedoch ohne Bezug zur Haus- und Familienarbeit, die dann aber „leichter" durch die zuhausebleibende Frau geleistet werden könnte.

Soll ein Grundeinkommen Freiheit stiften, muß es persönliche Entscheidungen ermöglichen, ohne sie in eine Richtung zu drängen. Vieles spricht dafür, ein Grundeinkommen prinzipiell dem oder der Bezugsberechtigten, für unmündige Kinder der Mutter auszubezahlen.

Personbezogenheit wird allerdings im Regelfall auch bedeuten, daß eine Familie, ein Haushalt vom Grundeinkommen besser lebt als Alleinstehende. Wer aus Neigung und Überzeugung alleine lebt, wird diesen Nachteil in Kauf nehmen; daß damit indirekt Familien- und Gemeinschaftsleben gefördert werden, ist gesellschaftspolitisch sinnvoll.

Arbeitsunabhängig

Der Titel unseres Buches „Grundeinkommen ohne Arbeit" hat Diskussionen bis hin zur Polemik herausgefordert. Was dahintersteht, ist die Forderung, daß Grundeinkommen das Lebensnotwendige sichern soll, unabhängig von einer Erwerbstätigkeit. Vor allem aber bedeutet „ohne Arbeit", daß mit Grundeinkommen keine wie immer geartete Kontrolle von Arbeit oder Verfügbarkeit für einen Arbeitsmarkt verknüpft sein soll.

Selbstverständlich werden Menschen, die vom Grundeinkommen leben, sich vielerlei notwendigen, nützlichen, sinnvollen Arbeiten und Beschäftigungen widmen. Der Skandal, der für manche mit solch einem Vorschlag verbunden ist, entsteht aus einem einseitigen Verständnis von Arbeit als Erwerbsarbeit. Haushalt führen und Kinder erziehen, studieren und forschen, sich politisch engagieren, Beziehungen pflegen oder irgendeine Art von Kunst ausüben sind Tätigkeiten, die zwar manchmal bezahlt, viel häufiger jedoch ohne Bezahlung verrichtet werden – die aber ohne Zweifel Arbeit sind.

Daß auch solche Arbeiten ein Recht auf Lebensunterhalt begründen könnten, darüber läßt sich relativ leicht Konsens herstellen. Der eigentliche Widerstand gegen die Idee eines „arbeitslosen" Grundeinkommens formiert sich bei der Frage der Kontrolle. Die Angst vor der Faulheit – der jeweils anderen – scheint in unserer Arbeitsgesellschaft tief verwurzelt. Dabei weiß wohl jeder aus persönlicher Erfahrung, daß nur sehr wenige Menschen zufrieden sind, wenn sie keine Aufgabe haben, die sie selbst befriedigt und vielleicht für andere nützlich ist. Für solch kranke, verbitterte oder enttäuschte Personen – aber auch zum Beispiel für Jugendliche, die ihren Platz im Leben noch nicht gefunden haben – müßten Hilfestellungen und Möglichkeiten der Eingliederung angeboten werden.

Leistungsfreundlich

Leistung muß sich lohnen – doch wer definiert, was Leistung ist? In unserer Gesellschaft gilt im allgemeinen das als Leistung, was gut bezahlt wird, ohne Rücksicht darauf, ob damit auch ein entsprechender Nutzen für die Gemeinschaft verbunden ist.

Daß viele höchst wertvolle Leistungen – etwa die Erziehung von Kindern – sich finanziell überhaupt nicht lohnen, sondern ganz im Gegenteil durch niedrigeren Lebensstandard bestraft werden, kommt in einer erwerbsarbeitszentrierten Gesellschaft gar nicht in den Blick.

Mühe und Anstrengung werden nicht nur durch Geld belohnt, sondern ebenso durch Anerkennung, Befriedigung, gesellschaftlichen Status. Trotzdem wäre es ungerecht und unrealistisch, Einkommen als Lohn von Arbeit und Mühe einfach durch immateriellen Lohn ersetzen zu wollen. Einem realistischen Menschenbild entspricht, daß Mühe und Arbeit sich auch in einem entsprechend höheren verfügbaren Einkommen niederschlagen müssen. Diese Forderung gilt allerdings nicht nur für die hohen, sondern ebenso für die niedrigen Einkommen. Es darf keine Armutsfalle jener Art entstehen, wie sie heute bei Sozialleistungen (Arbeitslosengeld, Frühpension) eingebaut ist. Wer heute Sozialhilfe bekommt und durch Arbeit etwas hinzuverdient, dem wird der Ertrag der eigenen Leistung zur Gänze von der Sozialhilfe abgezogen. Niemand käme auf die Idee, für hohe und höchste Einkommen einen Grenzsteuersatz von 100 % festzulegen, denn „Leistung muß sich lohnen". Sollte das nicht auch für die kleinen Einkommen gelten? Anders ausgedrückt: zusätzliches Einkommen soll zwar besteuert werden, es muß aber das verfügbare Einkommen spürbar erhöhen.

Die Inanspruchnahme von Grundeinkommen darf nicht diskriminierend sein. Häufig wird in Diskussionen über die Einführung eines Grundeinkommens eingewandt, in unseren Ländern müsse ohnedies niemand verhungern, wer gar kein anderes Einkommen und keine erworbenen Ansprüche habe, könne zumindest auf die Sozialhilfe als letztes Netz rechnen. Das stimmt, und es gibt in Österreich ebenso wie in der BRD sogar ein Recht auf Sozialhilfe.

Dieses Recht ist allerdings an Bedingungen geknüpft: man hat nachzuweisen, daß man arm, hilfsbedürftig, krank und arbeitsunfähig oder aber arbeitswillig ist, und man hat zugewiesene Arbeiten – egal unter welchen Bedingungen sie angeboten werden – auch anzunehmen. Diese letzte Bedingung wurde in den vergangenen Jahren zum Beispiel in England zum Prinzip erhoben: Arbeitsfähige Arbeitslose bekommen Hilfe nur unter der Bedingung, daß sie dafür eine Arbeitsleistung erbringen. Sie werden von den Gemeinden oder anderen öffentlichen Einrichtungen für einfache Arbeiten herangezogen. Der dafür geprägte Ausdruck ist „workfare", zusammengezogen aus „work" (Arbeit) und „welfare" (Wohlfahrt).

Diese Art der bedingten Sozialhilfe darf nicht verwechselt werden mit der Forderung einer Einkommenssicherung durch Arbeitsplatzgarantie, wie sie oft von Gewerkschaften und sozialistischen Parteien erhoben wird. Arbeitsplatzgarantie würde bedeuten, daß jeder, der arbeiten will, einen gesicherten Arbeitsplatz bekommt und dafür eine kollektivvertragliche Bezahlung erwarten kann: eine Forderung, die durch die Einführung eines Grundeinkommens nicht überflüssig wird, die aber in einer freien Wirtschaft auch nie zur Gänze erfüllbar sein wird. Workfare dagegen bedeutet Gelegenheitsarbeit, die meist schlecht bezahlt oder einfach als Gegenleistung für empfangene Hilfe gefordert wird. Die Stigmatisierung des Sozialhilfeempfängers wird damit eher verstärkt als aufgehoben.

2.2. Verschiedene Formen von Mindestsicherung

Grundeinkommen im vollen Sinn des Wortes müßte allen oben genannten Kriterien entsprechen. Einige dieser Elemente sind bereits heute in unterschiedlicher Kombination in den Sozialgesetzgebungen der Industriestaaten verwirklicht, andere werden als Reformmodelle diskutiert. Dabei werden Elemente eines Grundeinkommens mit einschränkenden Bestimmungen wie Beschränkung des Zugangs auf bestimmte Gruppen – etwa Beitragszahler – oder Prüfung der Einkommensverhältnisse (Armutsprüfung) verbunden. Die sozialen Netze der europäischen Staaten enthalten solche Elemente von Mindestsicherung in unterschiedlicher Kombination.

Kombinationsbeispiele im sozialen Netz

Die Sozialsysteme aller europäischen Staaten verbinden Versicherungselemente (Sozialversicherungen) mit Fürsorgeelementen (Sozialhilfe), wobei auch in die Sozialversicherung Mindestsicherungselemente eingebaut sein können. Dabei ergeben sich unterschiedliche Kombinationen verschiedener Grundeinkommenselemente, wie die folgenden Beispiele zeigen:
– Die klassische Sozialhilfe ist sowohl mit einer Armutsprüfung als auch mit einer bedingten Arbeitspflicht verbunden. Normalerweise auf niedrigem Niveau existenzsichernd, ist sie haushaltsbezogen durch die Gewährung von Zuschlägen für abhängige Personen einerseits, Anrechnung von Einkommen von Haushaltsmitgliedern andererseits. Eine besondere Zugangsbarriere besteht darin, daß geleistete Zahlungen entweder vom Empfänger selbst (falls später wieder Einkommen bezogen wird oder verwertbares Vermögen vorhanden ist) oder von Familienangehörigen (Eltern erwachsener Kinder oder erwachsene Kinder alter, bedürftiger Eltern) zurückgefordert werden können.
– Arbeitslosengeld als Versicherungsleistung unterliegt wie alle echten Versicherungsleistungen, für die ja Beiträge bezahlt wurden, keiner Armutsprüfung, wohl aber dem Äquivalenzprinzip: die Höhe des Arbeitslosengeldes ist von der Höhe der bezahlten Beiträge abhängig. Da nur ein Teil des früheren Arbeitseinkommens ersetzt wird, ist Existenzsicherung nicht garantiert. Eine Armutsfalle kann entstehen, wenn eine Arbeit angenommen wird, die weniger einbringt als Arbeitslosengeld oder Notstandshilfe, weil diese Leistungen dann zur Gänze wegfallen. Doch auch die Annahme eines wesentlich schlechter

bezahlten Jobs würde im Falle neuerlicher Arbeitslosigkeit ein entsprechendes Absinken des Arbeitslosengeldes bedeuten.[9]

– Sockelungsvorschläge, wie sie heute im Rahmen der Sozialstaatsdiskussion zur Absicherung eines Mindestlebensstandards im Rahmen der Arbeitslosenversicherung gemacht werden[10] – oder wie sie für Pensionisten, die überhaupt einen Pensionsanspruch haben, in Form einer Ausgleichszulage in Österreich seit Jahren Realität sind – setzen den Erwerb von Ansprüchen durch Beitragszahlungen voraus: sie sind existenzsichernd, aber nicht allgemein. Auch die sonstigen Bedingungen: Arbeitsbereitschaft im einen, Armutsprüfung im anderen Falle, sind durch die Einführung von Mindestbeträgen in der Sozialversicherung nicht aufgehoben.

– Das 1989 in Frankreich eingeführte Integrationsmindesteinkommen („Revenu minimum d'insertion", RMI) ist mit einer Armutsprüfung und mit bedingter Arbeitspflicht verbunden. Da Einkommen im Rahmen des Programms nur zum Teil auf den Richtsatz angerechnet werden, ist die Armutsfalle entschärft – jedenfalls während der Laufzeit des Programms.

Unterschiedliche Modellvorstellungen

Auch in den theoretischen Modellen für eine Mindestsicherung finden sich die unterschiedlichsten Kombinationen von Faktoren. Die nachstehenden Beispiele sind so ausgewählt, daß sie die gesamte Bandbreite von Vorstellungen – sozusagen von ganz rechts bis ganz links – aufzeigen.

– Das unter Rhys Williams[11] für die englischen Konservativen erarbeitete Modell eines Grundeinkommens („basic income") sieht Beträge vor, die weit unter den Mindestlebenshaltungskosten liegen, dafür aber allen Bewohnern des Landes zustehen. Dies stellt einen Anreiz dar, auch schlecht bezahlte und unsichere Arbeiten anzunehmen, um leben zu können. Es soll allerdings für die „wirklich Armen" durch andere Sozialleistungen ergänzt werden.

– Dieselbe Idee liegt dem Friedmanschen Modell einer negativen Einkommensteuer zugrunde. Auf dem Hintergrund der US-amerikanischen Sozialstaatsdiskussion ging es dem Ökonomen Friedman v. a. um die Rationalisierung der Administration, wobei aber auch die Freiheit und Würde der Armen möglichst gewahrt werden sollten. Die weit unter der Armutsgrenze angesetzte negative Steuer sollte es den Armen ermöglichen, mit den ihnen verfügbaren, schlecht bezahlten oder unregelmäßigen Jobs einen annehmbaren Lebensstandard zu erreichen. Dabei darf die Administrationsweise (negative Einkommensteuer) nicht mit der Zielsetzung (teilweise Mindestsicherung, um Staatsausgaben zu sparen) verwechselt werden.[12]

– André Gorz und Gunnar Adler-Karlsson verbinden ihre Grundeinkommensvorschläge mit einer Arbeitspflicht: Bei Gorz 20.000 Stunden im Laufe eines Lebens. Für ihn handelt es sich im Grunde um nichts anderes als eine konsequente Weiterführung der Arbeitszeitverkürzung. Allerdings sollte das gewohnte Einkommen während der Zeiten, in denen der Beruf nicht aktiv ausgeübt wird, durch einen steuerfinanzierten „zweiten Scheck" aufrechterhalten werden. Ein Grundeinkommen ohne Gegenleistung in Form von Erwerbsarbeit lehnt Gorz ab; für ihn sind Rechte und Pflichten untrennbar verbunden.[13] Für Adler-Karlsson ist wichtig, daß der einzelne auch weiß, daß er seinen Lebensunterhalt durch eigene Arbeit verdient hat. Dafür soll dann aber während des ganzen Lebens ein Grundeinkommen zur Verfügung stehen, das keineswegs nur die Grundbedürfnisse abdeckt.

Hier gibt es einen logischen Zusammenhang: Wenn ein Grundeinkommen so hoch angesetzt ist, daß praktisch das gesamte verfügbare Volkseinkommen dafür verwendet werden muß, bleibt kein Spielraum für Arbeitsanreize durch zusätzliche Erwerbseinkommen. Solche Modelle müssen deshalb mit irgendeiner Form der Arbeitsverpflichtung verbunden sein. Allerdings gibt es auch hier eine sehr große Bandbreite zwischen einem behördlich geführten „Arbeitskonto", wo die völlig frei gewählte Arbeit zur frei gewählten Zeit verbucht wird, und Vorstellungen von einem verpflichtenden Arbeitsdienst, wie sie zum Beispiel der Österreicher Popper-Lynkeus zur Jahrhundertwende vertrat. In seiner „Nährarmee" sollte jeder etliche Jahre in einem streng geregelten Leben dienen, um dafür für den Rest seines Lebens mit allem Notwendigen versorgt zu werden.

Grundeinkommen für bestimmte Bevölkerungsgruppen

Diese Beispiele könnten den Eindruck erwecken, Grundeinkommen sei ein den bestehenden sozialstaatlichen Einrichtungen in europäischen Ländern völlig fremdes Konzept. Dies stimmt nur für die Bevölkerung im erwerbsfähigen Alter. In vielen Staaten wird Kindergeld bezahlt ohne Rücksicht auf die Einkommensverhältnisse der Eltern. Die österreichische Familienbeihilfe deckt für kleine Kinder einen großen Teil der Kosten und ist im wesentlichen an keine andere Voraussetzung gebunden als den Wohnsitz in Österreich – und auch da gibt es Ausnahmen.

Einige Länder, wie z. B. die Niederlande und die Schweiz, gewähren jedem Mitglied der Gesellschaft über einem bestimmten Alter eine Altersrente, die zum Leben reicht und an keine weitere Bedingung geknüpft ist.

Auch Direktzahlungen an bäuerliche Betriebe in Ungunstlagen, wie sie in der EG und in Österreich (Bergbauernförderung) geleistet werden, können als Grundeinkommen für bestimmte Bevölkerungsgruppen betrachtet werden.

2.3. Verschiedenen Modellen entsprechen unterschiedliche Ziele

Mindestsicherung kann mit sehr unterschiedlichen Zielsetzungen verbunden sein. Diese Ziele – und die dahinterstehenden Vorstellungen vom menschenwürdigen Leben – werden in der konkreten Ausgestaltung der Modelle sichtbar.

Geradezu idealtypisch läßt sich der Zusammenhang zwischen Zielsetzungen und Modellen an jenen Vorschlägen für ein garantiertes Einkommen zeigen, die in den 60er Jahren in den USA ausgearbeitet wurden.

Für den liberalen Ökonomen Milton Friedman hießen diese Ziele: Einsparungen für den Staat angesichts einer wachsenden Zahl von Armen und einem ebenso wachsenden Heer von Beamten, die sich um sie kümmern mußten; weiters für die Armen Freiheit von Armutsprüfungen und Demütigungen, aber auch die Garantie, daß schmutzige und schlecht bezahlte Arbeiten erledigt werden. Konsequenterweise schlägt er ein Modell der negativen Einkommensteuer vor, das keiner anderen Prüfung als der normalen Steuererklärung bedarf. Die Höhe sollte so bemessen sein, daß für einen Vier-Personen-Haushalt etwa die Hälfte der Mindestlebenshaltungskosten abgedeckt wären, so daß die Notwendigkeit, sich durch Arbeit zusätzliches Einkommen zu schaffen, bestehen blieb. „Negative" Steuer heißt weiters, daß sich Erwerbsarbeit (auch schlecht bezahlte) lohnt, weil damit das gesamte verfügbare Einkommen steigt. Friedman war überzeugt, daß die Einführung einer negativen Einkommensteuer viele neue Arbeitsplätze im Niedriglohnbereich bringen würde, die es etwa schwarzen Jugendlichen erlauben würden, überhaupt einmal Arbeit zu finden. Dieser Aspekt eines allgemeinen Minimums zur Lohnsubvention findet sich in der aktuellen europäischen Diskussion wieder.[14]

Friedmans Gegenpol in der amerikanischen Diskussion, Robert Theobald, ging davon aus, daß die Arbeitslosigkeit ständig steigen würde, weil immer mehr menschliche Arbeit durch Maschinen ersetzt wird. Um unnötiges Wirtschaftswachstum – nur um der Arbeitsplätze willen – zu vermeiden, solle jedes Individuum und jede Familie ein Recht auf existenzsicherndes Einkommen erhalten. Die Einführung sollte bei den Armen beginnen und im Maße des technischen Fortschritts immer weitere Kreise ziehen, parallel dazu könnte die Höhe des Grundeinkommens steigen. Alle jene Arbeiten, die im Amerika der 60er Jahre wegen zu hoher Lohnkosten nicht getan wurden, könnten dann durch Privatinitiative, die unter Umständen auch staatlich unterstützt werden müßte, erledigt werden. Die Vision Theobalds ist eine vollständige Entkoppelung von Arbeit und Einkommen: „Ein Zeitalter, in dem alte Menscheitsträume wahr werden".

Zwischen Friedman und Theobald steht James Tobin, Ökonomieprofessor und Nobelpreisträger mit politischem Einfluß. Sein Hauptziel ist neben einer Rationalisierung der Fürsorge die gesellschaftliche Integration der Armen. Mittel dazu sind für ihn ein garantiertes Einkommen nicht allzu weit unter der Armutsgrenze, mäßige Besteuerung von zusätzlichem Einkommen und Nicht-Anrechnung von bestimmten Vermögen, etwa Wohneigentum für den Eigenbedarf. Überhaupt wollte er intakte Familien gefördert sehen – im Gegensatz zu den traditionellen Wohlfahrtsprogrammen in den USA, die fast nur unvollständige Familien einbezogen. Tobins Programm hätte nach seinen Berechnungen 2% des amerikanischen Bruttosozialprodukts gekostet, seiner Meinung nach gut angelegtes Geld.

Die Ziele von unterschiedlichen Grundsicherungsmodellen lassen sich auf einer kontinuierlichen Linie, sozusagen von ganz rechts nach ganz links, einordnen. Parallell dazu gibt es aber so viele Überschneidungen und Konvergenzen, daß unterschiedliche Zielsetzungen auch zu sehr ähnlichen konkreten Vorschlägen führen können.

So kann ein Grundeinkommen vorgeschlagen werden, um die durch die Veränderung des Arbeitsmarktes entstehende gesellschaftliche Spaltung – den Ausschluß ganzer Bevölkerungsgruppen von der Teilhabe am Arbeitsmarkt – gesellschaftlich erträglich zu machen.

Grundeinkommen kann weiters zu dem Zweck konzipiert werden, Arbeiten zu subventionieren, die sonst zum herrschenden Lohnniveau nicht bezahlt werden könnten. Im einen wie im anderen Fall kann damit die Erwartung einer höheren gesamtwirtschaftlichen Produktivität verbunden sein. Die Sorge um die Würde der Armen – und um Einsparungen in der Sozialadministration – können mit solchen Vorschlägen Hand in Hand gehen.

Mindestsicherungsvorschläge wurden in den vergangenen Jahren auch im Rahmen der Sozialstaatsreform vorgebracht, als teilweiser oder vollständiger Ersatz von Sozialversicherungsleistungen, also mit dem Ziel von Einsparungen im Bereich der Sozialversicherungen.

Nicht dem Sparen, sondern der Besserstellung von Beziehern sozialer Leistungen gelten dagegen jene Vorschläge, die sich darauf beziehen, existenzsichernde Mindesteinkommen im Bereich der Sozialversicherungen einzuführen („Sockelung"). Die Voraussetzungen, wie Beitragszeiten oder Arbeitsbereitschaft, bleiben dabei unverändert. Solche Vorschläge werden im allgemeinen mit der Forderung nach einem „Recht auf Arbeit" verbunden; als Voraussetzung dafür kann eine Verkürzung der Normalarbeitszeit, die Erleichterung von Teilzeitarbeit oder auch – immer häufiger – eine flexible Pensionierungsgrenze gefordert werden.

Auch die Vorschläge für ein allgemeines, mindestens existenzsicherndes, bedingungsloses Grundeinkommen sind meist mit der Forderung nach einem Recht auf Arbeit und auf Reduzierung der globalen Arbeitszeit verbunden. In diesem Fall heißen die

Ziele: Ausweitung der persönlichen Autonomie, Chancengleichheit und eine Verbesserung der Verteilungsgerechtigkeit. Dabei kann durchaus anderes im Vordergrund stehen, zum Beispiel eine Ausrichtung der Wirtschaft auf ökologische Verträglichkeit und Lebensqualität statt Quantität, Verbesserung der Lebensmöglichkeiten in den benachteiligten Regionen, Förderung und Absicherung von Flexibilität. Wirtschaftswachstum wird bei diesen Modellen keineswegs negativ, aber auch nicht von vornherein als positiv betrachtet, sondern nach den konkreten Auswirkungen auf Umwelt, Lebensqualität und die Lebensmöglichkeiten zukünftiger Generationen beurteilt.

Kriterien der Beurteilung

Die Frage nach den möglichen Auswirkungen eines konkreten Modells auf die Zukunft von Wirtschaft und Gesellschaft ist ohne Zweifel ein wichtiges Kriterium der Beurteilung. Stellt man diese Frage, wird deutlich, daß jede Veränderung sozialer Einrichtungen und sozialer Machtverhältnisse eben auch Gesellschaftsveränderung bedeutet. In Frage steht die Richtung der Veränderungen: werden Spaltungen verfestigt, Einkommens- und Machtunterschiede vergrößert (mit der möglichen Folge eines Polizeistaats), oder entsteht größere Freiheit und mehr Gleichheit, eine Verstärkung der gesamtgesellschaftlichen Solidarität?

Die Scheidelinie wird wahrscheinlich dort verlaufen, wo die Höhe eines Grundeinkommens wenigstens für ein bescheidenes Leben reicht, weil erst damit die Voraussetzungen für Autonomie und freie Entscheidungen gegeben sind.

3. ZWISCHEN ARMENRECHT UND SOZIALVERSICHERUNG

Obwohl das soziale Netz überall in Europa in den vergangenen Jahrzehnten ausgebaut wurde, gibt es Arme, und ihre Zahl ist sogar wieder im Steigen begriffen.

Diese „Löcher im Netz" – durch die auch in unseren Ländern immer mehr Menschen fallen – erklären sich aus der Geschichte einer Sozialversicherung, die vom Schutz einzelner Gruppen von Arbeitnehmern gegen wenige Standardrisiken ausgehend immer größere Bevölkerungsgruppen erfaßte und dabei neue Risiken mit einbezog, ohne je die alten Trennungen nach Risikogemeinschaften (Arbeiter, Angestellte, Bauern, Selbständige usw.) und nach Risikobereichen (Krankheit, Unfall, Arbeitslosigkeit, Alter) aufzuheben.

3.1. Von der Familie zur Sozialversicherung

In der vorindustriellen Gesellschaft war es die Familiengemeinschaft, die dem einzelnen Schutz und Sicherheit bot in den Wechselfällen des Lebens. Als sich im Zusammenhang mit der Industrialisierung die Großfamilien aufzulösen begannen und die Erwerbsarbeit mehr und mehr außer Haus verlegt wurde, wurden neue Wege der sozialen Sicherheit notwendig. In Deutschland wurde unter Bismarck die Sozialversicherung geschaffen, die Industriearbeitern für den Fall von Unfall, Krankheit und Alter eine minimale materielle Absicherung brachte. In Österreich wurde in den 80er Jahren des vorigen Jahrhunderts ein Arbeiter-Unfall- und ein Arbeiter-Krankenversicherungsgesetz erlassen. Eine Alterssicherung gab es in Österreich dagegen nur für die Angestellten, und auch das erst nach 1906. Die Arbeiter kamen erst 1939 durch den „Anschluß" Österreichs und die damit in Kraft tretende Anwendung der deutschen Sozialgesetzgebung in den Genuß einer Alterssicherung.

Neue Impulse erhielt die Idee der sozialen Sicherheit in Europa durch die Diskussion in den angelsächsischen Ländern in der Kriegs- und Nachkriegszeit. 1941 beschlossen Churchill und Roosevelt die Atlantik-Charta, die eine Welt der „Freiheit von Angst und Not" zum Ziel hatte. 1942 legte Beveridge in England seinen Plan für ein umfassendes System sozialer Sicherheit vor, das Armut ein für allemal zum Verschwinden bringen sollte.[15] Als Krönung wurde „soziale Sicherheit" sogar in die Menschenrechtsdeklaration der Vereinten Nationen von 1948 aufgenommen, wo es heißt: „Jeder Mensch hat als Mitglied der Gesellschaft Recht auf soziale Sicherheit; er hat Anspruch darauf, durch innerstaatliche Maßnahmen und internationale Zusammenarbeit unter Berücksichtigung der Organisation und der Hilfsmittel jedes Staates in den Genuß der für seine Würde und die freie Entwicklung seiner Persönlichkeit unentbehrlichen wirtschaftlichen, sozialen und kulturellen Rechte zu gelangen." (Art. 22) Diese Rechte werden im folgenden noch genauer umschrieben: Recht auf Arbeit, auf Erholung und Freizeit, auf angemessene Lebenshaltung, auf Mütter- und Kinderschutz, auf Bildung und Teilnahme am kulturellen Leben.

Damit war ein Maßstab gesetzt, dem in den Folgejahren die meisten Mitgliedsländer – weit über Europa hinaus – gerecht zu werden versuchten, wenn auch mit sehr unterschiedlichem Erfolg.

Beveridge: Grundsicherung für alle

Der Beveridge-Plan war gekennzeichnet durch ein die gesamte Bevölkerung umfassendes soziales Sicherungssystem mit einheitlichen Beitrags- und Leistungssätzen für alle Versicherten, ohne Rücksicht auf die Einkommenshöhe, durch starke Zentralisierung und durch die angestrebte Deckung des Existenzminimums. Kinderzulagen, Gesundheitsdienst und Vollbeschäftigungspolitik ergänzten den Beveridge-Plan. Unterschieden wurde lediglich nach „Versicherungsklassen": Arbeitnehmer, andere Erwerbstätige, Hausfrauen, andere Personen im erwerbsfähigen Alter, Kinder und Alte. Die beiden letzten Gruppen hatten keine Beiträge zu leisten, dafür aber Anspruch auf Kinderzulage bzw. Altersrente.

Es bedurfte eines Regierungssturzes und des Wahlsiegs der Labour Party, bevor dieser Plan wenigstens in seinen Grundzügen angenommen und 1946 als Gesetz verkündet werden konnte. Statt der von Beveridge vorgeschlagenen automatischen Anpassung der Leistungshöhen an die Lebenshaltungskosten war im Gesetz eine Überprüfung nach jeweils fünf Jahren vorgesehen.

Bereits 1958 geriet die Sozialversicherung ins Defizit und die Versicherungsleistungen waren trotz Beitragserhöhungen und Staatszuschüssen so niedrig, daß die Zahl derer, die Sozialhilfe in Anspruch nehmen mußten, ständig zunahm. Gab es 1948 600.000 Sozialhilfeempfänger, die durch den Beveridge-Plan von der Fürsorge unabhängig werden sollten, waren 10 Jahre später 1,6 Millionen auf Sozialhilfe angewiesen.

Die unter der Regierung Margaret Thatchers beschlossenen Einsparungen und Veränderungen in der Steuer- und Sozialpolitik brachten die Zahl der auf Sozialhilfe angewiesenen Personen auf geschätzte 14 Millionen im Jahr 1983 – 25% der Gesamtbevölkerung.[16] Fünf Jahre später – 1988 – ergab eine Schätzung des Sozialministeriums (Department of Health and Social Security), daß nicht weniger als 40% der Gesamtbevölkerung Sozialhilfeleistungen in Anspruch nahmen oder zumindest ein Anrecht darauf gehabt hätten.[17] Die im selben Jahr durchgeführte „Reform" machte die Not zur Tugend und stellte „gezielte" oder „einkommensbezogene", d. h. von Bedürftigkeit abhängige Leistungen auf sehr niedrigem Niveau, in den Mittelpunkt des Sozialstaats. Die freiheitstiftende Komponente des Beveridge-Planes gehört damit unwiderruflich der Vergangenheit an.

Kontinentaleuropäische Entwicklungen

England war keineswegs das einzige europäische Land, das nach 1945 seine Konzeption von sozialer Sicherheit erweiterte und die bestehenden Sozialversicherungsinstitutionen ausbaute. Die französische Widerstandsregierung hatte in England den Beveridge-Plan kennengelernt. Unmittelbar nach Kriegsende, am 4. Oktober 1945, wird ein von der englischen Diskussion inspiriertes Gesetz promulgiert, um für die Zukunft „die Arbeiter und ihre Familien" gegen die Risiken der Erwerbsunfähigkeit zu versichern. Die ursprünglich geplante Zentralkasse für die gesamte Bevölkerung, die die Risiken Krankheit, Familie und Alter abdecken sollte, scheiterte am Widerstand einzelner Berufsgruppen, so daß sich in den folgenden Jahren (und Jahrzehnten) nach Berufsgruppen getrennte Alters- und Krankenversicherungen herausbildeten. Die Absicherung gegen Arbeitslosigkeit dagegen – für Beveridge zentraler Bestandteil einer staatlich organisierten Sozialversicherung – bleibt in Frankreich vorerst den Gewerkschaften und den traditionellen „mutualités" (Versicherungen auf Gegenseitigkeit) überlassen. Erst Ende 1958 wird im Hinblick auf die EWG eine Arbeitslosenversicherung, vorerst für Industriearbeiter und Handelsangestellte, eingerichtet. Nachdem im Laufe der 70er Jahre auch die Zusatzversicherungen einzelner Berufsgruppen für eine über den Mindestsatz hinausgehende Alterspension in das allgemeine Regime einbezogen wurden, kann auch dieses auf weitere Bevölkerungsgruppen ausgedehnt werden.

Dennoch bleiben „Löcher im Netz", die durch private Hilfsorganisationen und Gemeinden mehr schlecht als recht abgedeckt werden. Sie führen 1989 zur Einführung des „Revenu minimum d'insertion", einem Anspruch auf Mindestsicherung, verbunden mit einem Integrationsangebot für die „Draußengebliebenen".

Während die nordischen Länder – Schweden schon ab den 30er Jahren – in der Entwicklung ihrer sozialen Sicherungssysteme den Schwerpunkt mehr auf eine Grundsicherung möglichst breiter Bevölkerungsschichten legten, orientierte sich der Ausbau der sozialen Sicherheit in der BRD und in Österreich nach 1945 stärker am Versicherungsgedanken und am Äquivalenzprinzip.

In der Bundesrepublik Deutschland begannen die Reformen in den 50er Jahren mit der Rentenreform 1956, die bis 1972 für Landwirte und Selbständige geöffnet wurde. Gleichzeitig wurde Besserverdienenden, die sich ursprünglich nur privat versichern konnten, die Möglichkeit eröffnet, sich freiwillig der gesetzlichen Rentenversicherung anzuschließen.

In Österreich wurde mit dem Allgemeinen Sozialversicherungsgesetz von 1955 die Neuregelung des Sozialversicherungsrechts der Arbeiter und Angestellten abgeschlossen.[18] Mit Ausnahme der Arbeitslosenversicherung umfaßt dieses Gesetz eine Regelung der Kranken-, Unfall- und Pensionsversicherung für den größten Teil der unselbständig Beschäftigten. Vom ASVG nicht erfaßt ist der Bereich des öffentlichen Dienstes mit eigenen Regelungen. Das ASVG wird damit eine Art „sozialversicherungsrechtliches Grundgesetz" und so zur Basis aller späteren Entwicklungen. Auch die später erfolgenden Neuregelungen für andere soziale Gruppen, Bauern, Selbständige und freiberuflich Tätige, orientieren sich an diesem „Grundgesetz".

Der gemeinsamen gesetzlichen Regelung steht der Pluralismus der historisch gewachsenen Strukturen gegenüber, in Form von

teils regional (wie die neun Gebietskrankenkassen), teils berufs-
ständisch gegliederten Sozialversicherungsträgern, mit jeweils eigener Administration und eigenen Einrichtungen. Sie alle sind im
Hauptverband der Österreichischen Sozialversicherungsträger
zusammengeschlossen, der die gemeinsamen Interessen vertritt,
Verträge mit anderen Interessenvertretern, z. B. der Ärztekam-
mer, schließt und internationale Vereinbarungen trifft.

Seit Ende der 70er Jahre ist in Österreich annähernd die gesamte Bevölkerung – als Selbst- oder Mitversicherte – in die
Krankenversicherung einbezogen. Für die übrigen Bereiche der
Sozialversicherung wird dieser Deckungsgrad bei weitem noch
nicht erreicht.

Auch in Österreich wird das soziale Netz ergänzt durch eine Fa-
milienförderung, die über den 1957 eingerichteten Familienlastenausgleichsfonds abgewickelt wird. Wie schon der Name besagt, geht es dabei nicht um Versicherung – Familie wird nicht als
Risiko betrachtet –, sondern um „Ausgleich" zwischen jenen, die
Kinder großziehen, und denen, die keine Kinder haben. Deshalb
wird der FLAF im wesentlichen durch lohnsummenbezogene
Beiträge der Arbeitgeber gespeist, die – umgekehrt – als Lohn-
verzicht der Arbeitnehmer betrachtet werden können und auch
so konzipiert sind.

Die österreichischen Sozialversicherungen hingegen sind insofern vom Äquivalenzprinzip bestimmt, als höhere Beiträge auch
höhere Ansprüche begründen, wo immer es um Geldleistungen
geht: wer mehr verdient und deshalb mehr einbezahlt hat, bekommt ein höheres Arbeitslosengeld, mehr Krankengeld und
eine höhere Pension. Das theoretisch vorgegebene Ziel heißt
„Lebensstandardsicherung", doch klaffen dabei Anspruch und
Wirklichkeit weit auseinander. Bei den niedrigen Einkommen
können die Einkommensersatzleistungen – etwa Arbeitslosengeld – ohne weiteres unter dem Existenzminimum liegen. Bei der
Alterspension kommt dazu, daß neben der Höhe der Beitragsgrundlage auch die Dauer der Beitragszahlungen in die Berechnung mit einbezogen wird.

Da Frauen nicht nur meist weniger verdienen, sondern häufig
auch ihre Erwerbstätigkeit zugunsten von Kindern und Haushalt
unterbrechen, fallen auch ihre Pensionen entsprechend niedriger
aus.

Der Unterschied in den Pensionen von Männern und Frauen

hat sich durch die seit 1984 durchgeführten „Reformen" weiter vergrößert. Das Ziel hieß „Stärkung des Versicherungsprinzips" durch Streichung des Grundbetrages und Verlängerung des für die Pensionsberechnung herangezogenen Zeitraumes von ursprünglich 5 auf heute maximal 15 Jahre. Der Erfolg war, daß die Neupensionen von Arbeiterinnen von 4557 S durchschnittlich im Jahr 1985 auf 4483 S 1987 fielen, was einem realen Kaufkraftverlust von 8% entspricht. Die neu pensionierten Arbeiter von 1987 bekamen hingegen um 12% mehr als ihre Vorgänger von 1984, real noch immer um 5%. Die männlichen Angestellten bekamen sogar 16% (real 9%) mehr, während die Entwicklung bei den weiblichen Angestellten dieselbe war wie bei den Arbeiterinnen, wenn auch auf höherem Niveau (1984: 7958 S, 1987: 7810 S durchschnittliche Monatspension der „Neupensionistinnen"). Dies bedeutet, daß nicht einmal jede zweite Arbeiterin eine eigene Pension in Höhe der Ausgleichszulage bekommt. Daß dies notfalls durch eine Ausgleichszulage, im günstigen Fall durch eine Witwenpension ausgeglichen wird, bestätigt den Befund, daß das österreichische Sozialversicherungssystem auf die männliche Vollzeitarbeitskraft und männliche Berufskarriere ausgerichtet ist.

Umlageverfahren

Die Beitragsbezogenheit der Leistungen bedeutet aber keineswegs, daß die Sozialversicherung – wie es private Versicherungen tun müssen – die erhaltenen Beiträge „kapitalisiert", d. h. in Immobilien oder Wertpapieren anlegt und aus den Erträgen später Renten oder private Pensionen ausbezahlt.

Im Gegensatz dazu funktioniert die Sozialversicherung nach dem Umlageprinzip: die einbezahlten Beiträge der Aktiven werden direkt für die Pensionen der nicht mehr Aktiven verwendet. Das (bis zu einer gewissen Höhe eingeplante) Defizit muß aus dem allgemeinen Budget ergänzt werden. In Österreich war bei Einführung eine Drittelung der Kosten zwischen Arbeitnehmer, Arbeitgeber und Steuern (allgemeines Budget) vorgesehen. Obwohl dieser Finanzierungsmodus nie gesetzlich festgeschrieben wurde, und trotz wiederholter Versuche, das vom Budget abzudeckende Defizit zu verringern, hat sich dieses Verhältnis bis heute nicht grundlegend verändert.

Durch dieses System war es in den vergangenen Jahrzehnten raschen Wirtschaftswachstums möglich, auch die ältere Generation am zunehmenden gesellschaftlichen Reichtum – den sie ja mitbegründet hatte – teilhaben zu lassen.

Wenn sich im nicht mehr fernen 21. Jahrhundert das materielle Wachstum aus ökologischen Gründen verlangsamen muß und gleichzeitig die höhere Lebenserwartung zu einer Verschiebung zwischen den Altersgruppen in der Bevölkerung führen wird, werden auch neue Formen der Umverteilung zwischen den Generationen notwendig werden. Sonst könnte es zum – von manchen prognostizierten – Generationenkonflikt kommen.

In Österreich wird 1990 die 49. Novelle zum ASVG beschlossen. Auch in den anderen westeuropäischen Ländern werden die Einrichtungen zur sozialen Sicherung der Bevölkerung ständig den sich verändernden wirtschaftlichen und sozialen Bedingungen, aber auch den sich verändernden politischen Vorstellungen „angepaßt", wobei es im wesentlichen darum geht, einzusparen oder den Aufwand zumindest nicht im bisherigen Ausmaß weiter wachsen zu lassen. Doch nach wie vor stehen die Sozialsysteme dieser Länder auf dem Boden der Atlantik-Charta und der Menschenrechtsdeklaration und bleiben dem politischen Ziel einer sozialen Sicherheit, definiert als Freiheit von Not, verpflichtet.

Beharrung und Veränderung

Die ursprünglichen Unterschiede in den Grundprinzipien: allgemeine Sicherung der Mindestbedürfnisse auf der einen, beitragsabhängige Lebensstandardsicherung auf der anderen Seite, haben sich durch verschiedentliche Anpassungen in allen Ländern verwischt, aber sie sind nicht aufgehoben. Das stark am Versicherungsprinzip orientierte „Bismarcksche" System (BRD, Österreich) bleibt dem Modell lebenslanger, beitragspflichtiger Vollzeiterwerbstätigkeit verhaftet. Ein Anspruch auf Rente oder Pension entsteht entweder durch Erwerbstätigkeit oder durch „Mitversicherung" beim erwerbstätigen Ehepartner. Länder, die sich stärker am Beveridge-System orientieren (Großbritannien, Niederlande, Frankreich, Norwegen und Schweden), kennen eine aus dem Staatshaushalt finanzierte Grundrente, die allen Bürgern, unabhängig vom Erwerbseinkommen, als Mindestsicherung zusteht. Allerdings wurde diese allen Bürgern zustehende Altersrente etwa in England so wenig dem Lebenshaltungsindex angepaßt, daß heute davon allein niemand leben kann. Deshalb gibt es in diesen Ländern eine zusätzliche, auf Erwerbsarbeit basierende Versicherung, die dem Äquivalenzprinzip folgt.

Bei beiden Systemen gibt es „versicherungsfreie" Beschäftigungsverhältnisse, die wegen zu geringer Arbeitszeit oder zu niedrigem Einkommen von der Beitragspflicht ausgenommen sind und damit auch keine Ansprüche konstituieren. In Österreich liegt diese Grenze bei rund 2600 S monatlich,[19] in der BRD bei 450 DM. Ähnlich in Schweden und Norwegen: hier liegen die für eine Zusatzrente relevanten Einkommensgrenzen bei einem Jahresmindesteinkommen von ca. 45.000 öS (6500 DM), erst was darüber liegt, trägt zum Aufbau von zusätzlichen Pensionsansprüchen bei. In Großbritannien, wo die Mindestrente sehr niedrig ist und die Zusatzpension eine große Bedeutung hat, wird diese meist über Betriebspensionssysteme geregelt, wobei Teilzeitbeschäftigte mit weniger als 30 Wochenstunden im allgemeinen ausgeschlossen sind.

Daß davon in allen Ländern in erster Linie Frauen betroffen sind, Frauen auf Grund ihrer Familienpflichten viel weniger Möglichkeiten haben, sich eine eigenständige Alterssicherung aufzubauen, weist zurück in die Vergangenheit: Das Bild vom männlichen Ernährer, über den die ganze Familie gegen die Risiken von Krankheit, Alter und Arbeitslosigkeit abgesichert werden mußte und konnte, hat sich bis heute in den sozialen Sicherungssystemen Europas erhalten. Zwar gibt es einige Versuche und Ansätze, auch die Sozialversicherung der Realität von partnerschaftlicher Familie, von Scheidungen, Wiederverheiratung und Ein-Eltern-Familien anzupassen – ein echter Durchbruch ist dabei bisher nirgends gelungen, auch wenn in Ländern wie Schweden oder den Niederlanden, oder auch in der Schweiz, allen Frauen eine Rente gesichert ist, die für ein bescheidenes Leben reicht.

3.2. Löcher im Netz

Das Europa der 90er Jahre ist von Widersprüchen gekennzeichnet. Trotz hohem Wirtschaftswachstum in allen westeuropäischen Staaten gibt es in unseren reichen Gesellschaften ein Armutsproblem – ja, die Armut scheint sogar zuzunehmen.

Einen Hinweis auf die Löchrigkeit der rund um die Erwerbsarbeit geknüpften Sozialversicherungsnetze gibt die steigende Inanspruchnahme von Sozialhilfe, die auch in Ländern mit gut ausgebauter Sozialversicherung zu beobachten ist. So erhöhten sich etwa in Schweden die Kosten für direkte Geldleistungen in der Sozialhilfe zwischen 1980 und 1987 um das Dreifache. In Finnland stieg die Zahl der Sozialhilfeempfänger zwischen 1981 und 1987 um 100 Prozent, die Kosten verdreifachten sich.[20] In Österreich stiegen die Ausgaben in der offenen Sozialhilfe, d. h. für Personen in Privathaushalten, zwischen 1980 und 1987 trotz inzwischen eingeführter Beschränkungen noch immer um 30%, in der BRD allein zwischen 1982 und 1986 um 50%.[21]

Hohe Arbeitslosenzahlen und die Zunahme ungesicherter Arbeitsverhältnisse haben die Grenzen des Systems sichtbar werden lassen und dazu geführt, daß in der BRD immer mehr Menschen auf Sozialhilfe, die ursprünglich als Armenfürsorge gedacht war, angewiesen sind. Da Sozialhilfe von Gemeinden und regionalen Körperschaften zu leisten ist, ergibt sich das Paradox, daß die ärmsten Gemeinden mit den geringsten Steuereinnahmen die höchsten Sozialausgaben zu tragen haben. So bleibt ihnen nichts übrig, als zu „sparen": „Armut" wird enger definiert, Familiensolidarität gefordert, Leistungen nicht mehr dem Lebensstandard angepaßt. Damit werden die Schwächsten der Gesellschaft für das Versagen der Wirtschaftspolitik bestraft. Ein Ausweg, der in manchen Ländern inzwischen beschritten wurde, wäre die zentrale Finanzierung der Sozialhilfe.

Neue Armut

Als zu Beginn der 70er Jahre die Sozialhilfegesetze in den einzelnen österreichischen Bundesländern erneuert wurden, ging man von der Überzeugung aus, daß Sozialversicherungen und Arbeitsplatzsicherheit mit stetig steigender Entlohnung Armut auf wenige Sonderfälle beschränken würde. Inzwischen haben sich

ganz neue Gruppen von Armen herausgebildet, die die Sozialhilfe vor neue, nicht vorgesehene Herausforderungen stellen.
Die wirtschaftliche Rezession zu Beginn der 80er Jahre führte
zu hohen Arbeitslosenzahlen. Viele dieser Arbeitssuchenden hatten keinen Anspruch auf Leistungen aus der Arbeitslosenversicherung, sei es, weil sie (als Jugendliche) vorher noch nicht oder
noch nicht lange genug gearbeitet hatten, sei es, weil sie (als
Frauen) nach einer längeren Kinderpause wieder in den Beruf
einsteigen wollten oder weil sie einen verdienenden Ehemann
hatten, sei es, weil sie (als Ausländer) nach Auslaufen des derzeit
auf maximal 30 Wochen begrenzten Arbeitslosengeldes keinen
Anspruch auf Notstandshilfe hatten. Einige dieser Lücken im Gesetz wurden in Österreich 1988 durch neue Bestimmungen in
Bezug auf Ehefrauen und einige Kategorien von ausländischen
Arbeitnehmern geschlossen. Dennoch stellen auch weiterhin in
Österreich wie in der BRD Arbeitslose einen hohen Anteil der
Armutsgefährdeten. Daran hat sich auch durch die äußerst günstige wirtschaftliche Entwicklung der ausgehenden 80er Jahre
nichts geändert. Die Zahl der Beschäftigten ist zwar gestiegen,
jene der registrierten Arbeitslosen jedoch kaum zurückgegangen,
die Langzeitarbeitslosigkeit steigt weiter an. So „konsumierten"
etwa in Österreich 1989 20% der Arbeitslosen 50% aller Arbeits-
losentage.
Das Verarmungsrisiko der unteren Einkommensgruppen wird
durch das System der Arbeitslosenversicherung selbst noch verstärkt. In Österreich besteht zwar während der ersten Zeit der Arbeitslosigkeit (Arbeitslosengeldbezug) Berufschutz: der Arbeitslose kann nicht gezwungen werden, eine Arbeit in einem anderen
Beruf oder zu wesentlich schlechteren Bedingungen als zuvor anzunehmen. Trotzdem ist ein finanzieller Abstieg nicht auszuschließen, der sich bei neuerlicher Arbeitslosigkeit durch ein
niedrigeres Arbeitslosengeld auswirkt, da dieses vom vorherigen
Einkommen berechnet wird. Ist die Zeit der Inanspruchnahme
von Arbeitslosengeld vorüber, wird die etwas niedrigere Notstandshilfe gewährt, auf die jedoch sonstige Einkommen – etwa
von Ehepartnern und anderen Haushaltsangehörigen – angerechnet werden. Notstandshilfebezieher müssen ihre beruflichen Ansprüche weiter zurückschrauben, die Zumutbarkeitsgrenze
rutscht nach unten. Stellt sich dann heraus, daß die unter Druck
angenommene und schlecht bezahlte Arbeit keine Dauerlösung

darstellt, werden die Bezüge bei abermaliger Arbeitslosigkeit noch niedriger. Da wiederholte Arbeitslosigkeit die Chancen auf eine gute Stelle stark einschränkt, kann so eine Spirale in Gang kommen, die dauerhaft in die Armut führt: schlechtbezahlte, unbefriedigende Arbeit – niedrige Arbeitsloseneinkommen – noch schlechtere, unregelmäßige Jobs – Abhängigkeit von Sozialhilfe. Verschärft wird diese Armutsfalle durch den Wegfall von Arbeitslosengeld und Notstandshilfe, sobald ein Erwerbseinkommen erzielt wird – auch wenn dieses unter dem Arbeitslosenbezug liegt, und die volle Anrechnung jedes, auch des kleinsten Einkommens auf die Sozialhilfe. Solche Regelungen führen bestenfalls zu Schwarzarbeit (auch „Pfusch" schafft volkswirtschaftliche Werte und hilft dem so Tätigen, Selbstachtung und Vertrauen in die eigene Leistung zu bewahren), schlimmstenfalls führen sie zu Resignation oder in den Alkoholismus.

Kein Mindestlohn

Im übrigen schützt auch Erwerbsarbeit nicht vor Armut. Im Gegensatz zu Ländern wie Frankreich gibt es weder in der BRD noch in Österreich einen gesetzlichen Mindestlohn. Von den rund 2,8 Millionen Unselbständigen in Österreich müssen sich 1990 rund 350.000 mit einem Monatseinkommen von weniger als 10.000 S brutto – weniger als 8000 S netto – zufrieden geben, Lehrlinge und Teilzeitbeschäftigte nicht mitgerechnet. Der Vorstoß der Gewerkschaft für einen Mindestlohn von 10.000 S wurde von Industrie- und Wirtschaftsvertretern unmittelbar als illusorisch angegriffen, vor den damit verbundenen Gefahren des Verlusts von Arbeitsplätzen und der Abwanderung von Industrien gewarnt. Niedrigen Erwerbseinkommen entsprechen dann im Falle von Arbeitslosigkeit noch niedrigere Arbeitslosengelder. Das niedrigste Arbeitslosengeld 1990 beträgt 51,30 S je Kalendertag, also etwa 1500 S monatlich.

Erwerbstätige können auch deshalb arm sein, weil sie Kinder zu versorgen haben. So ergab eine Mikrozensusuntersuchung in Österreich im Jahr 1987, daß 80% der Arbeiterfamilien mit vier und mehr Kindern unter die Armutsgrenze fallen;[22] bei Angestellten und öffentlich Bediensteten liegt dieser Anteil über der Hälfte. Familien mit drei, ja selbst mit zwei Kindern können arm sein, wenn die Mutter sich ausschließlich den Kindern und dem

Haushalt widmet. 40% der Arbeiterfamilien, 30% der Familien von öffentlichen Bediensteten geraten in diesem Fall in die Armutszone. Wenn also in den unteren Einkommenschichten die Frauen häufig auch dann einem Beruf nachgehen, wenn sie Kinder zu versorgen haben, so ist der Grund meist einfach der, daß ohne ihren Beitrag das Familienbudget nicht zu sichern ist.

Alleinstehende Erwachsene mit Kindern – meist sind es Frauen – bilden eine speziell von Armut bedrohte Gruppe. Zum niedrigen Einkommen vieler Arbeiterinnen und nicht weniger Angestellter kommt dann der erhöhte Bedarf für die Unterbringung der Kinder und die Organisation des Haushalts. Trotzdem nehmen nur wenige Familien eine Sozialhilfe in Anspruch, die ihnen auf Grund ihrer Einkommensverhältnisse zustehen würde.

3.3. Soziale Veränderungen

An dieser letzten Gruppe wird sichtbar, daß Armutsgefährdung auch etwas mit gesellschaftlichen Veränderungen zu tun hat. Wenn sich das Zusammenleben der Generationen verändert, hat dies Folgen für die Betreuung von Alten und Kranken – und die dafür aufzuwendenden Kosten. Wenn sich das Verhältnis der Geschlechter zueinander ändert, wenn jede dritte Ehe geschieden wird, wenn viele Frauen von vornherein nicht heiraten und ihre Kinder lieber allein aufziehen, dann hilft es ihnen wenig, wenn die Sozialversicherung Ehefrauen in den Versicherungsschutz des Mannes einbezieht und gegen Krankheit und Alter (in Form der Witwenpension) schützt, weil eben diese Versicherungsform noch immer auf das Idealbild des alleinverdienenden Familienerhalters mit ununterbrochener Berufskarriere zugeschnitten ist.

Die Folgen treffen mehrheitlich die Frauen: als Alleinerziehende haben sie wenig Unterstützung für die Unterbringung ihrer Kinder während der Arbeitszeit oder ihre Pflege im Krankheitsfall; wollen sie Karriere machen, stoßen sie auf das Mißtrauen der Arbeitgeber, die „voll einsatzfähige" Kräfte bevorzugen. Die Vorstellung, daß hinter jedem erfolgreichen Mann eine Frau steht, die ihm die Alltagssorgen abnimmt, gehört keineswegs der Vergangenheit an und ist einer der Gründe dafür, daß Männer – in allen europäischen Ländern – nach wie vor um ein Viertel bis zur Hälfte mehr verdienen als Frauen. Kommt es dann zur Ehescheidung, verliert die Frau in vielen Fällen das Recht auf die Witwenpension.

Niedrigere Erwerbseinkommen und familienbedingte Berufs-unterbrechung haben zur Folge, daß die Alterspensionen der Frauen in vielen Fällen unter der Armutsgrenze liegen und erst durch eine Witwenpension das durchschnittliche Niveau der Alterspensionen der Männer erreichen. So bekam in Österreich 1988 eine „Neupensionistin" durchschnittlich 6000 S, ein in die Alterspension eintretender Mann durchschnittlich 11.831 S, also fast das Doppelte. Um extreme Armut im Alter zu verhindern, wurde in Österreich ein Ausgleichszulagenrichtsatz eingeführt, der 1988 für alleinstehende Pensionisten 5004 S monatlich (1990: 5434 S), für Ehepaare 7168 S (1990: 7784 S) betrug. Im Gegensatz zu anderen europäischen Ländern wie der Schweiz oder Holland handelt es sich dabei allerdings nicht um ein Mindesteinkommen. Eine Ausgleichszulage bekommt in Österreich nur, wer über-haupt Anspruch auf eine Pension (auch Witwenpension) hat und dessen gesamte Einkünfte unter dem Richtsatz liegen.

258.000 Pensionisten – großteils Frauen – erhielten 1988 eine Ausgleichszulage. Da mit der Ausgleichszulage auch verschie-dene Gebührenerleichterungen Hand in Hand gehen und Aus-gleichszulagen trotz Einkommensprüfung kaum als diskriminie-rend empfunden werden, bleibt den alten Menschen in Öster-reich, von wenigen Ausnahmen abgesehen, der Gang zum Sozial-amt erspart – im Gegensatz zur BRD, wo ungenügende Alters-pensionen, die auch dort das Los vieler Frauen sind, nur durch Sozialhilfe aufgestockt werden können.

Reformbedarf

Die Löcher im sozialen Netz, ungesicherte und schlecht abgesi-cherte Arbeitslose, Familienarmut und Überforderung der Ge-meindebudgets durch steigende Anforderungen an die Sozial-hilfe, haben zu Reformdiskussionen geführt, die von Sozialarbei-tern und Sozialinstitutionen einerseits, Gewerkschaften, Arbei-terkammern und Sozialministerium andererseits getragen wur-den. Als Abhilfe wird dabei von arbeitnehmernahen Institutio-nen meist eine Sockelung der Sozialversicherungsleistungen vor-geschlagen, ähnlich, wie es in Österreich für die Pensionisten be-reits gehandhabt wird. Dies würde bedeuten, daß z. B. auch bei der Arbeitslosenversicherung eine Untergrenze festgesetzt würde, zumindest für all jene, die keine anderen Einkünfte haben. Würden außerdem die Zugangsbedingungen erleichtert – so daß auch Schulabgänger oder Frauen, die nach längerer Unterbrechung wieder in den Beruf einsteigen möchten, Ansprüche hätten – wäre all jenen, die arbeiten wollen, aber keine Arbeit finden, geholfen. Würde derselbe – bedarfdeckende – Mindestbetrag auch im Bereich der Sozialhilfe angewandt, könnte das Armutsproblem gelöst, das Recht auf Lebensunterhalt konkretisiert werden, so wird argumentiert.

Eine Sockelung im Rahmen der bestehenden Sozialsysteme wird nicht nur von Mitgliedern des Wirtschafts- und Sozialwissenschaftlichen Instituts des Deutschen Gewerkschaftsbundes (WSI), sondern auch vom derzeitigen österreichischen Sozialminister Walter Geppert angestrebt.

Eine solche Lösung würde allerdings wenig an der erwerbszentrierten Organisation des sozialen Netzes ändern – zu einer Zeit, da sich die Organisation der Erwerbsarbeit fundamental ändert. Eine Sockelung würde die ungleiche Verteilung von Arbeit und Einkommen zwischen Frauen und Männern nicht in Frage stellen, sondern höchstens die schlimmsten Folgen mindern. Vor allem aber würde auch eine Sockelung der Sozialhilfe die damit verbundene Diskriminierung nicht aufheben.

Deshalb wird als Alternative überall in Europa von verschiedensten Gruppen mehr und mehr ein bedarfsunabhängiges Grundeinkommen in die Diskussion gebracht.

4. DIE INTERNATIONALE DISKUSSION

Mit der Diskussion um die Reform und Anpassung der erwerbsarbeitszentrierten Sozialversicherungen wurde auch die alte Idee einer allgemeinen, von Erwerbsarbeit unabhängigen Grundsicherung wieder aufgegriffen. Innerhalb weniger Jahre wurden in den europäischen Ländern viele sehr unterschiedliche konkrete Modelle für eine Einkommenssicherung jenseits von Erwerbsarbeit entwickelt und publiziert, die zu einer breiten Diskussion führten.

In diesem Kapitel sollen aus der Fülle der Vorschläge und Diskussionsbeiträge vor allem solche herausgegriffen und vorgestellt werden, die entweder die Auseinandersetzung stark beeinflußt haben oder – zumindest ansatzweise – in die Sphäre der Realpolitik eingedrungen sind.

4.1. England: Eine lange Tradition

England war wohl das erste Land, das ein Recht auf Einkommen für Arme einführte, und dies bereits im Jahre 1795 durch das Speenhamland-Gesetz in Berkshire für die von ihrem Land vertriebenen ehemaligen Kleinbauern.[23] Daß sich dieses Gesetz schließlich zum Schaden derer auswirkte, denen es eigentlich helfen sollte, hing nicht zuletzt mit der darin eingebauten Armutsfalle zusammen. Das „Recht auf Einkommen" wurde 1834 aufgehoben, wohl auch deshalb, weil die Zahl der Armen, die, von ihrem Land vertrieben, keine Arbeit in der neu entstehenden Industrie finden konnten, enorm zunahm. Was folgte, war eine Periode größten Massenelends, während zur selben Zeit die rasche Industrialisierung und Modernisierung dem Land zu rasch wachsendem Wohlstand verhalf.

1942 wurde dem britischen Parlament der Beveridge-Plan vorgestellt, der jedem Bürger „Freiheit von Not" garantieren sollte, unter der einzigen Bedingung, „daß er arbeitet, solange und während er arbeitsfähig ist und seine Beiträge zahlt."[24]

Zur selben Zeit setzte sich Lady Rhys Williams für einen neuen Sozialvertrag („New Social Contract") ein, in dem auch die Idee eines garantierten, automatischen Grundeinkommens („basic income guarantee") enthalten war. Ihre Idee war es, der Angst vor dem Verhungern und staatlichem Zwang eine „Hoffnung auf Einkommen" („hope of gain") entgegenzusetzen. Für diese Form der Einkommenssicherung für alle, unabhängig von Erwerbsarbeit und Beitragszahlung, legte sie bereits 1943 einen ersten, durchgerechneten Vorschlag vor.

Der Beveridge-Plan wurde von Rhys Williams heftig kritisiert. Einerseits, so meinte sie, würden große Teile der Bevölkerung trotzdem arm bleiben, auf der anderen Seite würde der Arbeitswille der schlecht bezahlten Arbeiter gefährlich unterminiert, weil „das gesamte Schema auf der Vorstellung aufbaut, daß jene, die der Gesellschaft durch ihre Arbeit und die Erzeugung von Reichtum dienen, unter keinen Umständen irgendwelche Hilfe oder Belohnung vom Staat erhalten sollten, sondern mit schweren Steuern zu belasten seien."[25]

Nicht nur die Armutsfalle – daß Beihilfebezieher unter Umständen mehr Geld zur Verfügung hatten als fleißige, aber schlecht bezahlte Arbeiter – störte die Lady am Beveridge-Plan. Sie vertrat die Meinung, Kinder zu erziehen sei auch ein Dienst für die zukünftigen Bürger des Staates, deshalb sei Kindergeld kein Almosen, sondern etwas, worauf alle Eltern ein Recht haben sollten. Obwohl ihr Plan für Frauen ein etwas niedrigeres Grundeinkommen vorsah als für Männer, war sie der Auffassung, dieser Betrag müßte den Frauen als persönliches Recht zustehen, und auch das Kindergeld sollte der Mutter ausbezahlt werden.

Trotzdem setzte sich auch in England – ähnlich wie in den anderen europäischen Staaten – ein erwerbsarbeitszentriertes Sozialversicherungssystem durch, dessen Löcher und Ungereimtheiten erst mit der zunehmenden Arbeitslosigkeit gegen Ende der 70er Jahre zum Problem wurden.

4.1.1. Von Beveridge zu Thatcher

So kam es gegen Ende der 70er Jahre zu einer Neubelebung der Idee des Grundeinkommens. Als 1984 die Arbeitslosenraten einen neuen Höhepunkt erreichten, befaßte sich die Regierung Thatcher mit einer Sozialstaatsreform. Das Ziel war ein einfacheres und billigeres System, radikale Reformen wurden jedoch nicht in Betracht gezogen.

Bereits 1981 hatte Sir Brandon Rhys Williams, Sohn von Lady Rhys Williams und Parlamentsabgeordneter der konservativen

Partei, die Idee eines garantierten Mindesteinkommens wieder aufgenommen und eine Studiengruppe mit der Ausarbeitung eines Gesetzesantrags beauftragt. Die Vorgaben dafür sind vor dem politischen Hintergrund verständlich, legten der Phantasie jedoch straffe Zügel an. Die Bedingungen für die Neuregelung des Sozialstaats waren:

– Aufkommensneutralität, d. h. keine Erhöhung der Gesamtkosten,
– Verbindung mit einem durchgehenden Einkommensteuersatz von 35%,
– Einkommensverluste für einzelne Gruppen sind auf maximal 5 Pfund pro Woche zu beschränken,
– Integration möglichst aller Sozialleistungen und der Einkommensteuer.

In siebenjähriger Vorbereitungsarbeit erarbeitete die von Rhys Williams eingesetzte Forschungsgruppe einen Plan zur Einführung eines BI („basic income") in England, wobei sie sich auf die Zusammenarbeit mit der London School of Economics und Kontakte mit Beamten des Finanzministeriums und des Ministeriums für Gesundheit und Soziale Sicherheit stützen konnte.

Das Projekt wurde allerdings nicht von allen Teilen der konservativen Partei unterstützt – ganz im Gegenteil. Die überzeugten Anhänger von Frau Thatcher lehnten alles ab, was auch nur entfernt an „Geld durch die Post" erinnerte. Ihr Reformziel war eine möglichst weitgehende Reduzierung des Wohlfahrtsstaates, und Workfare – also Arbeitsverpflichtung – für arbeitsfähige Sozialhilfeempfänger.

Bei diesen Beschränkungen wurde den Kommissionsmitgliedern bald klar, daß ein volles Grundeinkommen – hoch genug, um einen angemessenen Lebensstandard zu sichern und alle bestehenden Sozialleistungen überflüssig zu machen – aus politischen Gründen nicht durchsetzbar war. Auch die zur Bedingung gemachte massive Steuerentlastung für die Besserverdienenden (ein Einkommensteuersatz von 35% lag sogar noch unter dem inzwischen gültigen Satz von 40%) war mit der aufkommensneutralen Einführung eines vollen Grundeinkommens für alle ganz einfach nicht vereinbar. Ein solches garantiertes Einkommen hätte der Kommission zufolge 60 Pfund die Woche (rund 5600 S monatlich) für einen Erwachsenen und, je nach Alter, für Kinder und Jugendliche zwischen 22 und 44 Pfund betragen müssen.

So wurden mehrere Modelle eines teilweisen Grundeinkommens, ergänzt durch Steuerfreibeträge einerseits, zusätzliche Sozialleistungen (Wohnen, Behinderung, Alter) andererseits, durchgerechnet.

Als Zielvorstellung für das Jahr 2000 gilt ein allgemeines Grundeinkommen von 26 Pfund wöchentlich (ca. 570 S) für einen Erwachsenen über 18, zwischen 15 und 21,5 Pfund wöchentlich für Kinder. Werdende Mütter sollten ein halbes Jahr lang zusätzlich 15 Pfund die Woche erhalten, Personen über 65 zusätzlich 39 Pfund (ca. 850 S). Dies würde immerhin eine Volkspension von knapp über 6000 S monatlich ergeben. Diesen Zahlen liegt das Preisniveau von 1986 zugrunde. Diese Beträge sollen zwar inflationsbereinigt, nicht aber nach den wachsenden Einkommen der Beschäftigten indexiert werden, mit anderen Worten: sie würden im Verhältnis zu den Erwerbseinkommen sinken, um so den Effekt der sich ändernden Altersstruktur der Bevölkerung aufzufangen. Zu finanzieren wäre dieses Modell mit einem durchgängen Einkommensteuersatz zwischen 35% und 44%, wobei ein Steuersatz über 35% als politisch kaum durchsetzbar erachtet wird.

Der Weg, der zu dieser „Vision" führen soll, ist noch bescheidener: ein „Grundeinkommen" in etwa der halben Höhe der heutigen Unterstützung für Arbeitslose („income support for the unemployed"), gekoppelt mit einem Steuerfreibetrag für sonstige Einkommen. Der Vorteil: „Ein Arbeitsloser hat dann die Wahl, entweder sein BI durch eine Sozialhilfe aufstocken zu lassen und damit alle die damit verbundenen Auflagen in Kauf zu nehmen, einschließlich einer Einkommensbeschränkung auf 5 Pfund die Woche. Oder er kann es durch Dazuverdienen und Wohnbeihilfe ergänzen, und zwar unbeschränkt. Wobei die ersten x Pfund des Einkommens steuerfrei sind."[26] Eine solche Regelung würde, so wird erwartet, zu Verhaltensänderungen führen und manche dazu veranlassen, auf Sozialhilfe zu verzichten. Die eingesparten Beträge könnten dann für eine Erhöhung des BI ausgegeben werden.

Sollen die Armen die Ärmsten finanzieren?

Obwohl Rhys Williams und seine Anhänger zweifelsohne für ein echtes, ausreichendes und freiheitsstiftendes Grundeinkommen angetreten waren, haben sie sich den Rahmen – wohl auch unter dem Eindruck des Thatcherismus – so eng gesteckt, daß ihre Vorschläge letztlich auf eine minimale Negativsteuer hinauslaufen, die noch weit unter den derzeit gültigen Sätzen für Arbeitslose, Sozialhilfeempfänger, Familien und Alte liegt.

Die für die Übergangszeit vorgesehenen 10,5 Pfund für alle, ohne Altersunterschied, entsprechen auf den Monat umgerechnet in etwa 900 öS, also weniger als die 1990 in Österreich gültigen Absetzbeträge für Arbeitnehmer und Pensionisten. Im Gegensatz zu Österreich würde dieser Betrag im Falle der Nicht-Ausnützung ausbezahlt, ähnlich wie Kinderbeihilfe in Österreich oder der BRD. Darüberhinaus sollten die ersten 20 Pfund wöchentliches Einkommen steuerfrei sein. „Ein verheiratetes Paar mit zwei Kindern hätte damit ein garantiertes Grundeinkommen von 42 Pfund in der Woche, und jeder Ehepartner könnte 20 Pfund wöchentlich steuerfrei dazuverdienen... Diese 42 Pfund sind zu vergleichen mit einer Unterstützung für Arbeitslose von 79,1 Pfund."[27]

Ein wichtiges Element ist von der ursprünglichen Idee übriggeblieben: ein Rechtsanspruch unter Verzicht auf jede über die normale Steuerfestsetzung hinausgehende Prüfung oder Auflage. Das Auslaufen der meisten bisherigen Sozialleistungen, zusammen mit einem bescheidenen Grenzsteuersatz, verstärkt den Trend einer Umverteilung zwischen den ärmeren Gruppen der englischen Gesellschaft. Daß diese Vorschläge im Vergleich zur Sozialpolitik der Thatcher-Regierung noch recht „sozial" wirken, ändert nichts daran, daß auch dieses Modell die Begrenzung der Kosten des Sozialstaats zum Ziel hat.

Um die Diskussion einer radikaleren Reform und der Möglichkeiten eines wirklichen Grundeinkommens voranzutreiben, gründeten einige Wissenschafter, darunter auch Rhys Williams' Forschungsassistentin Hermione Parker und Bill Jordan[28], zusammen mit einigen Gewerkschaftmitgliedern und anderen Interessierten, die Basic Income Research Group (BIRG). Dort werden gemeinsam mit Vertretern der Interessentengruppen (Behinderte, Alte, Alleinerzieher, Kinderhilfe etc.) Seminare und Arbeitstage veranstaltet, um die Idee des Grundeinkommens weiterzuentwickeln und zu verbreiten.

Die Regierung ließ sich wenig beeindrucken und zog ab April 1988 eine Reform durch, die der Grundeinkommensidee diametral entgegengesetzt ist: Geld gibt es nur für wenige arme Haushalte, die Bedingungen zum Bezug für Arbeitslosenhilfe wurden drastisch verschärft. Den vorläufigen Schlußstein dieser „Reform" bildet die Einführung der Poll Tax mit April 1990, die die frühere Grundsteuer der Gemeinden ersetzt und Arm und Reich völlig gleich belastet.

4.1.2. Ein Grundeinkommenssystem für eine freie Wirtschaft

Auch Keith Roberts[29] war Mitglied der Basic Income Research Group (BIRG). Sein Modell sieht ein nach dem Alter gestaffeltes, die Mindestlebenshaltungskosten abdeckendes Grundeinkommen für alle im Lande wohnenden Staatsbürger vor, wofür er auch Kostenberechnungen und Finanzierungsvorschläge vorlegt. In Anbetracht der zu erwartenden Veränderungen des Arbeitsmarktes setzt er für die Finanzierung in erster Linie auf eine Umsatzsteuer, neben einer für alle Einkommensarten gleichen, leicht progressiven Einkommensteuer. Die Gesamtsteuerquote müßte seiner Auffassung nach durch ein Grundeinkommenssystem nicht steigen.

Die Vorteile seines „BIS" („Basic Income System") sieht Roberts einerseits in der Einfachheit des Systems und den daraus resultierenden Einsparungen in der Administration, andererseits und vor allem aber in der Möglichkeit einer wirklich freien Entfaltung des Marktes. Die meisten staatlichen Regelungen wie Mindestlohn, Pensionsalter, Kündigungsschutz oder Gewerbebeschränkungen könnten fallen, ebenso wie Subventionen für einzelne Betriebe oder Regionen. Der größte Teil der Unterstützungen für Bedürftige würde überflüssig, staatliche Auflagen würde es lediglich für den Gesundheits- und den Sicherheitsbereich geben müssen. Dagegen könnten Löhne nach dem Marktpreis bestimmt werden, und es wäre leichter, Mitarbeiter für den Gesundheits-, Bildungs- und Sozialbereich zu finden. Trotz niedrigerer Löhne wären die Gesamteinkommen der Niedriglohnbezieher höher, und es würden zusätzliche Arbeitsplätze geschaffen. Im Hochtechnikbereich dagegen könnte der Widerstand gegen Rationalisierungen abgebaut werden, die Produktivität und damit die Löhne würden steigen. Da in einem solchen System Mobilität gefördert würde und jeder seine Fähigkeiten „zu einem wirtschaftlichen Lohn" einsetzen könnte, würde damit nicht zuletzt die gesamtwirtschaftliche Wettbewerbsfähigkeit auf dem internationalen Markt gestützt.

Die Ideen von Keith Roberts haben die internationale Grundeinkommensdiskussion belebt, in England sind sie politisch (bisher) nicht wirksam geworden. Einer der Gründe dafür dürfte sein, daß sein System einen grundlegenden Umbau der sozialstaatlichen Einrichtungen und darüberhinaus des gesamten Steuersystems erfordern würde und daß seine Vorstellungen den derzeit wirksamen politischen Tendenzen diametral entgegengesetzt sind.

Hoffen auf die nächste Reform

Daß die Thatcher-Reform das Armutsproblem nicht lösen kann, daß mehr und mehr Arme unter menschenunwürdigen Bedingungen leben müssen, hält die Diskussion um ein Grundeinkommen lebendig. BIRG hat sich zum Ziel gesetzt, bis zur nächsten Reform neue Grundeinkommensmodelle zu erarbeiten und in die Diskussion mit den Gewerkschaften einerseits, den Unternehmerverbänden andererseits einzusteigen. Bisher waren die Gesprächspartner vor allem die Vertreter der Nicht-Einkommensbezieher, die immerhin 55% der Bevölkerung repräsentieren.

Daß die Diskussion um die Einführung eines Grundeinkommens im Vereinigten Königreich weitergeht, wird nicht zuletzt durch eine Reihe von Neuerscheinungen zum Thema belegt.[30] Besonders zu erwähnen: David Purdy, dessen Argumentation um die Zukunft der Arbeitsgesellschaft kreist und der sich speziell mit der Rolle der Gewerkschaften in diesen Veränderungsprozessen auseinandersetzt. Tony Walter[31] argumentiert in seiner Arbeit für ein Grundeinkommen, das wie Erziehung, sauberes Wasser und Luft jedem Bürger als Mindestabsicherung zur Verfügung stehen müßte: Grundeinkommen als Bürgerrecht. Auch die Arbeiten von Rhys Williams' Forschungsgruppe sind nicht einfach untergegangen, sondern haben in einem von Hermione Parker herausgegebenen Band ihren Niederschlag gefunden.[32]

Immerhin wurde Brandon Rhys Williams' Basiseinkommensvorschlag von Parlamentsmitgliedern verschiedener Parteien durchaus positiv aufgenommen. So hat etwa Frank Field von der Labour Party „keine ideologischen Vorbehalte", Archie Kirkwood (SLD) ist überzeugt, daß unter einem gemäßigten Tory als

Ministerpräsidenten die Chancen sehr groß wären, daß irgend etwas in der Art eines Basiseinkommens eingeführt würde, und David Howell von den Konservativen findet zwar ein volles Grundeinkommen zu teuer, würde aber ein partielles Basiseinkommen unterstützen. „Wir werden wohl im Laufe der nächsten fünf Jahre auf diese Ideen zurückkommen" – so seine Einschätzung.

4.2. Frankreich

Daß in einem Wahlkampf von Solidarität gesprochen wird, ist an sich nichts Besonderes. Daß alle großen Parteien sich für ein Programm gegen die Armut einsetzen, und dieses nach der Wahl in die Realität umgesetzt wird, ist weniger üblich.

Allerdings waren sich im Frühjahr 1988 in Frankreich die großen Parteien schon einig, denn sie wußten aus Meinungsumfragen, daß die große Mehrheit der Franzosen (88%) für ein garantiertes Mindesteinkommen für die Ärmsten waren und daß die Mehrheit auch bereit war, dafür durch eine spezielle Steuer zu bezahlen.

4.2.1. RMI – Einkommen und Arbeit

Unmittelbar nach dem Wahlsieg der Sozialisten wurde das Gesetz über das RMI („Revenu minimum d'insertion") vom Ministerrat, im Oktober darauf dann auch vom Parlament beschlossen. Nach offizieller Schätzung sollten davon 570.000 Haushalte, 1,5 Millionen Personen – rund 3% der Gesamtbevölkerung – betroffen sein.

Zum Vergleich: Würde man das auf Österreich übertragen, hätten rund 225.000 Personen – Obdachlose, arbeitslose Jugendliche, Alleinerzieherinnen und Gelegenheitsarbeiter – einen Anspruch auf ein Mindesteinkommen und auf Integrationsmaßnahmen.

Das Gesetz sieht vor, daß jede Person, die auf Grund ihres Alters, Gesundheitszustandes, der wirtschaftlichen Situation oder des Arbeitsmarktes nicht arbeiten kann, das Recht hat, von der Gemeinschaft die würdigen Unterhaltsmittel zu erhalten. Die dafür notwendigen Mittel werden durch eine eigens eingeführte Steuer auf die großen Vermögen aufgebracht.

RMI ist eine Ausgleichszahlung und umfaßt die Differenz zwischen dem Richtsatz, der von der Größe und Zusammensetzung des Haushalts abhängig ist, und dem eigenen Einkommen. Anspruchsberechtigt ist jede Person mit Wohnsitz in Frankreich, die

– über 25 Jahre alt ist oder, falls jünger, für Kinder zu sorgen hat,
– über ein Einkommen unter dem RMI-Richtsatz verfügt,
– und bereit ist, sich an vorgeschlagenen Maßnahmen zur eigenen Integration zu beteiligen.

Ausländer können unter bestimmten Voraussetzungen RMI bekommen, nicht aber Schüler, Studenten und Praktikanten, es sei denn, die Ausbildung ist Teil jener Aktivitäten, über die mit der Sozialbehörde ein Vertrag abgeschlossen wurde. So könnte im Rahmen des Programms einer mittellosen Person die Möglichkeit eingeräumt werden, ein Universitätsstudium aufzunehmen oder eine Ausbildung zu machen.

Die Höhe des Mindesteinkommens wird nach der Zusammensetzung des Haushalts berechnet: 2000 F (ca. 4000 S oder 570 DM) für einen Alleinstehenden, dazu 1000 F (2000 S oder weniger als 300 DM) für die zweite Person im Haushalt (Ehegatte, Lebensgefährte, Kind oder sonstiges Haushaltsmitglied), 600 F (1200 S oder rund 170 DM) für die dritte und jede weitere Person, unabhängig vom Alter.

Die so errechnete Summe wird allerdings nicht ausbezahlt, sondern lediglich die Differenz zwischen eigenem Einkommen und Mindesteinkommen.

Prinzipiell wird jedes Einkommen des Antragstellers oder seiner Haushaltsangehörigen (Lohn/Gehalt, Arbeitslosenunterstützung, Pension, sonstige Einkommen) und sogar die Kinderbeihilfen vom RMI abgezogen. Ein Fixbetrag für Wohnkosten ist ebenfalls eingeschlossen: 240 F für einen Alleinstehenden, 480 F für einen Zwei-Personen-Haushalt, 594 F, wenn Kinder betreut werden. Darüberhinausgehende Wohnkosten werden dem RMI zugeschlagen.

Um die Integration zu erleichtern, werden Einkommen aus beruflichen Tätigkeiten, die im Rahmen des Integrationsvertrages aufgenommen werden, nur teilweise angerechnet. Auch sind RMI-Bezieher krankenversichert.

Ende Mai 89, wenige Monate nach Einführung des RMI-Programms, waren bereits über 400.000 Anträge eingebracht worden, von denen drei Viertel angenommen wurden. Entgegen der ursprünglichen Annahme sind es in erster Linie Jüngere und Alleinstehende; Familien mit Kindern wurden durch die Anrechnung der Kinderbeihilfe in vielen Fällen ausgeschlossen, ebenso wie ältere Personen, die oft bereits durch andere Sozialmaßnahmen (Alterspensionen, spezielle Maßnahmen für ältere Arbeitslose) erfaßt waren. Fast die Hälfte der Begünstigten gehört der Altersgruppe der unter 35jährigen an, drei Viertel sind Arbeitslose ohne Arbeitsloseneinkommen.

RMI: eine Bringschuld

Die große Zahl der Antragsteller innerhalb weniger Monate erklärt sich daraus, daß die Behörden und Sozialdienste von sich aus aktiv wurden und die möglichen Anspruchsberechtigten aufsuchten. Dies ist es, was das französische Mindesteinkommensmodell von ähnlichen Sozialhilfeleistungen anderer Länder unterscheidet: nicht die Bedürftigen müssen als Bittsteller zu den Ämtern kommen, sondern Beamte und Sozialarbeiter kommen zu den Benachteiligten, um mit ihnen gemeinsam zu überlegen, was nottut.

Die zweite Herausforderung ist der Integrationsanspruch: Besteht das definierte Ziel doch darin, die Bezieher von RMI in einen Arbeitprozeß und in die Gesellschaft einzugliedern. Spezielle Aktionen der Arbeitsbeschaffung, die nicht auf RMI-Bezieher beschränkt sind, aber auch von den Gemeinden und Departements zur Verfügung gestellte Arbeitsplätze im gemeinnützigen Bereich sollen dies ermöglichen.

Die Solidaritätsanstrengung, die dem Gesetzesentwurf und der Durchführung zugrunde liegt, steht außer Frage. Eine Besonderheit im internationalen Bereich bilden dabei die Bemühungen um Randgruppen. Die Bemühung um die Reintegration von Obdachlosen, die Einbeziehung von Ausländern, der Grundsatz, den Leuten nachzugehen (statt zu warten, bis sie selber kommen), dann aber mit ihnen gemeinsam nach Lösungen zu suchen – all dies sind Neuansätze, die wenig mit traditioneller Sozialhilfe gemein haben.

Trotzdem stellen sich Fragen. So ist es schwer vorstellbar, wie mit kommunalen Maßnahmen genügend Dauerarbeitsplätze zu schaffen sein sollten, wenn insgesamt rund 2 Millionen Arbeitsplätze im Land fehlen. Es stellte sich sofort heraus, daß die Gemeinden mit der von ihnen erwarteten Zurverfügungstellung von Arbeitsplätzen im kommunalen Bereich finanziell überfordert sind, obwohl sie nun die früher für die Armenpflege erforderlichen Mittel für solche Aufgaben verwenden können. Auch die Frage der Familienarmut dürfte, bedingt durch die niedrige Gewichtung weiterer Personen im Haushalt, durch die Einführung des RMI kaum gelöst sein. Was an sich als Hilfestellung für die Benachteiligten gedacht ist – das Aktivwerden der Betreuer und die Verträge – kann unter Umständen sehr rasch in Kontrolle und Schnüffelei umschlagen und zur Ablehnung der Unterstützung führen. Dazu kommt, daß die Bezugsdauer für die Empfänger beschränkt ist und die Frage der Zukunft – falls keine Eingliederung gelingt – offen bleibt.

Ein Jahr nach der Einführung – im Frühjahr 1990 – werden die Probleme bereits deutlich sichtbar: äußerst komplizierte administrative Regelungen für die Bemessung führen oft zu langen Wartezeiten für völlig mittellose Antragsteller. Die Regel, daß eventueller Haus- und Grundbesitz mit einer Hypothek belastet wird, führt auf dem Land – ähnlich wie übrigens für Sozialhilfe in Deutschland oder Österreich – häufig zur Ablehnung des RMI. Außerdem steht die vorschnelle Einführung im Widerspruch mit den schwer erfüllbaren Integrationsversprechen, worunter auch die Seriosität der zwischen RMI-Beziehern und Sozialbehörde abgeschlossenen „Verträge" leidet. Eine Reformkommission ist bereits eingesetzt.[33]

Viele Experimente als Vorbereitung

Ganz unerwartet kommen diese Schwierigkeiten allerdings nicht. Die Erfahrungen aus den lokalen Experimenten, die der Einführung des RMI vorangegangen sind und die von CREDOC[34] wissenschaftlich untersucht wurden, deuteten bereits in diese Richtung. Dabei wurden nicht nur meist höhere Beträge ausbezahlt als die RMI-Richtsätze, es gab auch keine starre zeitliche Begrenzung. Trotzdem hatten sich schon bei den regional begrenzten Experimenten die Widersprüche gezeigt zwischen Integrationsanspruch und den sehr beschränkten personellen und finanziellen

Möglichkeiten der Gemeinden auf der einen Seite, zwischen dem Universalitätsanspruch eines „Mindesteinkommens" und der Realität von Armutsprüfungen und „Verträgen", die oft eher der Ausgrenzung als der Integration dienten, andererseits.

Die Arbeitslosen wollen mehr

Kein Wunder angesichts dieser Voraussetzungen, daß sich die französische Arbeitslosengewerkschaft und das von ihr herausgegebene Informationsblatt „Partage" (Teilen) bereits vor der Einführung des RMI für höhere Richtsätze und parallel dazu für eine generelle Verkürzung der Arbeitszeit als Mittel zur Arbeitsplatzbeschaffung einsetzte. Sie fand dabei Unterstützung vom Pariser Regionalverband der zweitgrößten Gewerkschaft Frankreichs CFDT.

Wäre der Gewerkschaftsvorschlag eines Richtsatzes von 3000 F durchgegangen, hätte dies Auswirkungen auf das gesamte Gefüge der Sozialleistungen und niedrigen Einkommen gehabt.

Da zur Zeit der Diskussion der gesetzliche Mindestlohn für Vollzeitarbeit 4000 F betrug, wären unter anderem viele Familien trotz Erwerbseinkommens unter dem Richtsatz geblieben und hätten RMI beanspruchen können. Die Gesamtkosten des Programms wären damit explodiert, es wäre eine Art Sockelung sämtlicher niedriger Einkommen – aus Erwerb ebenso wie aus Transfers – entstanden. Dies hätte zweifellos positive Auswirkungen auf den Konsum und damit auf die Wirtschaft gehabt, gleichzeitig aber auch größere Veränderungen im Steuersystem und eine stärkere Umverteilung erforderlich gemacht.

An diesem Beispiel ließe sich aufzeigen, wie anscheinend kleine Änderungsvorschläge zu einem völlig anderen System mit ganz anderen gesellschaftlichen Auswirkungen führen können.

Jedenfalls hat sich Frankreich mit der Einführung des RMI – unter dem Druck von 11 Millionen Arbeitslosen und einer wachsenden Zahl von Marginalisierten – zum Versuch entschlossen, „Teilhabe" als soziales Grundrecht Wirklichkeit werden zu lassen.

4.2.2. Führungskräfte für Grundeinkommen

In ihren Forderungen fanden die Arbeitslosen nicht nur Unterstützung von Teilen der Gewerkschaft, sondern auch von ganz anderer Seite: der Vereinigung christlicher Führungskräfte.

„Die Arbeitslosigkeit ist ein freiwilliges Übel – soweit sie den möglichen Gegenmaßnahmen vorgezogen wird" – und „Arbeitslosigkeit ist die Frucht der Faulheit – nicht der Arbeiter, sondern der Gesellschaft . . ." Diese Sätze von Alfred Sauvy, dem bekannten Ökonomen, Professor am Collège de France und Verfasser zahlreicher Bücher, werden im Vorwort einer vom Mouvement des Cadres Chrétiens (MCC, „Bewegung christlicher Führungskräfte") zur Frage der Arbeitslosigkeit herausgegebenen Studie zitiert.[35]

Angesichts zunehmender Arbeitslosigkeit, deren Ursache vor allem im Produktivitätsfortschritt und der damit verbundenen Freisetzung menschlicher Arbeitskraft gesehen wird, halten die Führungskräfte eine Gesellschaftsveränderung für notwendig.

Die darin vorgeschlagenen Maßnahmen ergänzen sich gegenseitig zu einem Gesamtkonzept:
- eine Neubewertung der Erwerbsarbeit, die anders organisiert und anders verteilt werden müßte;
- eine soziale und ökonomische Aufwertung von Arbeiten, die heute unbezahlt verrichtet werden, die unsere Welt schöner und lebenswerter machen – dabei könnten sich auch neue Erwerbsarbeitsmöglichkeiten ergeben;
- eine Neuverteilung der Einkommen und Einführung eines allgemeinen Grundeinkommens.

Unter den verschiedenen Möglichkeiten einer Einkommenssicherung, die in der Studie diskutiert werden, wird schließlich ein allgemeines, an keine Bedingungen gebundenes Grundeinkommen („allocation universelle") in den Mittelpunkt gestellt, weil damit keinerlei Diskriminierung verbunden ist, wohl aber flexible Arbeitszeit und selbstbestimmte Arbeitsformen ermöglicht werden. Damit würde es Menschen zum Beispiel ermöglicht, in der Landwirtschaft zu verbleiben und einen Beitrag zur Aufrechterhaltung des ökologischen Gleichgewichts zu leisten. Eltern kleiner Kinder wieder hätten die Möglichkeit, die Arbeit besser ein- und zwischen den Partnern aufzuteilen.

Eine diskutable Höhe für ein Grundeinkommen schiene den

Führungskräften in etwa die Hälfte bis drei Viertel des in Frankreich jeweils festgesetzten Mindestlohns.

Ein Problem der Finanzierung sehen die Manager nicht, obwohl sie sich der Kosten bewußt sind. Für sie ist ein höheres Maß an Umverteilung schlicht und einfach eine Frage der Gerechtigkeit und der Solidarität. „Wenn durch Steuern Umverteilung finanziert wird, so geht es vor allem um eine andere Verteilung des Konsums, und wenn es damit möglich wird, gegen Elend und Arbeitslosigkeit anzukämpfen, so ist das Geld im Interesse aller gut angelegt." (S. 227) Ernster genommen wird die verbreitete Befürchtung, der eine oder andere könnte sich mit einem Grundeinkommen ganz einfach aufs Nichtstun verlegen. Obwohl die Verfasser der Studie diese Sorge nicht teilen, schlagen sie ergänzende Integrationsmaßnahmen – etwa für junge Arbeitslose – vor.

Vor allem aber würde das allgemeine Grundeinkommen Flexibilität ermöglichen und bewirken: das wäre nicht vorstellbar ohne den Hintergrund einer generellen Politik einer weniger starren, reduzierten und personalisierten Arbeitszeit. Die Frage der Zeiteinteilung würde sich nicht nur für Niedriglohnbezieher, sondern für alle Einkommenskategorien ganz neu stellen. Schon heute gibt es Führungskräfte, die für ein paar Monate oder ein Jahr unbezahlten Urlaub nehmen, um sich weiterzubilden oder zu reisen. Was heute Ausnahme ist, könnte zu einem verbreiteten Phänomen werden. Damit müßten Betriebe und Gesellschaft wohl erst umzugehen lernen – deshalb wäre eine schrittweise Einführung sinnvoll. Insgesamt aber geht es um nichts geringeres als eine andere, solidarischere Gesellschaft.

4.2.3. Grundeinkommen und Arbeitspflicht

Soll man André Gorz zu Frankreich rechnen? Die Ideen des in Österreich geborenen, in Frankreich lebenden Wissenschaftlers und Publizisten sind jedenfalls weit über den französischen Sprachraum hinaus in Europa bekannt geworden und haben die internationale Grundeinkommensdiskussion wesentlich beeinflußt und immer wieder befruchtet.

Seine Vorstellung einer gerechten Verteilung von Arbeit und Einkommen – gegen den Ausdruck „Grundeinkommen" wehrt er sich – ist beeinflußt von seiner Nähe zur Gewerkschaftsbewegung und setzt eigentlich bei einer radikalen Arbeitszeitverkürzung an.

Bei ihm ist lebenslängliches Einkommen an eine Arbeitsverpflichtung gebunden: nach derzeitigen Vorstellungen 20.000 Lebensarbeitsstunden. Dies erinnert an die „Allgemeine Nährpflicht" des Österreichers Popper-Lynkeus, der um die Jahrhundertwende ein Modell entwarf, das Existenzsicherung und Arbeitsverpflichtung verknüpfte.[36] Doch sind die Gorzschen Vorstellungen viel liberaler: Jeder kann sich selbst aussuchen, wann er seine Arbeitsverpflichtung ableistet, während das jedem zur Verfügung stehende Einkommen keineswegs nur die materiellen Grundbedürfnisse abdeckt.

Für Gorz ist gesellschaftliche Arbeit absolut notwendig für die gesellschaftliche Integration; Einkommen allein genügt dafür ebensowenig wie die Ausübung von Tätigkeiten im persönlichen Bereich, mögen sie auch gesellschaftlich nützlich sein wie Kindererziehung oder die Pflege alter Verwandter. Ökonomische und politische Rechte als Bürger kann man seiner Ansicht nach nur dort erwerben, wo man – unabhängig von persönlichen Bindungen – als Bürger für andere Bürger tätig wird, dort, wo es einen gesetzlich geregelten Austausch von Leistung und Gegenleistung gibt. Nur in diesem öffentlichen Bereich bringt Arbeit soziale Anerkennung, Selbstwertgefühl und Gleichheit mit anderen, nur dort wird klar, daß die Arbeit nicht für den Arbeitgeber als Person geleistet wird, sondern ein soziales Bedürfnis erfüllt. „Zugang zu Arbeit im öffentlichen Bereich ist eine wesentliche Voraussetzung für ökonomisches Bürgerrecht und für volle Teilhabe in der Gesellschaft. In modernen, komplexen Gesellschaften ist Teilhabe am sozialen Produktionsprozeß ein wesentlicher Faktor der Sozialisation und der Mitgliedschaft in formellen Gemeinschaften und Gruppen, selbst wenn die Arbeitszeit auf weniger als die Hälfte des derzeitigen Durchschnitts reduziert werden sollte."[37]

Eine Spaltung der Gesellschaft kann laut Gorz nur vermieden werden, wenn die Einführung eines Grundeinkommens durch massive Arbeitszeitverkürzung und eine gleichzeitige Bildungsoffensive ergänzt wird, so daß alle die Möglichkeit haben, zu jeder Zeit und in jedem Alter neue Fähigkeiten und neues Wissen zu erwerben und damit die freiwerdenden Jobs auszufüllen.

Trotz der hohen Bedeutung, die Gorz der Erwerbsarbeit zuschreibt, hält er es für nötig, daß auch die unbezahlte Arbeit in Vereinen und Genossenschaften neuen Stils gefördert und gesellschaftlich und politisch anerkannt wird. Damit könnte die Ökonomisierung der bisher unbezahlt geleisteten Arbeit vermieden, die damit verbundene Gefahr der Spaltung des Arbeitsmarktes in hochbezahlte Dauerarbeitsplätze und billige Gelegenheitsjobs im Bereich der kaum spezielle Qualifikationen voraussetzenden Dienstleistungen abgewandt werden.

Um dies zu erreichen, müßten die Marktkräfte stärker als bisher eingeschränkt, ein höheres Maß an vorausschauender gesellschaftlicher Planung eingeführt werden.

Soweit – stark verkürzt – die Vision von André Gorz. Hinzuzufügen wäre, daß es bei Gorz nicht ein einziges, festgefügtes Modell gibt, seine Vorstellungen haben sich im Laufe der Zeit immer wieder auch gewandelt. Was bleibt, ist die Aufmerksamkeit der Erwerbsarbeit gegenüber und die offenbar damit verbundene Vorstellung, daß der während der Nicht-Arbeit ausbezahlte „zweite Scheck" dem Erwerbseinkommen entspricht. Damit würden ja die Ungleichheiten der Arbeitsgesellschaft fortgeschrieben, wenn auch vielleicht in gemilderter Form.

Dies ändert nichts daran, daß André Gorz die Reflexion über notwendige gesellschaftliche Veränderungen wie kaum jemand angeregt hat.

Die Einsicht, daß Arbeitslosigkeit und Gesellschaftsspaltung nicht allein mit traditionellen Mitteln bekämpft werden können, daß es neue Formen von Arbeit, neue Verteilungsmechanismen und neue gesellschaftliche Organisationsformen braucht, beginnt sich auch in anderen Ländern durchzusetzen – quer durch die traditionellen Parteien und Verbände.

4.3. Niederlande: Garantiertes Mindesteinkommen genügt nicht

Wenn schon fast jeder Dritte, der arbeiten möchte, keinen Arbeitsplatz finden kann, wird die Koppelung von Arbeit und Einkommen zu einem Anachronismus. „Recht auf Arbeit" muß in einer solchen Situation neu definiert werden. Diese Einsicht beginnt sich in Holland langsam durchzusetzen, bei Teilen der Gewerkschaften ebenso wie bei Arbeitgebervertretungen.

Alles deutet darauf hin, daß in Holland in den nächsten Jahren ein garantiertes, allgemeines, persönliches Grundeinkommen eingeführt werden könnte.[38] Das Sozialministerium hat bereits entsprechende Berechnungen durchgeführt, die Niederlande würden damit wieder einmal an der Spitze sozialstaatlicher Entwicklungen stehen.

Bereits Mitte der 60er Jahre wurde in den Niederlanden ein nationales Sozialhilfesystem („Bijstand") geschaffen, das Menschen ohne Einkommen und ohne Eigentum den Lebensunterhalt garantierte. Was damals für eine kleine Personengruppe gedacht war, wurde Ende der 80er Jahre zur wichtigsten Quelle des Lebensunterhalts für eine halbe Million Holländer, die meisten von ihnen Langzeitarbeitslose. Sie bekommen dabei kaum weniger Geld als Beschäftigte, die um den Mindestlohn arbeiten.[39] Dies ist auf ein in den 70er Jahren beschlossenes Gesetz zurückzuführen, welches das Arbeitsloseneinkommen eines Paares auf die Höhe des Mindestlohnes für einen Familienerhalter festsetzt, wobei der Mindestlohn selbst an das mittlere Einkommen der Kollektivvertragslöhne gebunden ist. Wer vorübergehend keine Arbeit findet, soll nicht dafür bestraft werden – so die Argumentation von Sozialdemokraten und Christdemokraten, die dieses Gesetz in einer Zeit niedriger Arbeitslosigkeit durchsetzten und damit die Voraussetzung schufen, daß auch die Ärmeren am wachsenden Reichtum der Gesellschaft teilhaben konnten.

Diese großzügige Regelung wurde auch nicht grundsätzlich in Frage gestellt, als sich in den 80er Jahren der Anteil jener, die keinen Arbeitsplatz finden konnten, auf die 20%-Marke zubewegte. Allerdings kam es zu einigen Systemanpassungen, die die relative Situation der „Bijstand"-Bezieher verschlechterten. Dennoch blieb das holländische Sozialhilferecht für Europa in mehrfacher Hinsicht vorbildlich:
– eine zentral organisierte, steuerfinanzierte Einkommensgarantie für all jene, die weder Vermögen noch (ausreichendes) Einkommen haben, in einer wenig diskriminierenden Weise administriert, so daß sie auch tatsächlich in Anspruch genommen wird;
– in einer Höhe, die den niedrigsten Erwerbseinkommen entspricht und damit ein dem allgemeinen Standard angemessenes Leben erlaubt.

Ein echtes, bedingungsloses, allgemeines Grundeinkommen, ohne Armutsprüfung, ohne Verfügbarkeit für den Arbeitsmarkt und ohne Kontrolle des privaten Lebens wurde in den Niederlanden bereits 1975 von einem Sozialmediziner, Professor an der

Freien Universität Amsterdam, in die Diskussion eingebracht. Inspiriert von den Thesen des Amerikaners Robert Theobald[40], tritt er für ein allgemeines, existenzsicherndes Grundeinkommen ein, verbunden mit einem längeren, für alle verpflichtenden Sozialdienst, womit er – gemeinsam mit Gorz und Adler-Karlsson – in der Tradition des Österreichers Popper-Lynkeus steht.

Für den Sozialpsychologen Kuiper sind die wichtigsten Gründe für die Einführung eines Grundeinkommens, die beruflich Benachteiligten unabhängiger zu machen und sie in die Lage zu versetzen, sich gegen allzu schlechte Arbeitsbedingungen zur Wehr zu setzen. Gleichzeitig sollten die Arbeitsunfähigen vom ständigen Nachweis ihrer Unfähigkeit befreit werden.

Kuiper wurde zwar fürs erste heftig angegriffen, doch wurden seine Ideen von einigen kleineren politischen Gruppierungen übernommen. 1976 wurde ein erster Antrag auf die Einführung eines allgemeinen Grundeinkommens im niederländischen Parlament eingebracht – und mit großer Mehrheit abgelehnt.

Die Einstellung zu einer grundlegenderen Sozialstaatsreform änderte sich unter dem Eindruck zunehmendcer Arbeitslosigkeit. Die Arbeitslosenrate stieg von 7,8% im Jahre 1975 auf 18,1% für 1985. Die meisten Arbeitslosen bezogen entweder „Bijstand" oder eine Leistung aus der Arbeitslosenversicherung in etwa derselben Höhe. Die Arbeitsunfähigen unter 65 Jahren, deren Anteil von 8,9% im Jahr 1975 auf 11,7% der aktiven Bevölkerung angestiegen war – nicht zuletzt aufgrund der schwierigen Situation am Arbeitsmarkt – und die ebenfalls vom „Bijstand" lebten, waren bei den Arbeitslosen noch gar nicht mitgezählt.

Vorangetrieben wird die Diskussion seit 1981 durch die Gewerkschaft der Lebensmittelarbeiter[41], die für die Einführung eines Grundeinkommens und parallel dazu für eine spürbare Verkürzung der Arbeitszeit eintritt. Die kleine radikale Partei PPR unterstützt diesen Vorschlag und die damit verbundene Forderung nach Einführung einer 30-Stunden-Woche. Nun wurden auch andere Einrichtungen initiativ: das königliche Ingenieurinstitut erarbeitete einen eigenen Grundeinkommensplan, die Vereinigung kleiner und mittlerer Unternehmen trat für ein allgemeines Grundeinkommen ein, das einige der Subventionen ersetzen und Firmengründungen einfacher und risikoloser machen könnte, und schließlich gesellte sich die kleine liberal-demokratische Partei zu den Grundeinkommensbefürwortern.

1985: Der Durchbruch

Eine ganz neue Dimension bekam die Frage der Einführung eines Grundeinkommens durch eine Studie des „Wissenschaftlichen Rats für die Politik der Regierung", einer unabhängigen wissenschaftlichen Einrichtung zur Beratung der Regierung, vor allem in Langzeitfragen. Mehrere Jahre hindurch hatte sich diese Kommission – unter dem Vorsitz des Christdemokraten Nic Douben, Professor für Ökonomie an der Universität Eindhoven – mit Fragen der Sozialversicherung beschäftigt. Der Schlußbericht dieser hochrangigen Kommission enthält neben einer genauen Analyse des Systems Vorschläge für eine solidarische Weiterentwicklung angesichts eines ständig zunehmenden Einsatzes von Hochtechnologie. Das Kernstück der vorgeschlagenen Reform bildet ein allgemeines, bedingungsloses Grundeinkommen in bescheidener Höhe, ergänzt durch ein teils staatliches, teils privates Sozialversicherungssystem. Die Finanzierung sollte zumindest teilweise durch eine Wertschöpfungssteuer gesichert werden.

Die Erfahrung, daß neue Vorschläge fürs erste heftigst abgelehnt werden, bestätigte sich auch hier. Linksparteien und Gewerkschaften legten sich quer, weil im Paket auch die Abschaffung des gesetzlichen Mindestlohns enthalten war; den Grundeinkommensbefürwortern war der Betrag zu niedrig angesetzt; die Sozialdemokraten ließen wissen, daß sie ein Grundeinkommen prinzipiell ablehnten, weil das Band zwischen Erwerbsarbeit und Einkommen bestehen bleiben müsse, und die Rechtsparteien hatten im Wahlkampf versprochen, die Staatsquote zu senken.

Trotzdem hatte der höchst seriöse, eher technokratische Bericht des Wissenschaftsrates zur Folge, daß ein Grundeinkommen als mögliche Alternative zu anderen Formen der Weiterentwicklung des Sozialstaats ernst genommen wurde. Nun begannen auch die großen Parteien und Gewerkschaften, sich mit dieser Frage auseinanderzusetzen, die meisten Arbeitslosenvereinigungen setzten sich für ein Grundeinkommen ein. Die Frauenbewegung, die vorerst die Gefahr eines „Hausfrauenlohns" sah, konnte sich schließlich für die Idee eines Grundeinkommens bei gleichzeitiger Arbeitszeitverkürzung erwärmen. So kam es 1987 zur Gründung des „Werkplaats Basisinkomen" als einer Art Koordinierungsstelle all jener Organisationen, die ein Grundeinkommen befürworten.

Ziel des „Werkplaats" ist es, die Idee weiterzuentwickeln und einen gemeinsamen Vorschlag zu erarbeiten. „Werkplaats" gibt aber auch ein Informationsblatt heraus, in dem Fragen zum Grundeinkommen diskutiert werden.[42] Für die Öffentlichkeitsarbeit dient ein Faltblatt mit 7 Fragen zum Grundeinkommen, die lauten: Was kann man damit kaufen? Entstehen neue Arbeitsplätze? Werden die Leute aufhören zu arbeiten? Werden wir alle vom Staat abhängig? Ist es nicht zu teuer? Ist es politisch machbar? Sind die Befürworter organisiert?

1989 wurden im Sozialministerium der Niederlande Berechnungen für die Einführung eines Grundeinkommens angestellt. Das Land, das bereits heute seinen Bürgern ein Mindesteinkommen sichert, wird so erneut eine Vorreiterrolle in Europa spielen, aus der Überzeugung heraus, daß Demokratie und gesellschaftlicher Zusammenhalt auch einer materiellen Basis bedürfen.

4.4. Belgien

4.4.1. „Eine Idee, um anders zu leben?"

So lautete der Untertitel der im April 1985 herausgekommenen Nummer der in Brüssel erscheinenden, der Katholischen Universität Löwen[43] nahestehenden Zeitschrift „La Revue Nouvelle" zum Thema Grundeinkommen. Der Anlaß: Infragestellung des Sozialstaats auf Grund wachsender Arbeitslosigkeit; die vorgeschlagene Lösung: eine allgemeine Zahlung für alle („allocation universelle") anstatt der vielen unterschiedlichen Sozialleistungen; die Autoren: eine Gruppe junger Wissenschafter, die sich „Collectif Charles Fourier" nennen, nach dem französischen Frühsozialisten Charles Fourier (1772–1837), der die sozialen Gegensätze durch die Organisation von Produktionsgenossenschaften zu überwinden suchte.

„Schafft Arbeitslosengeld und Pensionen ab, ebenso Sozialhilfe und Familienbeihilfen, Steuerabsetz- und Freibeträge für Familien, Studienbeihilfen, Unterstützungen und Beihilfen der Arbeitsmarktverwaltung und die Hilfe des Staates für Betriebe. Zahlt dafür monatlich jedem Bürger eine Summe, die zur Dekkung des grundlegenden Lebensbedarfs einer allein lebenden Person ausreicht. Überweist diese Summe, unabhängig davon, ob er oder sie arbeitet oder nicht, reich ist oder arm, allein oder in einer Familie lebt, in einer Lebensgemeinschaft oder in einer Gruppe, ohne nach früherer Arbeit zu fragen. Und ohne jeden Unterschied, ausgenommen einer Abstufung je nach Alter. Und finanziert das Ganze durch eine progressive Steuer auf die sonstigen Einkommen jedes einzelnen.

Dereguliert gleichzeitig den Arbeitsmarkt, schafft die Gesetze über Mindestlohn und Arbeitszeit ab, die administrativen Hindernisse für Teilzeitarbeit. Senkt das Alter für das Ende der Schulpflicht und hebt die Altersgrenze für die Pensionen auf."

Sind alle diese Gesetzesänderungen durchgeführt, dann – so meinen die Autoren – könne man beobachten, was passiert: die Armut würde ein für allemal verschwinden, der Begriff „Arbeitslosigkeit" würde seinen Sinn verlieren, die Arbeit würde – ebenso wie die Einkommen – besser aufgeteilt, weil viel mehr Personen die Möglichkeiten kürzerer oder flexiblerer Arbeit wahrnehmen würden; dies auch deshalb, weil weder ihre Einkommen in Zeiten der Arbeitslosigkeit noch die Absicherung für das Alter davon beeinflußt würden.

Und das wäre noch nicht einmal alles. Das „Collectif" sieht noch weitere höchst wünschenswerte Entwicklungen, die sich aus der Einführung eines Einkommens für alle ergeben würden. Da Arbeit so freiwillig würde, müßten unangenehme Arbeiten verschwinden: größtenteils würden sie einfach wegrationalisiert, die verbleibenden notwendigen, aber unangenehmen Tätigkeiten müßten entweder weit besser bezahlt oder aber die Arbeitsbedingungen attraktiver gestaltet werden. Mit anderen Worten: mit dem Wegfall des ökonomischen Arbeitszwanges würde ein gewaltiger Druck entstehen, die Arbeit interessanter, weniger unangenehm und anziehender zu machen.

Daneben könnten alternative Arbeitsformen wachsen: künstlerische Arbeiten, soziale Aufgaben könnten auch mit einem geringen Lohn übernommen werden. Weil die Arbeitenden viel mehr Einfluß hätten, würde sich die gesamte Organisation der Arbeit verändern, auch wenn nicht vorhersehbar sei, in welcher Richtung sich dieser Einfluß auswirken könnte.

Doch nicht nur die Berufsarbeit, auch die Aufteilung der Hausarbeit würde sich ändern. Einerseits würde jene lähmende Starre des unproduktiven Wartens wegfallen, die heute Arbeitslose oft darin hindert, Arbeiten im Haushalt und im Eigenbereich zu übernehmen und ihre Freizeit mit dem Partner zu verbringen. Die Zeit könnte kreativer genützt werden. Geändert würden auch die Machtverhältnisse in der Partnerschaft: über eigenes Geld zu verfügen, hat für Frauen immer schon einen Machtzuwachs bedeutet. Trotzdem sind die Autoren realistisch genug, um anzunehmen, daß sich die Aufgabenverteilung zwischen Männern und Frauen nicht so rasch ändern wird, deshalb sollte das Geld für die Kinder grundsätzlich der Mutter überwiesen werden. Grundeinkommen würde also eine dauerhafte und massive Machtverschiebung von den Männern zu den Frauen bedeuten.

Der Weg zur Einführung wird über politische Kämpfe, Anpassungen in den bestehenden sozialen Sicherheitseinrichtungen und Veränderungen im Arbeitsmarkt gehen. „Das allgemeine Einkommen wird kein Allheilmittel sein – so wenig wie das allgemeine Wahlrecht. Doch wie dieses wird es einen unwiderrufbaren Fortschritt darstellen, der nicht mehr rückgängig zu machen ist.“[44]

Die Berechnung des vorgeschlagenen Modells wird durch eine zweite Arbeitsgruppe geliefert.[45] Würde man die ohnehin für Sozialtransfers ausgegebene Summe zur Gänze für Grundeinkommen verwenden, so könnte man für einen Erwachsenen monatlich 10.000 bfr zur Verfügung stellen. Das wären auf der Basis von 1984 grob gerechnet 3500 öS oder 500 DM. Dazu wird eine Gewichtung nach Alter vorgeschlagen:

Vom für Erwachsene vorgesehenen Satz (100%) sollten erhalten:

Kinder		Ältere Personen	
0– 5	30%	65–74	140%
6–11	40%	75–84	160%
12–18	50%	ab 85	200%
ab 19	100%	Invalide	150%

Dies würde also bedeuten, daß bei einem Erwachsenensatz von 10.000 bfr Kinder bis zu 5 Jahren 3000 bfr monatlich, Pensionisten mit 65 Jahren 14.000 und 85jährige 20.000 bfr bekommen würden, bei Wegfall aller sonstigen Leistungen.

Problematische Umverteilung

Wenn ein allgemeines Grundeinkommen ausschließlich durch Umverteilung der Sozialausgaben finanziert werden sollte, dann wäre die Folge eine Umverteilung von unten nach oben. Nach der belgischen Modellrechnung hätten die meisten Arbeitslosen und Pensionisten weniger bekommen als nach dem geltenden Gesetz, selbst alleinstehende Sozialhilfebezieher hätten den Gürtel noch enger schnallen müssen. Es würde sich eine Umverteilung ergeben von Arbeitslosen und Pensionisten hin zu den Aktiven einerseits, Hausfrauen andererseits. Um dies zu vermeiden, müßte das Grundeinkommen auf etwa die doppelte Höhe – 20.000 bfr für Erwachsene – angehoben werden, bei gleichzeitiger Anhebung der Steuern auf die Aktiveinkommen.

Als Ausweg aus dem Problem eines zu geringen Grundeinkommens oder zu hoher Besteuerung der Aktiveinkommen entwerfen die Modellrechner folgendes Szenario:

– ein Grundeinkommen in „mittlerer" Höhe – also irgendwo zwischen 10.000 und 20.000 bfr;

– Umverteilung der Arbeit durch autoritäre Maßnahmen (30-Stunden-Woche) und/oder eine neue Berechnung der Sozialabgaben der Arbeitgeber, mit dem Ziel, daß mehr Beschäftigte mit kürzerer Arbeitszeit den Unternehmer weniger kosten als weniger Beschäftigte, die länger arbeiten;

– eine Steuerpolitik, die Sparen fördert, etwa durch Einführung einer progressiven Konsumsteuer – die Idee dahinter: eine breitere Streuung von Eigentum und Ergänzung von Aktiv- und Transfereinkommen durch Einkommen aus Vermögen für einen möglichst großen Teil der Gesamtbevölkerung.

Trotz dieser Ergänzungen ist klar, daß es sich beim Vorschlag des Collectifs eher um einen Denkanstoß handelt als um ein ausgereiftes, in seinen Konsequenzen durchdachtes Modell. Daß die Folgen der Einführung statt Befreiung von Armut größere Armut bei Arbeitslosen, Alten und Behinderten bedeuten, daß die Arbeitslosigkeit nicht schwinden, sondern der Zwang, jede Arbeit auch unter den schlechtesten Bedingungen anzunehmen, steigen würde – das lag nicht im Sinne der Erfinder. Es zeigt sich hier wieder einmal, wie sehr die Wirkungen eines Grundeinkommens von der Höhe, der Einbettung in das Steuer- und Sozialversicherungssystem, von der Arbeitsgesetzgebung und dem übrigen sozialen Umfeld abhängt.

Auch das Collectif Charles Fourier hatte Zweifel angemeldet, ob es gut, ja, ob es überhaupt möglich sei, eine so radikale Veränderung wie den Ersatz sämtlicher Sozialleistungen und die Aufhebung der meisten die Arbeit betreffenden Regelungen in einem Schritt durchzuführen. Vielleicht sollten sie sich an ihren eigenen Vergleich erinnern: auch das allgemeine Wahlrecht wurde nicht sofort eingeführt, sondern mußte erkämpft werden.

Das Grundeinkommensmodell des Collectif Charles Fourier hat auch die belgischen Grünparteien inspiriert. Die wallonische Grünpartei Ecolo hat es mit einigen Anpassungen in ihr Programm übernommen. Man tritt für eine stufenweise Einführung einer „allocation universelle" ein, doch müßten aus der Sicht der Grünen erworbene Ansprüche, etwa auf Rente, in vollem Umfang aufrechterhalten werden. Parallel dazu wären Maßnahmen für eine echte Aufteilung der vorhandenen Arbeitsplätze zu treffen. In einem Kurzfristprogramm werden Verbesserungen des bestehenden Systems in Richtung auf ein allgemeines Grundeinkommen vorgeschlagen: Sozialleistungen sollen durch ein niederes Erwerbseinkommen nicht gleich zur Gänze, sondern nur schrittweise wegfallen. Individualisierung der Sozialleistungen und Wegfall der Möglichkeit, bezahlte Sozialhilfe von den Verwandten des Empfängers einzufordern, müßten das Programm ergänzen. Weiters sollte der freiwillige Verzicht auf einen Arbeitsplatz ein Recht auf Unterstützung begründen.

4.4.2. Das „Basic Income European Network"

Die Mitglieder des Collectif Charles Fourier hatten mit ihrem Beitrag über das allgemeine Grundeinkommen einen Preis der König-Boudoin-Stiftung bekommen. Mit dem Geld, das sie dafür erhielten, organisierten die Koordinatoren des Collectif, allen voran Philippe Van Parijs von der Universität Louvain-la-Neuve, eine internationale Konferenz über Grundeinkommen, die im September 1986 in Louvain-la-Neuve stattfand. Unter den über 30 Vortragenden aus den meisten westeuropäischen Ländern fanden sich Autoren wie Gunnar Adler-Karlsson, Professoren und Forscher von Universitäten, Abgeordnete des Europa-Parlaments und Mitarbeiter internationaler Organisationen wie der ILO.

Die Tagung gipfelte in der Gründung des B.I.E.N., einem Netzwerk von Personen, die sich für die Erforschung und politische Durchsetzung von Grundeinkommensmodellen engagieren. War das Thema dieses ersten Treffens noch einfach „Grundeinkommen", so gab es zwei Jahre später – diesmal an der Universität Antwerpen – bereits eine Konkretisierung: die Möglichkeiten konkreter Einführung und Finanzierung standen bei dieser zweiten Tagung im Mittelpunkt der Beratungen. 1990 gibt es wieder ein Treffen, diesmal in Italien. Das Thema: Wirtschaftsdemokratie und Bürgereinkommen („economic democracy and citizenship income").

Freiheit – Gleichheit – Ökologie

Die belgischen Grundeinkommensbefürworter, besonders die Gruppe um Philippe Van Parijs und die Katholische Universität Löwen, hatten sich von Anfang an vor allem auch mit den Fragen der philosophischen Begründung und ethischen Rechtfertigung eines Grundeinkommens auseinandergesetzt.

Die Lehrveranstaltungen zu diesem Themenbereich an verschiedenen Universitäten wurden durch ein vom philosophischen Institut der Universität Löwen (Abteilung für Interdisziplinäre Fragestellungen) veranstaltetes Kolloquium zum Thema Grundeinkommen unter der Überschrift „Freiheit – Gleichheit – Ökologie" gekrönt. Die Veranstaltung – an der frankophonen Universität Louvain-la-Neuve – wurde in englischer Sprache abgehalten; die Mehrzahl der Vortragenden kam aus dem englischen Sprachraum. Daß weder das Postulat der Freiheit noch jenes der Gleichheit zwingend ein Grundeinkommen als Realisierung des allseits anerkannten Rechts auf Leben fordern, war für den philosophischen Laien kaum überraschend; auch nicht, daß keiner der anwesenden Professoren die Meinung vertrat, die Lösung der ökologischen Probleme unseres Zeitalters würde unabdingbar die Einführung eines Grundeinkommens voraussetzen.

Daß ein bedarfdeckendes Grundeinkommen zugleich mehr Freiheit und mehr Gleichheit bedeuten würde, daß ökologische Probleme leichter lösbar würden, darüber waren sich Vortragende und Diskutanten einig.[46]

Während an belgischen Universitäten – auch an der freien Universität Brüssel und in Antwerpen – Grundeinkommen diskutiert

wird, läuft die politische Diskussion um die Reform des Sozialstaats eher in Richtung Ausbau des bestehenden Systems, das
einen Kompromiß darstellt zwischen dem kontinental-europäi-
schen, auf dem Äquivalenzprinzip beruhenden und dem englischen System. Das darin verankerte garantierte Mindesteinkommen ist eine mit Armutsprüfung verbundene Fürsorgeleistung
und steht nur dem zu, der anderweitig nicht in der Lage ist, seinen
Lebensunterhalt zu decken. Die Höhe beträgt weniger als 50%
des gesetzlichen Mindestlohns und muß deshalb oft durch andere
Sozialleistungen ergänzt werden. Das Reformziel, das von Bel-
gien auch in die gesamteuropäische Diskussion eingebracht
wurde, ist eine bedarfsdeckende Festsetzung von Mindestleistun-
gen in den – von einer Armutsprüfung unabhängigen – Sozialversicherungsleistungen.

4.5. Westdeutschland

„Fast unausweichlich führt jede Überlegung zu dem Gedanken
eines Minimaleinkommens, das auf die eine oder andere Weise
garantiert sein muß."[47] Dieser Ausspruch des liberalen Ökonomen und Politikers Ralf Dahrendorf weist bereits darauf hin, daß
die Grundeinkommensdiskussion in der BRD nicht auf Grüne
oder Außenseiter beschränkt ist.

Ende der 70er Jahre war Grundeinkommen kein deutsches
Thema, auch wenn einige Wissenschafter sich, im Anschluß an
die politische Diskussion in den Vereinigten Staaten, mit den
Möglichkeiten einer negativen Einkommensteuer auseinander-
setzten.[48] Schließlich gab es – im Gegensatz zu den Vereinigten
Staaten – kein offensichtliches Armutsproblem: das Netz der Sozialversicherungen war gut ausgebaut, die Arbeitslosen bekamen
Arbeitslosengeld, die Renten wurden regelmäßig angehoben,
und wer weder Einkommen noch Versicherungsansprüche hatte,
konnte Sozialhilfe bekommen.

4.5.1. Arbeitslosigkeit, Öko-Krise, und die Grünen

Das änderte sich sehr rasch, als zu Beginn der 80er Jahre die Arbeitslosenzahlen stiegen und damit auch die Zahl jener, die keine
oder zu geringe Versicherungsansprüche hatten. 1985 bezogen

nur noch 40% der registrierten Erwerbslosen Arbeitslosengeld, 27 % die oft sehr niedrige Arbeitslosenhilfe, 33 % blieben überhaupt ohne Unterstützungsleistungen von der Bundesanstalt für Arbeit. Viele mußten sich deshalb zur Sicherung ihres Lebensunterhalts an die Gemeinden um Sozialhilfe wenden. Die hohe Zahl von Arbeitslosen ohne Arbeitslosengeld war zum Teil auch auf Veränderungen der Anspruchsvoraussetzungen zurückzuführen, die angesichts wachsender Inanspruchnahme das Budget der Bundesanstalt für Arbeit wieder in Ordnung bringen sollten. Damit verlagerten sich die finanziellen Schwierigkeiten auf die Gemeinden, denen nun ihrerseits nichts anderes übrigblieb, als bei der Berechnung der Sozialleistungen strengere Maßstäbe anzulegen. Mit den Grenzen einer auf enge Koppelung von Erwerbsarbeit und Sozialstaat aufgebauten Sozialversicherung wurde eine neue Armut sichtbar.

Um dem Skandal wachsender Armut in einem der reichsten Länder Europas entgegenzusteuern, wird auch in Deutschland die Idee einer Mindestsicherung oder eines garantierten Grundeinkommens in die Diskussion gebracht, wobei diese Vorstöße aus sehr unterschiedlichen ideologischen Richtungen kommen, mit entsprechenden Unterschieden in den Zielsetzungen und der konkreten Ausgestaltung.

Einen der ersten Anstöße lieferte André Gorz[49], dessen „Wege ins Paradies" 1983 in deutscher Sprache herauskam.

Klaus-Uwe Gerhardt und Arndt Weber veröffentlichten ihre Vorstellung eines garantierten Mindesteinkommens zuerst 1983 in „Alemantschen – Materialien für radikale Ökologie". Ihrer Meinung nach kann die Krise der Arbeitsgesellschaft und die damit zusammenhängende Infragestellung des Sozialstaats nicht losgelöst werden von der ökologischen Herausforderung. Es geht ihnen darum, den Zusammenhang zwischen ökonomischer Aktivität, ökologischer Zerstörung und menschlicher Entfremdung aufzubrechen, der Arbeit die Komponente der schöpferischen, selbstbestimmten Tätigkeit zurückzugeben.

Als Diskussionsmodell schlagen Gerhardt und Weber ein Mindesteinkommen in Form einer negativen Einkommensteuer von 800 DM vor, gekoppelt mit einem Steuersatz von 50%.[50] Dies bedeutet, daß sich bis zu einem Arbeitseinkommen von 1600 DM das Grundeinkommen progressiv vermindert, bei darüberliegenden Einkommen „positive" Steuer zu bezahlen wäre, und zwar jeweils 50% von jenem Betrag, der 800 DM übersteigt. Für weitere Haushaltsmitglieder werden abgestufte Beträge vorgeschlagen. Es bleibt also die Haushaltsbezogenheit des deutschen Steuersystems erhalten: das Mindesteinkommen in Form der Negativsteuer soll prinzipiell jenes Familienmitglied erhalten, das Steuern bezahlt. Für die Zeit der Einführung wird auch eine Abgrenzung des Bezieherkreises vorgeschlagen, was wohl nicht ohne Armutsprüfung denkbar ist.

Auf dieser Basis werden dann die Kosten geschätzt: bei einem Bezieherkreis von 6 bis 8 Millionen Personen, mit einem durchschnittlichen Betrag von 5000 bzw. 7500 DM im Jahr, würden sich Kosten zwischen 30 und 70 Milliarden DM jährlich ergeben, zu deren Finanzierung – neben Einsparungen bei durch das Mindesteinkommen überflüssig werdenden Sozialleistungen – unter anderem die Streichung der Ausgaben für umstrittene Großprojekte vorgeschlagen wird.

Gerhardt und Weber sind nicht nur von der Finanzierbarkeit ihres Mindesteinkommens überzeugt, sie meinen darüberhinaus, daß langfristig die Kosten sinken, der Staatshaushalt entlastet würde, und zwar durch innovative Effekte und Entbürokratisierung. Die Aufkündigung der „Zwangsehe von Lohn und Leistung" und der Übergang zu einer ökologisch und sozial verträglichen Wirtschaftsweise sind die Ziele dieser Modellvorstellung, deren Interesse nicht zuletzt darin liegt, daß recht konkrete Angaben für die Diskussion vorgegeben wurden.

Recht auf Einkommen – ein „grünes" Thema?

Die Diskussion um ein existenzsicherndes, von Erwerbsarbeit unabhängiges Mindesteinkommen wurde in der BRD – wie auch in anderen europäischen Staaten – in erster Linie im Umfeld von Grünen und Alternativen geführt. Trotzdem haben sich die Grünen als Partei bis heute nicht dafür entscheiden können, das garantierte Grundeinkommen offiziell ins Programm zu nehmen. Dieses Zögern ist nicht nur auf unterschiedliche Einstellungen innerhalb des Bündnisses zurückzuführen; wichtiger dürfte der Zwang einer realpolitisch engagierten Partei sein, relativ kurzfristig zu verwirklichende Konzepte vorzulegen.

1986 befaßte sich die Bundestagsfraktion der Grünen mit dem Modell einer „bedarfsorientierten Grundsicherung in allen Lebenslagen"[51]. Dieses Modell, das auch im Deutschen Bundestag zur Diskussion gestellt wurde, sieht einen Mindestplafond in sämtlichen sozialen Sicherungssystemen: Arbeitslosengeld, Krankengeld, Rente, aber auch in der Sozialhilfe, vor. Der Weg der Anknüpfung an bereits bestehende Sozialleistungen schien realpolitisch zielführender in einem Land, das noch nicht einmal für Kinder ein bedingungsloses „Grundeinkommen" kennt: selbst Kindergeldzuschläge sind vom Einkommen der Eltern abhängig.

Das „grüne" Grundsicherungsmodell veranschlagt 1000 DM monatlich für jede erwachsene Person, im Alter wegen des vermuteten höheren Bedarfs 1200 DM. Dieser Betrag soll indexiert, d. h. regelmäßig an die Preisentwicklung angepaßt werden. Wer als Arbeitsloser Anspruch auf Leistungen aus dem Arbeitsförderungsgesetz hat, soll mindestens 1200 DM monatlich erhalten. Zu diesen Beträgen könnte im Falle erhöhter Wohnkosten noch zusätzlich Wohnkostenzuschuß beantragt werden. Im Gegensatz zur geltenden Sozialhilferegelung würde die Generationensubsidiarität auf die Unterhaltspflicht zwischen Ehegatten und von Eltern gegenüber ihren noch nicht erwachsenen Kindern eingeschränkt. Auch die „Arbeitspflicht" des BSHG soll abgeschafft werden, die es heute erlaubt, Sozialhilfeempfänger zu gemeinnützigen Arbeiten zu verpflichten, für die sie lediglich eine geringe Aufwandsentschädigung erhalten. Bestehen bleiben soll dagegen die „Verfügbarkeit für den Arbeitsmarkt". Auch an der Anrechnung von Vermögen und Vermögenseinkünften wird festgehalten, für Arbeitseinkommen ist ein Freibetrag von 200 DM vorgesehen.

Mindestsicherung gilt natürlich in erster Linie für Kinder: das „grüne" Modell sieht eine neue Form des Familienlastenausgleichs vor. Direkte Transferleistungen sollen Steuererleichterungen ablösen. Die Transferleistungen sollen zumindest einen Teil der Kinderkosten übernehmen. Eine Altersstaffelung soll dem höheren Bedarf älterer Kinder Rechnung tragen: also ein „österreichisches" System des Familienlastenausgleichs. Detail am Rande: während die österreichischen Sozialisten derzeit jede Staffelung nach der Kinderzahl vehement ablehnen („jedes Kind ist uns gleich viel wert") ist es in der BRD die SPD, die an der stärkeren Förderung von Mehrkindfamilien festhält. Vielleicht müßte man öfter internationale Vergleiche anstellen, um so manche ideologische Überzeugung als gewöhnliches Vorurteil zu entlarven, das auf seinen realen Hintergrund hin geprüft werden kann.

Einer der umstrittensten Punkte des „grünen" Modells ist der Vorschlag eines Betreuungsgeldes für Mütter oder Väter, die sich der Kindererziehung widmen. Dieses Betreuungsgeld ist als 90%ige Lohn-Ersatzleistung – mit einer Höchstgrenze von 2000 DM monatlich – gedacht. Die Auseinandersetzung wird darüber geführt, ob sich mit dieser Regelung auch Väter dazu verlocken lassen, um der Kinder willen für einige Zeit auf den Beruf zu verzichten, oder ob nur die alte Rollenverteilung gestärkt wird. Die Anhängerinnen einer neuen „Mütterpolitik" sehen darin eine Chance, Frauen und Männern die Möglichkeit zu eröffnen, mit Kindern zu leben. Ein Antidiskriminierungsgesetz sollte dazu beitragen, jene andere Vorstellung von der weiteren Entwicklung der Geschlechterbeziehung und der geschlechtsspezifischen Arbeitsteilung Wirklichkeit werden zu lassen.

Die realpolitischen Chancen dieses Modells liegen in seiner Nähe zu Grundsicherungsvorschlägen, die aus dem Umfeld von Gewerkschaft und SPD zur Verbesserung der bestehenden sozialen Sicherungssysteme vorgebracht wurden. Daß Forscher wie Walter Hanesch und Wilhelm Klein ihre Vorschläge zur Bekämpfung der Armut durch Erleichterung des Zugangs zu staatlichen Leistungen, verbunden mit einheitlichen Mindestbeträgen, auch im sozialwissenschaftlichen Institut des Deutschen Gewerkschaftsbundes vertreten können, bedeutet aber noch lange nicht Konsens innerhalb der Gewerkschaft oder gar der SPD. Mit einer Großoffensive der Gewerkschaften zur Verbesserung der Situation der Arbeitslosen ist wohl auch zu Beginn der 90er Jahre kaum zu rechnen.

Der Preis für diese Nähe zur Realpolitik sind Abgrenzungsschwierigkeiten und Zweideutigkeiten. Ein Betrag von maximal 1200 DM pro Person ergibt sehr rasch Familieneinkommen, die viele Erwerbstätige nicht erreichen. Dafür wäre die Aufnahme einer Erwerbsarbeit in vielen Fällen nicht mit materieller Besserstellung verbunden. Um diese im Zweifelsfall trotzdem durchsetzen zu können, wären einschränkende Regelungen, zum Beispiel eine zeitliche Begrenzung der Leistungen notwendig – was aber abgelehnt wird.

Daß Ehegatten zum gegenseitigen Unterhalt verpflichtet sind,

Lebensgefährten jedoch nicht, mag erträglich sein vor dem Hintergrund eines Steuergesetzes, das Eheschließung durch Ehegattensplitting belohnt. Jedenfalls werden mit Regelungen dieser Art persönliche, den privaten Bereich betreffende Entscheidungen massiv beeinflußt, wo man eigentlich mehr Freiheitsspielräume schaffen wollte.

Selbstverständlich handelt es sich dabei um Folgen des Kompromisses zwischen dem letztlich angestrebten Ziel eines sozialen Grundrechts auf Existenzsicherung und dem als Einstieg gedachten Grundsicherungsmodell, das auf Bestehendes Rücksicht zu nehmen hat. Ansprüche zu „individualisieren", also auch Ehefrauen ohne eigenes Einkommen eine Grundsicherung zuzugestehen, wäre nur in einem allgemeinen Grundeinkommensmodell möglich, wobei sich die Ansprüche der Ehefrauen durch Aufhebung des Ehegattensplittings finanzieren ließen. Dies würde eine Umverteilung von den Männern zu den Frauen bedeuten, ohne daß deswegen Familien mit mittlerem Einkommen schlechter gestellt würden.

Grundrente statt Altersarmut

Bereits 1985 traten die Grünen mit der Forderung nach einer Grundrente von 1000 DM für alle an die Öffentlichkeit. In dem 1988 veröffentlichten Grundsicherungsmodell werden für einen Alleinstehenden 1200 DM, für ein Ehepaar ca. 2150 DM angesetzt. Während in der CDU und SPD eine Art Ausgleichszulage zur Aufstockung von Renten unter dem Sozialhilfeniveau – analog zur österreichischen Regelung – diskutiert wird, wollen die Grünen kurzfristig eine „bedarfsorientierte Mindestsicherung" in ausreichender Höhe auch für die, die keine Ansprüche, aber auch keine anderen Einkünfte haben, längerfristig eine Rentenreform mit steuerfinanzierter Grundrente für alle samt einer obligatorischen beitragsfinanzierten Zusatzrente. Mit diesem Vorschlag mischten sie sich erneut in die 1989 in der BRD laufende Rentenreformdiskussion ein.

Obwohl die Diskussion auch hier im Augenblick in eine andere Richtung geht, spricht vieles dafür, daß die Grundrente das erste Element eines echten, bedarfssichernden und erwerbsarbeitsunabhängigen Grundeinkommens sein wird, das tatsächlich eingeführt wird. Nicht nur, weil ähnliche Systeme bereits in den Niederlanden und in der Schweiz Realität sind, nicht nur, weil in allen europäischen Ländern das Problem der Unterversorgung alter Frauen sichtbar wird, und auch nicht in erster Linie deshalb, weil die Veränderungen im Altersaufbau der Bevölkerung eine grundlegende Reform der Alterssicherung notwendig machen. Eine Grundrente oder eine allgemeine, steuerfinanzierte Alterspension wird spätestens dann eingeführt werden müssen, wenn die „ausgesteuerten" Arbeitslosen der 80er Jahre ins Pensionsalter kommen und sich herausstellen wird, daß die „Verstärkung des Versicherungsprinzips" der Reformen der 80er Jahre auch bei Männern zu unzureichenden Alterspensionen führt.

4.5.2. Viele Modelle, unterschiedliche Zielsetzungen

Das grüne Modell von Grundsicherung und Grundrente weist neben der relativ detaillierten Ausarbeitung und der Nähe zur Realpolitik auch den Vorteil auf, daß die damit entstehenden Kosten berechnet wurden. Die Grundrente wäre „faktisch belastungsneutral zu finanzieren"[52]. Auch wenn zweifellos nicht alle Finanzierungsüberlegungen politisch durchsetzbar wären, helfen diese Berechnungen, Größenordnungen abzuschätzen und Wahlmöglichkeiten durchsichtig zu machen.

Tatsächlich wurde in der BRD in den 80er Jahren eine große Anzahl von unterschiedlichen Grundeinkommensmodellen vorgelegt; in einer systematischen Zusammenstellung von U. Kress sind von 1984 bis 1987 17 konkrete Vorschläge von Sozialdividende, Bürgergeld, negativer Einkommensteuer oder Sockelung und Verbesserung von Leistungen im Rahmen der Sozialversicherung aufgelistet.[53]

Als Gegenbeispiel zu den grünen Modellen könnte der Vorschlag des der Wirtschaft nahestehenden Kronberger Kreises gesehen werden,[54] dessen Mitglieder bereits 1986 für eine negative Einkommensteuer als einziges Instrument des sozialen Ausgleichs und der Umverteilung eintraten. „Ein derartiges zentrales Instrument des sozialen Ausgleichs wäre sehr hilfreich, um die Märkte vor Eingriffen mit sozialer Absicht zu entlasten."[55] Erstes Ziel ist es, die Leistungsfähigkeit der Wirtschaft zu erhöhen, weil nur so das soziale Wohl gewährleistet werden kann. „Die Trennung von Unternehmen, Arbeitsvertrag und sozialer Sicherung einerseits und die weitgehende Zusammenfassung aller Maßnahmen des sozialen Ausgleichs in einem Instrument andererseits würden den Weg hierzu ebnen.[56] So könnte der Arbeitsmarkt befreit, die Arbeitskosten gesenkt werden, in deren Höhe der Kronberger Kreis den Grund für die hohen Arbeitslosenraten sieht. Freie Bildung der „Preise" am Arbeitsmarkt und Entlastung der Löhne von Lohn-Nebenkosten würden die Nachfrage nach Arbeit erhöhen. „Die Vielzahl von Schutzvorschriften am Arbeitsmarkt und die Bindung der Sozialversicherung an den Arbeitsvertrag verhindern derzeit noch die großen Chancen, die sich heute zur Neugestaltung der Arbeitsbeziehungen bieten ..."[57]

Hinter den schönen Worten von Freiheit und sozialer Sicherheit steht bei diesem Modell vor allem das Ziel, der Wirtschaft möglichst viel Freiraum zu schaffen und soziale Einrichtungen zugunsten der Beschäftigten entweder aufzulösen oder an andere Träger – z. B. Staat und private Versicherungen – zu delegieren. Überlegungen dieser Art, die in der Tradition des amerikanischen liberalen Ökonomen Friedman stehen, wurden in der Folge auch von Politikern wie Albrecht oder Bangemann aufgegriffen.

Weder rechts noch links

Daß das Thema Grundeinkommen sich fürs erste jeder Einordnung in das politische Schema „rechts" und „links" entzieht, wird an den unterschiedlichen Stellungnahmen innerhalb der großen Parteien deutlich. So kann Oskar Lafontaine sagen: Die „Koppelung des sozialen Sicherungssystems an die Lohn-Nebenkosten ist nicht mehr sinnvoll," während die SPD offiziell strikt an der erwerbsarbeitszentrierten Sozialpolitik festhält.[58] Überzeugt davon, daß der technische Fortschritt dazu führt, daß „der Arbeitsgesellschaft die Arbeit ausgeht," nimmt Lafontaine die Diskussion um ein steuerfinanziertes Mindesteinkommen auf, allerdings ohne die Idee zu präzisieren. Im Gegensatz dazu stellt die Arbeitsgruppe „Sozialistisches Programm" beim SPD-Parteivorstand das „Recht auf Arbeit" durch Wiederherstellung der Vollbeschäftigung in den Mittelpunkt ihrer programmatischen Forderungen. Auf dieser Basis kann dann die Neuordnung der sozialen Sicherungssysteme durch eine Sockelung der durch die Sozialversicherung abgedeckten Standardrisiken Alter, Invalidität und Arbeitslosigkeit erfolgen: „eine umfassende soziale Grundsicherung ..." – beschränkt allerdings auf jene, die durch Erwerbsarbeit und damit verbundene Beitragszahlungen überhaupt Ansprüche erworben haben. Die Auszahlung des Differenzbetrags zwischen Versicherungsleistung und Sockel wäre zwar ähnlich wie bei der Sozialhilfe an eine Einkommens- und Vermögensprüfung gebunden, wegfallen würde jedoch der diskriminierende Gang zum Sozialamt und die gegenseitige Unterhaltspflicht zwischen Eltern und erwachsenen Kindern.

Bei den Vorüberlegungen zur Nominierung Oskar Lafontaines zum Kanzlerkandidaten kommt auch die soziale Grundsicherung wieder ins Gespräch, als „Antwort" auf die komplizierte Angleichung der Sozialsysteme in beiden deutschen Staaten. Dies meint zumindest Bundesgeschäftsführerin Anke Fuchs bei der Organisation des Wahlkampfes 1990.[59]

Auch bei den Christdemokraten stehen die Befürworter einer „Trennung des Sozialverhältnisses vom Arbeitsverhältnis" – so Kurt Biedenkopf – außerhalb der parteioffiziellen Sozialstaatspolitik. Für CDU/CSU sind Wirtschafts-, Finanz- und Sozialpolitik als Einheit zu sehen. Sozialpolitik hat sich der Wirtschaftspolitik unterzuordnen, weil nur die Wirtschaft jene Güter schaffen kann, die später verteilt werden. Im Vordergrund steht „Leistung". „Jede Form von Grundrente, der keine entsprechende Beitragsleistung gegenübersteht" ist für Blüm auszuschließen. Sozialversicherungen sind das Äquivalent für eigene Leistungen und sollen sicherstellen, daß niemand im Falle von Arbeitslosigkeit, Invalidität oder Alter aus dem erreichten Lebensstandard herausfällt. Für jene, die aus irgendwelchen Gründen keine Versicherungsleistungen beanspruchen können, sorgt die Sozialhilfe.

Gerade hier setzt die Kritik der Berliner CDU ein. Ulf Fink, Vorsitzender der CDU-Sozialausschüsse, rechnet vor, daß nur die Hälfte jener Alten, deren Rente unter Sozialhilfeniveau liegt, tatsächlich von ihrem Recht Gebrauch machen. Sie schämen sich, Hilfe zu brauchen oder fürchten den Regreß gegenüber ihren Kindern. Eine Zulage, die die Einkünfte von Kleinrentnern ohne sonstige Einkünfte auf 800 DM für Alleinstehende und 1200 DM für Ehepaare anheben soll, wurde deshalb 1986 vom CDU-Landesverband Berlin in die Diskussion gebracht.

Ganz anders Kurt Biedenkopf. Für ihn ist die soziale Pflichtversicherung durch die Wohlstandsentwicklung der deutschen Gesellschaft überholt und beschränkt die Freiheit des einzelnen. Der Staat sollte sich auf die Vorgabe rechtlicher Regelungen beschränken und dafür sorgen, daß diese eingehalten werden. Die zur Verfügung stehenden Mittel könnten dann über die Sozialhilfe auf die wirklich Bedürftigen konzentriert werden. Dieser solidarische Ausgleich müßte über direkte und indirekte Steuern finanziert werden. Da durch indirekte Steuern kleine Einkommen überproportional belastet werden, schlägt Biedenkopf zum Ausgleich die Einführung einer Negativsteuer vor, ohne jedoch seine Vorstellung zu konkretisieren.

Eine Studie von Meinhard Miegel und Stephanie Wahl befaßt sich mit der Möglichkeit, die beitragsbezogene Rente im Verlauf von 25 Jahren durch eine gesetzliche Grundsicherung zu ersetzen. Sie sollte die Höhe von 40% des durchschnittlichen Nettolohns haben und mit 63 Jahren, nach 25jähriger Steuerpflichtigkeit, in Anspruch genommen werden können. Da dieses System nicht durch Beiträge, sondern durch Steuern finanziert würde, „entfiele eine der nachhaltigsten Belastungen des Arbeitsverhältnisses mit Sozialabgaben", so Biedenkopf.

Die zu erwartende und zu fördernde technologische Entwicklung bilden den Ausgangspunkt der Überlegungen des Christdemokraten Lothar Späth. Flexibilität, Veränderung des Verhältnisses von Erwerbsarbeit und freiwilligem Engagement sind Elemente seiner „Versöhnungsgesellschaft". Soziale Sicherheit trotz Flexibilität bedeutet, daß auf lange Sicht die existentielle Grundsicherung vom Besitz eines Vollzeitarbeitsplatzes abgekoppelt werden muß.

Diskussion auch in den Medien

Schon 1984 wird das Thema Grundeinkommen in der Beilage zur Wochenzeitung „Das Parlament" aufgenommen. In der Nummer vom 14. Juli referiert Axel Bust-Bartels die Diskussion um ein Recht auf Einkommen[60] und präsentiert ein eigenes Modell: Eine „Sockelung" des vorhandenen Sozialsystems, wobei der Sozialhilfesatz etwa wie folgt erhöht werden sollte: 1000 DM für die erste erwachsene Person im Haushalt, für jeden weiteren Erwachsenen 750 DM und pro Kind 300 DM im Monat. Familieneinkommen unter diesen Richtsätzen müßten vom Staat aufgestockt werden; vom erzielten eigenen Einkommen unterhalb des Richtsatzes sollten 20% zur Erhöhung des verfügbaren Einkommens dienen, um einen gewissen materiellen Anreiz zur Arbeit beizubehalten. Auch nach der Vorstellung Bust-Bartels müßte die Familiensubsidiarität wegfallen, die viele Rentner davon abhält, um Sozialhilfe anzusuchen, weil sie ihren Kindern nicht zur Last fallen wollen. Als Kosten seines Modells errechnete Bust-Bartels 1984 50 Milliarden DM, die zur Hälfte durch Verzicht auf die damals gerade geplanten Steuererleichterungen, zur anderen Hälfte durch Verzicht auf umstrittene Großprojekte der Regierung zu finanzieren wären.

Infrage gestellt wird ein „Grundeinkommen ohne Arbeit" im selben Medium durch Joachim Wiemeyer in einem Beitrag vom Herbst 1988.[61] Den Vorstellungen eines von Erwerbsarbeit unabhängigen Rechts auf Einkommen – aus seiner Sicht weder finanzierbar noch wünschenswert – stellt er das Ideal der Vollbeschäftigung gegenüber. Wiemeyer, der zur Unterstützung seiner hohen Einschätzung der (Erwerbs-)Arbeit auch päpstliche Enzykliken zitiert, trifft sich mit Gewerkschaftern wie Peter Glotz im Urteil, die Einführung eines Grundeinkommens wäre Ausdruck der Resignation gegenüber der Arbeitslosigkeit. Eine „ursachenadäquate Strategie zur Verbesserung der Beschäftigungssituation", ergänzt durch eine von den Gewerkschaften durchzusetzende Umgestaltung der Arbeitswelt selbst, mit mehr Mitbestimmung am Arbeitsplatz und Fortbildungsmöglichkeiten, sind die von ihm vorgeschlagenen Alternativen auf dem Hintergrund von „15 Jahren Massenarbeitslosigkeit".[62] Was Wiemeyer am Grundeinkommenskonzept am meisten stört, ist die Entkoppelung von Arbeit und Einkommen: „Jede Gesellschaft muß schon aus Gründen der Gleichheit und der Gerechtigkeit auf einem ausgewogenen Verhältnis von Rechten und Pflichten beruhen."[63] Allenfalls könnte er sich mit einem an eine Arbeitspflicht gebundenen Grundeinkommen abfinden, wie es unter anderem André Gorz – mit derselben Begründung, aber unter anderen Voraussetzungen – vorschlägt, das er jedoch nicht für politisch mehrheitsfähig hält. Immerhin konzediert er den Vertretern eines Grundeinkommens das Verdienst, auf wichtige gesellschaftliche Problemfelder aufmerksam gemacht zu haben.

Anzumerken wäre in diesem Zusammenhang, daß Herren wie Wiemeyer völlig übersehen, daß von einem „ausgewogenen Verhältnis" keine Rede sein kann, wenn es um Arbeit und Einkommen geht, solange die gesellschaftlich notwendige Familienarbeit und vieles andere überhaupt nicht bezahlt wird.

Auch die Hamburger Wochenzeitung „Die Zeit" hat sich mehrmals des Themas Grundeinkommen angenommen, wobei sie Wissenschafter zu Wort kommen ließ, wie den Soziologen Ralph Dahrendorf, den Leiter des Zentrums Sozialpolitik der Universität Bremen, Claus Offe, oder Guy Standing von der Internationalen Arbeitsorganisation, die alle ein von der Erwerbsarbeit unabhängiges, existenzsicherndes Grundeinkommen für die soziale Entwicklung in Europa befürworten.

Ein garantiertes Grundeinkommen als einziger Weg, den Anspruch auf sozialstaatliche Solidarität mittelfristig einzulösen, ließe sich nach Ansicht von Claus Offe über entsprechende Staatsbürgerrechte realisieren.[64] Angesichts wirtschaftlicher und demographischer Veränderungen gerät das arbeitsgesellschaftliche Modell sozialer Sicherung in eine Krise, deshalb sollte man in Zukunft an seine Stelle Einrichtungen setzen, in denen nicht Arbeitnehmer für Arbeitnehmer sorgen, sondern Bürger für Bürger. Damit reiht sich Claus Offe zwar in die Gruppe jener ein, für die das bisherige System – jedenfalls tendenziell – durch ein Grundeinkommen zu ersetzen wäre, doch liegt der Unterschied zu den liberalen Modellen in der existenzsichernden Höhe.

Dahrendorfs Zugang zum garantierten Grundeinkommen ist in erster Linie politisch geprägt. Soll die gesellschaftliche Ausgrenzung von ganzen Bevölkerungsgruppen vermieden, demokratische Beteiligung und gesellschaftlicher Konsens weiter möglich sein, braucht es dafür eine materielle Sicherung. Der erste Schritt dazu wäre die Verankerung eines garantierten Grundeinkommens als Bürgerrecht in der Verfassung. Ein ohne solche Absicherung eingeführtes Grundeinkommen – egal nach welchem konkreten Modell – wäre immer dem ökonomischen Druck und dem Rechtfertigungszwang ausgesetzt und würde sehr rasch Gefahr laufen, unter die Armutsgrenze abzusinken.

Gewerkschaften: welche Mindestsicherung?

„Wenn die Erwerbsarbeit nicht mehr die Quelle von Sinngebung ist, wenn die materiellen Interessen der Beschäftigten nicht mehr die Priorität haben und wenn das gesamtgesellschaftliche Problem nicht die Produktion des Reichtums, sondern seine Verteilung ist, dann ist ein arbeitsfreies Grundeinkommen kein ungewerkschaftlicher Gedanke; es zusammen mit der Forderung nach

Arbeitszeitverkürzung, das heißt besserer Verteilung der gesellschaftlich notwendigen Arbeit, zur gewerkschaftlichen Forderung zu machen, ist logische Konsequenz eines denkbaren neuen gewerkschaftlichen Projekts, das, bewußt aufbauend auf den historischen Erfolgen der Gewerkschaften, ein neues Verhältnis von Sicherheit und Freiheit bestimmt, in dem es Solidarität und Individualität verbindet."[65] So Rainer Zoll, Gewerkschaftssoziologe an der Universität Bremen, als Schlußfolgerung in einem Beitrag zu den notwendigen Veränderungen gewerkschaftlicher Politik. Damit geht er über die bisher im DGB-Umfeld vertretene Vorstellung einer bedarfsbezogenen Grundsicherung hinaus.

Schon 1985 war das Juliheft der WSI-Mitteilungen, der Zeitschrift des Wirtschafts- und Sozialwissenschaftlichen Instituts des Deutschen Gewerkschaftsbundes, dem Thema Mindestsicherung gewidmet.[66] Dem Konzept eines garantierten Mindesteinkommens, dem „resignatives Abfinden mit wachsender Arbeitslosigkeit" und damit „Aufgabe der Sozialstaatlichkeit" unterstellt wird, stellen die Gewerkschafter ihre Vorstellungen gegenüber.[67] Weiterentwicklung der Beitragsfinanzierung, eventuelle Einführung eines als zusätzlicher Arbeitgeberbeitrag gedachten Maschinenbeitrags, Ausweitung der Steuerfinanzierung – das sind Bäckers Vorschläge für die Sicherung einer solidarischen Sozialpolitik. Damit könnte die von R. Welzmüller vorgeschlagene Sockelung der sozialpolitischen Transfers – bedarfsdeckende Untergrenzen für Arbeitslosengeld, Invaliditäts- und Altersrente – finanziert werden. Diese Sockelung sollte nicht automatisch, sondern nach einer Bedarfsprüfung auf Haushaltsebene gewährt werden, wobei die Unterhaltspflicht auf Ehepartner einerseits und auf Eltern gegenüber ihren minderjährigen Kindern andererseits beschränkt bleiben sollte.[68] Parallel dazu wird eine Neuorganisation der Sozialhilfe und deren Anhebung auf ein dem allgemeinen soziokulturellen Standard angemessenes Niveau vorgeschlagen.[69]

Wichtigstes Element der Verteilungspolitik bleibt für die Gewerkschaften die Arbeitsmarktpolitik. Vollbeschäftigung führt nicht nur tendenziell zu einem höheren Lohnniveau, sie erhöht auch die Einnahmen der Sozialversicherungsträger bei gleichzeitig sinkenden Ausgaben und erleichtert damit das Verteilungsproblem. Daß auch für Vollbeschäftigung nicht unbedingt Solidarität zu erreichen ist, zeigt die Auseinandersetzung um die 35-Stunden-Woche.

Die Diskussion geht weiter

Das garantierte Grundeinkommen gehört zu den in Deutschland am häufigsten und am kontroversesten behandelten Themen im Zusammenhang mit sozialen Entwicklungen und Sozialstaat, mit einer entsprechend großen Zahl von Publikationen. Die Vorschläge reichen vom vollständigen Ersatz des heutigen Sozialsystems durch ein nicht existenzsicherndes, aber allen zustehendes Minimum in Form einer negativen Einkommensteuer (Kronberger Kreis) über gewerkschaftliche Sockelungsvorschläge im Rahmen der bestehenden Sozialeinrichtungen bis hin zu Vorschlägen der Grünen für eine Sozialdividende von 1000 DM pro Person (Opielka/Stalb).

Seit dem Beginn der Diskussion hat sich die wirtschaftliche Stagnation gewendet, unerwartet hohe Wachstumsraten werden bis weit in die 90er Jahre hinein prognostiziert. An den Problemen hat sich dadurch nichts geändert: die Zahl der Arbeitslosen geht nicht zurück, der Anteil der älteren Bevölkerung wird weiter wachsen, die Armut unter Arbeitslosen ohne Leistungsansprüche nimmt ebenso zu wie die Altersarmut. Die politischen Entscheidungsträger schauen auf die EG, die im Rahmen der Vereinheitlichung über „soziale Begleitmaßnahmen" zu entscheiden hat, wobei die anstehenden und für die Zukunft zu erwartenden Probleme der Integration Ostdeutschlands – auch und vor allem in Bezug auf soziale Sicherheit – für einige Zeit alle anderen Überlegungen in den Hintergrund gedrängt haben.

4.6. Österreich

„Ich bin überzeugt davon, daß sich die Frage der Abkoppelung des Einkommens von der Lohnarbeit immer schärfer stellen wird. Die Alternative zu einer bewußten Abkoppelung einer Basisexistenzsicherung von der Lohnarbeit ist meines Erachtens nicht darin zu sehen, Hoffnungen auf eine wieder funktionsfähige arbeitszentrierte Einkommenssicherung zu setzen. Die Alternative ist eher die ungeplante Abkoppelung der Mindesteinkommen von Lohnarbeit. Die steigende Zahl von Arbeitslosen- und Fürsorgeleistungsempfängern in allen Industriestaaten ist ein Ausdruck dafür." (Alfred Dallinger)

Im Mai 1985 fand unter Vorsitz des damaligen österreichischen Sozialministers Alfred Dallinger ein vom Bundesministerium für Arbeit und Soziales organisiertes Expertenhearing zum Thema „Basislohn – Existenzsicherung – garantiertes Grundeinkommen für alle?" statt. In seinem Einführungsstatement – aus dem obiges Zitat stammt – sprach der Minister vom Grundeinkommen als einer faszinierenden Idee, die zu diskutieren sei. „Politische Kultur zeigt sich darin, einerseits den Mut zu haben, auch noch nicht voll ausgegorene zukunftsweisende Modelle zur Diskussion zu stellen ..., andererseits aber auch offen alle möglichen Pro und Kontras dieser Idee auszusprechen ... In diesem Sinne ist diese Enquete ein wichtiger und hoffentlich auch erfolgreicher Beitrag für die Verbreiterung der Diskussion um ein garantiertes Grundeinkommen."[70]

Die Geschichte dieser vom Ministerium veranstalteten „Anhörung" beginnt in Strobl, wo alljährlich eine „Werkstätte Arbeiterbildung" stattfindet, wo brennende soziale Fragen von Erwachsenenbildnern unter Einbeziehung von unmittelbar Betroffenen diskutiert werden. Unter den Veranstaltern findet sich neben kirchlichen Instituten, ÖGB- und SPÖ-Bildungseinrichtungen und Volkshochschulen auch das Frauenreferat und die Abteilung für Arbeit und Arbeitsbeziehungen im Bundesministerium für Arbeit und Soziales. Das Tagungsthema 1983, „Arbeitslosigkeit – Ursachen und Auswirkungen", wird Anlaß für die anwesenden Vertreter von Arbeitsloseninitiativen, die Forderung nach „Basislohn für alle" einzubringen; ihr Slogan: „Arbeit gibt's genug, was uns fehlt, ist Einkommen." Im folgenden Jahr (1984) bildet sich dann ein Arbeitskreis zum Thema „Existenzsicherung für alle". Zur Diskussion der doch recht unterschiedlichen Standpunkte wird ein Expertentag beschlossen, der dann mit Hilfe des Ministeriums und unter Vorsitz von Minister Dallinger auch zustande kommt.

Unterstützt wurde das Vorhaben durch die Diskussion, die das einige Monate zuvor von der Katholischen Sozialakademie Österreichs herausgegebene Buch „Grundeinkommen ohne Arbeit" ausgelöst hatte. Rezensionen und Stellungnahmen in österreichischen Tages- und Wochenzeitungen, Interviews und Diskussionen im Radio und ein Club 2 im Fernsehen zeigten rasch, daß Befürworter und Gegner sich quer durch alle politischen Parteien, quer durch Gewerkschaftsfraktionen, Kirchen und Verbände fanden.

Dieses Hearing des Bundesministeriums war international besetzt: Der Philosoph Adam Schaff, bekannt durch seine Mitgliedschaft im Club of Rome, sieht als Antwort auf die „Krise der industriellen Zivilisation" gesellschaftliche Veränderungen, zu denen auch ein von Erwerbsarbeit unabhängiges Einkommen gehört. Georg Vobruba entwickelte die Geschichte der Grundeinkommensidee, zu deren prominentesten Vätern der Österreicher Popper-Lynkeus zu zählen ist, der um die Jahrhundertwende viele für seine „Allgemeine Nährpflicht" mobilisieren konnte.[71] Für Vobruba geht es um die Grundfrage „nach der Legitimitätsbeziehung von Arbeiten und Essen" in der gesellschaftspolitischen Auseinandersetzung. Michael Opielka stellte das Grundeinkommensmodell vor, das in Deutschland bei den Grünen diskutiert wurde. Vorgestellt wurden aber auch Möglichkeiten, eine Mindestsicherung im Rahmen der bestehenden Sozialversicherungssysteme zu installieren (Walter Hanesch) oder – in der österreichischen Sozialpolitik – mögliche Anknüpfungspunkte für ein garantiertes Grundeinkommen festzumachen (Emmerich Tálos).

Besonders umstritten war die Frage, wie sich ein Grundeinkommen auf Frauen auswirken würde. Michaele Schreyer, Mitarbeiterin der deutschen Grünen, zeigte die Diskrepanz auf zwischen der Bedingung, die von Frauenseite an ein Grundeinkommen gestellt wird – der Ausgestaltung nach dem Individualprinzip – und dem auf Ehe und Familie aufgebauten Steuer- und Sozialrecht der BRD. Die Steuerersparnis durch die Ehegattensplittterung – eine Regelung, die es in Österreich nicht gibt – kann bis zu 1541 DM im Monat ausmachen (Stand 1. Jänner 1988). Ein Alleinverdiener mit 3000 DM Monatseinkommen spart sich allerdings nur 77 DM. Dieses familienbedingte „Grundeinkommen" stellt natürlich keineswegs eigenes Einkommen der Frau dar. Dafür entsteht mit dem Splitting ein beträchtlicher Druck auf die Ehefrauen gutverdienender Männer, keine Erwerbstätigkeit auszuüben, weil sich dadurch der Vorteil aus dem Splitting mindert.

Grundeinkommen wäre im Gegensatz dazu jedenfalls ein eigenes Sozialeinkommen der Frau, das vielen Frauen mehr Freiheit für eigene Entscheidungen geben würde, bis hin zur Möglichkeit, sich zu verweigern. Trotzdem könnte – befürchtet die Volkswirtin – ein Anreiz für die Frauen entstehen, auf Erwerbsarbeit zu verzichten, da die Einkommen von erwerbstätigen Ehefrauen ohnedies häufig sehr niedrig sind. Das „Interesse des Patriarchats an der geschlechtsspezifischen Arbeitsteilung" wird „nicht nur über finanzielle Abhängigkeiten realisiert", „der Bezug eines eigenen Einkommens (ist) nicht schon gleichbedeutend mit einer Änderung der traditionellen Arbeitsteilung."[72] Daher ihre Option: „Ich bejahe das Recht auf einen Arbeitsplatz und halte es für den falschen Weg, statt dessen ein Recht auf Einkommen zu propagieren. Vielmehr sollte das Recht auf einen Arbeitsplatz verknüpft werden mit dem Recht auf Einkommen."[73] Doch auch das freie Spiel der einkommensmäßig abgesicherten Kräfte „bleibt weiterhin ein Männerspiel, wenn nicht frauenpolitische Regeln gesetzt werden", fürchtet Michaela Schreyer.

Was ihr dabei aus dem Blick entschwindet, ist die unterschiedliche Situation von Frauen: Ehegattensplitting bringt ja nur bei relativ hohem Einkommen des Alleinverdieners spürbare Steuerersparnis; die Frauen dieser Männer – die deshalb auf Berufsausübung zu verzichten gedrängt werden – haben meist selbst eine gute Ausbildung und hätten deshalb auch ernsthafte Chancen im beruflichen Leben. Ein Grundeinkommen – egal welcher Höhe – kann wohl nur dort ein Anreiz zum Berufsverzicht sein, wo dieser nur des dringend benötigten Einkommens wegen ausgeübt wird.

Gibt es für Michaela Schreyer immerhin ein paar Gründe, die auch aus weiblicher Sicht für ein Grundeinkommen sprechen, so ist Ilona Ostner, Soziologin aus Fulda mit Schwerpunkt Frauenarbeit, in ihrer Ablehnung kategorisch. „Das Grundeinkommen bezieht sich geradezu negativ auf eine Politik der Integration der Frauen in die Erwerbswelt, auch da, wo diese bescheiden nur mehr ‚Wahlfreiheit' darstellen möchte. Fast könnte man sagen, daß sich Grundeinkommens- und Frauenpolitik diametral gegenüberstehen."[74] Überzeugt davon, daß „marktvermittelte Arbeit" ihre Bedeutung für den einzelnen und für die Verteilung von Einkommen weiter behalten wird und die technologischen Veränderungen sogar eine Aufwertung der Berufsarbeit mit sich bringen werden, hält auch sie eine Sockelung im Rahmen des bestehenden Sozialversicherungssystems für die bessere Lösung.

Inge Rowhani, Leiterin des Frauenreferates im Bundesministerium für Arbeit und Soziales, geht von der realen Armut aus, die in hohem Maße eine weibliche Angelegenheit ist. Allein die Einkommensunterschiede zwischen Männern und Frauen, die sich in den letzten 30 Jahren nicht verringert haben, weisen darauf hin, daß auch Erwerbstätigkeit nicht immer vor Armut bewahrt. „Gerade in der Frauenerwerbstätigkeit haben ... neue Dumpinglöhne Einzug gehalten ... Da die bisherigen Strategien der Arbeitnehmerschaft diese neuen Formen der Frauendiskriminierung nicht zu verhindern imstande (oder willens?) waren, die Maßnahmen, die den Frauen den gleichen Zugang, und zwar wirklichen Zugang (nicht nur gesetzlich normierten Zugang) verschaffen, nicht in Sicht sind, ist sicherlich eine der wichtigsten Frauenforderungen für jetzt eine bedarfsdeckende Existenzsicherung."[75]

Die Zusammensetzung der Teilnehmer bei dieser österreichischen Veranstaltung zeigt deutlich die gegenseitige Beeinflussung der Diskussion zwischen der BRD und Österreich. Dazu gehört nicht nur die Aufnahme der Ideen des Österreichers Popper-Lynkeus, sondern auch die Einbeziehung der aktuellen österreichischen Diskussion in bundesdeutsche Überlegungen.

Minister Dallinger, das Grundeinkommen und die Medien

Politiker, die über eine Funktionsperiode hinausdenken und längerfristige Entwicklungen in ihre Überlegungen miteinbeziehen, sind nicht alltäglich. Minister Dallinger, der im Februar 1989 durch einen tragischen Flugzeugunfall aus dem Leben gerissen wurde, wagte es, sich auch zu langfristigen Entwicklungen zu äußern und offene Themen zur Diskussion zu stellen – was von den Medien freudig aufgegriffen wurde, ihm dagegen meist herbe Kritik von Seiten der Sozialpartner eintrug. Neben 35-Stunden-Woche und Wertschöpfungsabgabe gehörte auch das Grundeinkommen zu diesen „Reizthemen". So sagte er bei der Festfeier zum 40jährigen Bestand des Österreichischen Gewerkschaftsbundes am 13. Februar 1985: „Wenn wir von künftigen Aufgaben der Sozialpolitik reden, werden wir daher auch über einen Vorschlag zu diskutieren haben, den vor kurzem die Katholische Sozialakademie aktualisiert hat, den Vorschlag eines ‚Grundeinkommens ohne Arbeit', eines ‚Basislohns'."

Während des ersten Halbjahrs 1985 entwickelte sich eine äußerst lebhafte Mediendebatte zum Thema. Sie begann am 18. Jänner, als fast alle österreichischen Tageszeitungen über das am

Vortag auf einer Pressekonferenz vorgestellte Buch „Grundeinkommen ohne Arbeit" berichteten, wobei Zustimmung, Ablehnung oder Skepsis mehr von der Einstellung des Redakteurs denn von der sonstigen Ausrichtung des Blattes bestimmt waren. Am widersprüchlichsten wurde die Diskussion in der AZ, dem Organ der sozialistischen Partei, geführt, wo Georg Hoffmann-Ostenhof mehreren positiven Stellungnahmen sein „Plädoyer gegen Grundeinkommen" entgegenstellte. „Das Grundgehalt ist letztlich ein sympathisch-utopisches Verbrämen der Resignation gegenüber der Geißel der Massenarbeitslosigkeit", die Forderung nach Grundeinkommen kontraproduktiv im notwendigen Kampf um eine radikale Verringerung der Arbeitszeit bei vollem Lohnausgleich. Hoffmann-Ostenhof brachte damit zum Ausdruck, was sich immer wieder als Kern „sozialistischer" Kritik am Grundeinkommen herausstellen sollte: die Ablehnung jeder Relativierung der Erwerbsarbeit als alleiniges Mittel bzw. unabdingbare Voraussetzung zur Sicherung des Lebensunterhalts. Bewußt oder unbewußt mag hinter solcher Kritik auch die Befürchtung der Arbeiterbewegung stehen, daß die arbeitenden Massen ihrer nicht mehr bedürfen, ihrem Einfluß entgleiten könnten. Daß gerade ein sozialistischer Minister die Idee propagierte, ermöglichte eine offene Debatte nicht nur in der AZ, sondern auch in der „Zukunft", dem sozialistischen Zentralorgan für Politik, Wirtschaft und Kultur.

Daß „Grundeinkommen" durch die Katholische Sozialakademie ins Gespräch gebracht wurde, brachte mit sich, daß auch alle Kirchenzeitungen der Diözesen zumindest berichteten. Immer wieder aufgenommen – und zwar positiv aufgenommen – wurde das Thema in der Linzer Kirchenzeitung. Die gesamtösterreichische, der Kirche nahestehende Wochenzeitschrift „Die Furche" brachte ebenfalls Mitte Februar eine längere, positive Stellungnahme.

Daß „Die Industrie", die Zeitschrift der österreichischen Industriellenvereinigung, und die „Wirtschaftspolitischen Blätter" der Bundeswirtschaftskammer mit ablehnenden Kommentaren reagierten, ist lediglich ein Beweis dafür, daß sie den Vorschlag ernst nahmen.

Prominentester Befürworter eines Grundeinkommens innerhalb der ÖVP ist Gerhart Bruckmann. Bereits in den 1978 von ihm herausgegebenen „Perspektiven für Österreich"[76] befaßte sich ein Beitrag von Robert Reichardt mit der Frage eines Existenzminimums, wozu er folgendes Modell vorschlägt: „Ein gewisses Lebensminimum an Einkommen wird jedem Haushalt unabhängig von irgendwelchen Leistungen von dessen Mitgliedern zugeteilt. Dieses Minimum wird sinnvollerweise nach der Zahl der Personen und deren Alter pro Haushalt variieren. Alle darüber liegenden Einkommen ergeben sich aus einem möglichst transparenten und fluktuationsfreudigen Arbeits- und Gütermarkt."[77]

In seinem 1988 veröffentlichten Buch „Mega-Trends für Österreich"[78] tritt Bruckmann erneut für ein garantiertes Mindesteinkommen ein, auf das jeder Österreicher nach Absolvierung eines Sozialjahres Anspruch haben sollte. Finanziert werden könnte das lebenslänglich garantierte Mindesteinkommen durch Rohstoff- und Energiesteuern, um aus dem Engpass von „Vollarbeitsplätzen einerseits, vollem Nichtstun Arbeitsloser andererseits" herauszukommen und jedem einzelnen eine große Bandbreite freier Wahlmöglichkeiten zu lassen.[79]

Man mag einwenden, Bruckmann sei mehr Wissenschafter als Parteimann. Doch wurde und wird Grundeinkommen auch in zentraleren Bereichen der ÖVP diskutiert, etwa in den Kreisen um den ehemaligen Wiener Parteiobmann und späteren Wissenschaftsminister Erhard Busek.

Inzwischen bestätigten auch Meinungsumfragen, daß die Idee eines Grundeinkommens in Österreich bereits erstaunlich viele Anhänger hat. Eine bereits im Herbst 1984 durchgeführte und Anfang 1986 veröffentlichte Umfrage hatte 34,5% Zustimmung zu dem Satz erhoben: „Sollen alle Österreicher, ungeachtet dessen, ob sie arbeiten oder nicht, den Anspruch auf ein Mindesteinkommen bzw. Grundgehalt haben, mit dem man ein bescheidenes Leben führen kann, oder soll kein solcher Anspruch bestehen?"[80] Am stärksten war die Zustimmung bei den Jugendlichen bis 25 Jahren, von denen knapp 48% die Frage bejahten. 1988 brachte eine in Salzburg durchgeführte Umfrage („Politik und Bürger") zutage, daß bereits jeder zweite Salzburger sich für die Einführung eines Grundeinkommens aussprach. Es scheint nicht unrealistisch anzunehmen, daß eine gesamtösterreichische Umfrage heute ähnliche Ergebnisse bringen würde, d. h. daß sich Befürworter und Gegner eines nicht genau umschriebenen Grundeinkommens in etwa die Waage halten würden.

Überwiegend Befürworter eines Grundeinkommens finden sich in den Reihen der Grün-Alternativen, obwohl es auch hier nicht einfach Konsens gibt. Immerhin wurde bereits 1987 im Auftrag des Parlamentarischen Klubs der Grünen Alternative ein Gutachten über „Die Kosten eines Basiseinkommens für Arbeitslose und Pensionisten" erstellt und der Presse vorgestellt. Zugrunde gelegt wurden diesen Berechnungen zwei Varianten zu Tagsätzen von 173 S (ca. 5200 S monatlich) und 230 S (ca. 7000 S monatlich), wobei als Einkommenseinheit die Einzelperson herangezogen wurde. Bei den Arbeitslosen wurden einbezogen:

1. die Leistungsempfänger mit Arbeitsloseneinkommen unter dem vorgeschlagenen Niveau und

2. Arbeitslose ohne Leistungsanspruch wie
– Jugendliche nach Abschluß der Ausbildung,
– Frauen, die in den Arbeitsmarkt eintreten wollen, aber keine entsprechenden Beschäftigungszeiten vorweisen können,
– arbeitsfähige Behinderte, die keinen Arbeitsplatz bekommen.

Die errechneten Kosten für eine Mindestversorgung aller vorgemerkten Arbeitslosen, einschließlich jener, die im geltenden System keine Leistungen bezogen, wurden von den Autoren mit 2,2 Milliarden S errechnet (173 S täglich, Basis 1986). Die Einbeziehung der nicht als arbeitsuchend gemeldeten Hausfrauen wäre allerdings auf 43,5 Milliarden S gekommen.

Die Kosten einer Ausweitung der Altersversorgung auf alle über 60jährigen auf dem Niveau des Ausgleichszulagenrichtsatzes wurden mit 24,8 Milliarden S errechnet.

Im August 1989 wurde das „Reformprogramm der Grünen" als Diskussionsentwurf der Presse vorgestellt.[82] Die Grün-Alternativen fordern darin ein Mindesteinkommen für Erwerbstätige – also einen Mindestlohn – von 10.000 S netto im Monat, eine Mindesthöhe in der Arbeitslosenversicherung von 6000 S monatlich und eine Erhöhung der Mindestpension auf 7000 S netto monatlich für Alleinstehende, 11.000 S für Paare ab 1991. Die im Diskussionspapier enthaltene Forderung nach „Anhebung der Familienbeihilfen auf eine Höhe, die erstens den realen Kinderkosten gerecht wird und zweitens eine qualitativ hochstehende Kinderversorgung ermöglicht, die Frauen und Männern tatsächlich eine Wahlmöglichkeit zwischen Haus- und Erwerbsarbeit eröffnet" (S. 13) bedeutet nichts anderes als die Forderung nach einem bedarfsdeckenden Grundeinkommen für Kinder.

Diskussion im Club of Rome ...

Eine ganz andere Studie mit dem Titel „Arbeit, die neue Herausforderung" wurde vom Austrian Chapter des Club of Rome im Juli 1988 präsentiert.[83] Der darin enthaltene Bericht der beiden Wirtschaftswissenschafter Stefan Schleicher und Alexander Van der Bellen gipfelt in „Fragmenten einer Charta der Arbeit", in der folgende Sätze zu finden sind:

„Das zunehmende Gewicht des Faktors Kapital in den Produktionsprozessen wird eine Entkoppelung zwischen Arbeitseinsatz und Einkommen erfordern, wenn nicht mehr Ungleichheit in der Verteilung der Einkommen zwischen Arbeit und Kapital entstehen soll. Bereits jetzt akzeptierte Formen eines arbeitsfreien Grundeinkommens wären aus Gründen der sozialen Diskriminierung und der Ermutigung zur beruflichen Mobilität in ein neues Konzept der Verteilung einzubringen. Steuerreformen sollten erwägen, den Faktor Arbeit als Bemessungsgrundlage zu entlasten, und statt dessen verstärkt die Nutzung von erschöpfbaren Ressourcen, vor allem Primärenergie, als Steuerbasis heranziehen."[84]

Es wäre eine Übertreibung zu behaupten, daß diese Vorschläge die allgemeine Zustimmung der bei der Präsentation anwesenden, meist aus dem Bereich der Wirtschaft und Wissenschaft kommenden Mitglieder des Austrian Chapter des Club of Rome gefunden hätten. Daß sich die Diskussion fast nur um diese Aussage drehte, zeigt die ihr zugemessene Bedeutung.

... und unter Katholiken

Als Vorbereitung auf den für Mai 1990 geplanten Sozialhirtenbrief der österreichischen Bischöfe wurde ein Grundtext mit dem Titel „Sinnvoll arbeiten – solidarisch leben" ein Jahr lang – von September 1988 bis Juni 1989 – auf breiter Basis diskutiert: auf pfarrlicher Ebene, in Frauenrunden und Dritte-Welt-Kreisen, in Jugendgruppen und im Religionsunterricht. Dazu kam eine große Zahl öffentlicher Veranstaltungen und Diskussionen, Stellungnahmen in den Medien und Hearings mit Experten aus Wirtschaft, Politik und Wissenschaft. Die von Gruppen, Einzelpersonen und Experten eingesandten schriftlichen Stellungnahmen ergaben einen Aktenberg von 7000 Seiten. Dabei wurde sehr häufig eine Mindestsicherung oder ein Grundeinkommen als ein Baustein für eine solidarischere Gesellschaft genannt. Viele wünschen sich deshalb, „daß Überlegungen zur Einführung eines Grundeinkommens ernsthaft vorangetrieben werden".[85]

Im Begleitprogramm des Diskussionsprozesses wurde vom Institut für Kirchliche Sozialforschung (IKS) eine wissenschaftliche Studie „Menschengerechte Arbeitswelt" durchgeführt. Dabei stellte sich heraus, daß drei Viertel der Österreicher (73%) nichts über Grundeinkommen wissen. Diejenigen jedoch, die davon gehört hatten, fanden den Vorschlag zu 44% „sympathisch"; bei den Nichtberufstätigen betrug der Prozentsatz sogar 50%.

4.7. Diskussion auch in anderen Ländern

Die europäische Diskussion für Grundeinkommen beschränkt sich keineswegs auf die in den vorangehenden Kapiteln vorgestellten Länder. Auch konkrete Mindestsicherungsgesetze wurden da und dort neu eingeführt oder verbessert.

Luxemburg

Hier gibt es seit 1986 ein garantiertes Mindesteinkommen, das als Zuschuß an Personen bezahlt wird, die mindestens seit 10 Jahren in Luxemburg leben, mindestens 30 Jahre alt sind und dem Arbeitsmarkt zur Verfügung stehen. Personen über 60 Jahre und Alleinerzieher(innen) mit Kindern im Vorschulalter sind von der Arbeitsbedingung ausgenommen. Der Zuschuß ist haushaltsbezogen, geringe Erwerbseinkünfte (25% des garantierten Mindesteinkommens) werden jedoch nicht vom Zuschuß abgezogen.

Von der österreichischen (und deutschen) Sozialhilfe unterscheidet sich dieses garantierte Mindesteinkommen auch durch die zentrale Finanzierung. Damit wird vermieden, daß die ärmsten Gemeinden und Regionen auch die höchsten Leistungen für Sozialhilfe aufbringen müssen und deshalb zu restriktiven Maßnahmen greifen.

Italien

In Italien gibt es wie in einigen anderen südeuropäischen Ländern (Spanien, Portugal, Griechenland) bisher keinerlei Mindestsicherung, auch nicht in Form einer organisierten Sozialhilfe der Gemeinden oder Gebietskörperschaften.

Seit Ende 1987 befaßt sich das Sozialforschungsinstitut der größten italienischen Gewerkschaft CGIL (Confederazione generale italiana del lavoro) mit der Frage einer Mindestsicherung. Galt die Aufmerksamkeit des IRES (Istituto di ricerche economiche e sociali) zuerst der Diskussion um das französische RMI („Revenu minimum d'insertion"), so wurden bald auch die anderswo in Europa diskutierten Grundeinkommensmodelle in die Forschung einbezogen. Ein von IRES im April 1989 organisiertes internationales Seminar mit öffentlicher Diskussion brachte das Thema in die Medien und damit in die tagespolitische Diskussion, wobei sich auch der Generalsekretär der Gewerkschaft, Bruno Trentin, erstmals für die Einführung einer Mindestsicherung aussprach.

Eindeutiger für ein Grundeinkommen äußerte sich in einem Interview in „L'Espresso" vom 15. 10. 1989 der damalige Generalsekretär der ehemaligen KPI, die inzwischen ihren Namen geändert hat. Achille Occhetto wurde von Journalisten gefragt, ob eine Sozialdividende oder ein Grundeinkommen nicht ein Angriff auf die Verbindung zwischen Arbeit und Einkommen wäre. Er antwortete, für ihn gäbe es keinen Widerspruch zwischen einer Sozialdividende und Einkommen als Belohnung von Arbeit. In einer zunehmend automatisierten Wirtschaft wäre die Aufrechterhaltung einer engen Bindung zwischen Arbeit und Einkommen lediglich Ausdruck eines „retrograden Dogmatismus". Eine Sozialdividende und Staatseigentum (unter privatem Management) eines großen Teils des gesellschaftlichen Vermögens könnten einen Weg zur Aufhebung der Enteignung der Arbeiter vom Produkt ihrer Arbeit darstellen.

Irland

In Irland wurde von einem Führungsmitglied der Fine Gael, der derzeit wichtigsten Oppositionspartei, ein Grundeinkommensmodell ausgearbeitet. Chris O'Malley ist auch Mitglied des Europaparlaments. Er ist für ein Grundeinkommen von 40 Pfund in der Woche für Erwachsene, das sich für Besserverdienende auf 20 Pfund die Woche reduzieren würde und in Form von Steuerabsetzbeträgen („tax credits") administriert werden sollte, die dann ausbezahlt würden, wenn sie nicht ausgenützt werden können. Finanziert werden sollte dieses „basic income" durch Streichung aller Steuer-, Frei- und Absetzbeträge und Wegfall von Sozialeinkommen, soweit sie niedriger sind als das Grundeinkommen, sowie durch einen einzigen Einkommensteuersatz von 40%.

Die irische Insel ist dafür bekannt, ein sehr katholisches Land zu sein, und sicher wurde gegenüber Grundeinkommen öfter das (aus einem ganz anderen Zusammenhang gerissene) Bibelwort gebraucht: „Wer nicht arbeitet, soll auch nicht essen." Die irischen Ordensoberen meinen demgegenüber: "the only problem with 'unearned income' is that too few have it."[86]

Die irische Konferenz der Ordensoberen vertritt über 1300 Ordensgemeinschaften. In einer an das irische Parlament gerichteten Denkschrift ihrer Gerechtigkeitskommission wird vor einer sozialen und wirtschaftlichen Entwicklung gewarnt, die immer mehr Menschen marginalisiert. Ein garantiertes Grundeinkommen wäre notwendig, um ein menschenwürdiges Leben zu sichern und Armutsfallen zu vermeiden. Am Beispiel der Hilfe für Kleinbauern („farmers' dole") zeigen die Ordensleute auf, daß die Staatszuschüsse die Menschen unabhängiger machten und zu mehr Eigenständigkeit führten.

Die Ordensoberen argumentieren auch mit der Geschichte: die europäische Oberschicht lebte jahrhundertelang vom ererbten Reichtum, und auch für die Mittelschicht bedeutete Besitz zusätzliches Einkommen neben der Erwerbsarbeit, und die Möglichkeit flexibler Lebensplanung. In ähnlicher Weise müßte Grundeinkommen heute als Eigentumsrecht betrachtet werden. Die heutigen Löhne haben nur wenig mit der geleisteten Arbeit zu tun und hängen viel mehr von der Verhandlungsmacht der jeweiligen Verhandlungspartner und von der eingesetzten Technologie ab. Die Früchte des technologischen Fortschritts sollten allen zugute kommen, insbesondere jenen, die er überflüssig gemacht hat.

Nach Meinung der Ordensleute wäre es notwendig, unser Wertesystem und unsere Vorstellungen von Eigentum zu hinterfragen. Sie erinnern an den in der christlichen Tradition verankerten Grundsatz, daß die Güter der Erde für alle Menschen bestimmt sind. Der Grundeinkommensansatz – so meinen sie – sei der beste Weg, aus der heutigen Sackgasse herauszukommen.

Schweden

Auch in den nordischen Ländern gibt es trotz des hohen Sozialstandards Diskussionen um die Einführung eines Grundeinkommens. Schweden erfreut sich einer niedrigen Arbeitslosigkeit und recht gleichmäßiger Einkommensverteilung. Hohe Frauenerwerbsquoten, Mindestlohnregelungen, spezielle Regelungen für Behinderte und arbeitslose Jugendliche sowie ein großzügig ausgebautes Netz sozialer Einrichtungen haben den Ruf Schwedens als eines vorbildlichen Sozialstaats gefestigt.

Die schwedischen Grünen kritisieren jedoch, dieser Wohlstand sei zu Lasten der Natur und der menschlichen Entwicklung gegangen, weil alles von Experten und Sozialarchitekten von oben her bestimmt werde. Die Vorstellung, auch Frauen hätten das Recht auf einen Arbeitsplatz, habe dazu geführt, daß das Einkommen der Frauen notwendig sei, und eine Familie mit mehreren Kindern mit nur einem Einkommen selbst dann nicht das Auslangen finden könne, wenn dieses hoch sei, so daß beide Eltern erwerbstätig sein müssen. Ihre Forderungen lauten: freie Wahl des Lebensstils und der Gestaltung des Familienlebens, Stop der Verschwendung unersetzlicher Ressourcen, Dezentralisierung. Die Sorge um die globale Gerechtigkeit und um zukünftige Generationen sind Elemente einer von den schwedischen Grünen angestrebten solidarischen Gesellschaft, zu der auch eine ökonomische Basissicherung, ein Grundeinkommen, gehört.

Finnland

In Finnland wurde in der ersten Hälfte der 80er Jahre das bestehende Volkspensionssystem mit dem Anspruch reformiert, allen alten Menschen, unabhängig von Erwerbseinkommen und Vermögen, ein Mindesteinkommen zu sichern.

Das „Bürgergehalt" wurde anfangs der 80er Jahre durch Gruppen ins Gespräch gebracht, die den Grünen nahestehen. Wachsende Arbeitslosigkeit und damit offensichtlich werdende Löcher im sozialen Netz führten zu steigendem Interesse der wichtigsten Parteien des Landes mit Ausnahme der Sozialdemokraten. Da das System der sozialen Sicherheit ohnedies schon weit ausgebaut ist, würde die Einführung eines Bürgergehalts von 2000 Fmk (ca. 850 DM oder 6000 S) keine hohen Mehrkosten bedeuten. Tatsächlich gibt es in Finnland ein „Bürgergehalt", das von den Gemeinden bezahlt wird und mit einer Armutsprüfung verbunden ist. Gerade dadurch, daß in den letzten Jahren die Zahl der Bezieher dieser Unterstützung zugenommen hat, verstärkt sich der Druck zur Einführung eines echten „Bürgergehalts", ohne Armutsprüfung und ohne Arbeitsverpflichtung.

4.8. Europäische und internationale Organisationen

Die „soziale Frage" läßt sich nicht auf einzelne Länder beschränken und politische Lösungen werden mehr und mehr unter der Rücksicht regionaler und internationaler Entwicklungen diskutiert. Auf der anderen Seite hat das Thema auch in überstaatliche Einrichtungen Eingang gefunden.

Die europäischen Grünen

Im Europaparlament hat die aus grünen und „rot-grünen" Parteien zusammengeschlossene „Regenbogen-Fraktion" bereits 1986 einen Entwurf für einen Bericht über die soziale Sicherheit in der Europäischen Gemeinschaft vorgelegt. Darin wird die Einführung eines staatlich garantierten Grundrechts vorgeschlagen, das es jedem Europäer ermöglichen soll, ein menschenwürdiges, von materieller Not und sozialer Diskriminierung freies Leben zu führen, unabhängig von Erwerbstätigkeit, und unabhängig von Alter, Geschlecht, Nationalität oder Rasse. Dies würde neben einer Entkoppelung von Erwerbsarbeit und sozialer Absicherung eine drastische Verkürzung der Arbeitszeit notwendig machen. Die Einführung müßte stufenweise erfolgen, doch hielt die Fraktion die Schaffung eines universellen garantierten Grundeinkommens für die gesamte Gemeinschaft bis Ende des Jahrhunderts für möglich.

In einem Arbeitspapier, das im Rahmen der Sozialkommission des Europaparlaments von der niederländischen Abgeordneten N. van Dijk 1988 vorgelegt wird, werden zehn Vorteile eines Grundeinkommensystems aufgeführt, vor allem die Möglichkeit flexiblerer Arbeits- und Lebensarbeitszeit, die größere finanzielle Unabhängigkeit der Frauen, die größere Chance zur Gründung kleiner Unternehmen und der Effekt der Subvention niedriger Löhne, der jedoch durch eine stärkere Verhandlungsposition der Unselbständigen ausgeglichen wäre.

Mit dem Arbeitspapier wurde die Kommission aufgefordert, eine Studie über die Durchführbarkeit eines Grundeinkommenssystems für die EG durchführen zu lassen.

Mindestsicherung in europäischen Gemeinschaften

Auch wenn die Befürworter eines vollen Grundeinkommens im Europaparlament vorläufig noch eine eher kleine Minderheit sind, so zeichnet sich mehr und mehr ein Konsens darüber ab, daß irgendeine Form von Mindestsicherung notwendig ist. Doch stellen sich die Probleme sehr unterschiedlich dar. Während in Norwegen oder Schweden die Arbeitslosenziffern sehr niedrig sind, während in den nordischen Ländern generell ein sehr hoher sozialer Standard erreicht ist und Einkommenslose auf einem Niveau abgesichert sind, das nicht allzuweit unter den niedrigen Erwerbseinkommen liegt, bekommen zum Beispiel in Spanien 60% der Arbeitslosen keinerlei Leistung. Während es für viele Grüne und Alternative der reichen Länder ein wichtiges Anliegen ist, daß mittels eines Grundeinkommens auch die unbezahlte Arbeit aufgewertet und anerkannt wird, fürchten Linksparteien und ihnen nahestehende Gewerkschaften, die Lockerung der Bindung zwischen Erwerbsarbeit und Einkommen könnte den Kampf für die Arbeitszeitverkürzung unterminieren und in eine Gesellschaftsspaltung führen.

Bei einer unter der Schirmherrschaft der EG vom 15. bis 17. November 1989 in England durchgeführten Grundeinkommenskonferenz mit internationalen Experten ging es deshalb nicht nur um Grundeinkommen im engeren Sinn, sondern generell um die Frage nach Einkommensgarantien und bereits existierenden Formen von Mindestsicherung. Herrschte bei dieser Zusammenkunft prinzipiell Übereinkunft über die Notwendigkeit einer wie immer gearteten Einkommenssicherung, so gingen die konkreten Vorstellungen doch weit auseinander. Meinte die Französin Chantal Euzeby, Grundeinkommen sei „unrealistisch", so schloß der Deutsche Bernd Schulte vorsichtig, es könnte als gemeinsames Ziel aller Mitgliedsländer anerkannt werden, vorausgesetzt, diese seien in einer wirtschaftlichen Lage, die es ihnen erlaube, ein Recht auf Grundeinkommen zu garantieren. Die Italienerin Grazia Gianichedda dagegen trat gerade deshalb vehement für ein allgemeines Grundeinkommen ein, weil sie der Meinung war, nur so seien die „unauflöslichen Widersprüche zwischen den bestehenden Mindesteinkommensregelungen" in den Griff zu bekommen.

Die Internationale Arbeitsorganisation (ILO)

Was Gewerkschaften vorläufig nicht wahrhaben wollen – eine grundlegende Veränderung der Arbeitswelt – wird hingegen im Rahmen des internationalen Arbeitsamtes in Genf diskutiert.

Die ILO (International Labour Office) hat in verschiedenen Arbeitspapieren seit einigen Jahren die Idee einer Sozialdividende in die internationale Diskussion gebracht. Hauptexponent dieser Idee ist Guy Standing, Koordinator der Arbeitsmarktforschung der ILO. „Was gebraucht wird, ist eine Strategie, um die Ungleichheit zu reduzieren bei gleichzeitiger Förderung des Wirtschaftswachstums, und dabei Einkommenssicherheit für alle zu erreichen, ohne effiziente und flexible Arbeitsformen zu beeinträchtigen."[87] Der Wohlstandskapitalismus der Nachkriegszeit beginnt sich unter dem Druck der internationalen Arbeitsteilung seit 1970 aufzulösen, die Einkommensverteilung ist ungleicher geworden, „neue" Armut hat sich in Europa breitgemacht, nicht zuletzt als Folge wachsender Arbeitslosenraten. Hand in Hand mit den Finanzierungsschwierigkeiten geht die Infragestellung des sozialstaatlichen Konsenses. Für die 90er Jahre sieht Standing die Gefahr eines weiteren Auseinanderdriftens der Einkommen: Auf der einen Seite werden Kernbelegschaften immer mehr mit „flexiblen" Lohnbestandteilen rechnen können, von materiellen Vergünstigungen über verschiedene Prämien bis hin zu Aktien und Gewinnbeteiligungen, während auf der anderen Seite die Zahl von mit befristeten Arbeitsverträgen, über Leiharbeitsfirmen oder mit Werksverträgen Beschäftigten ebenso zunimmt wie die Zahl der Langzeitarbeitslosen – und der Beschäftigten in den verschiedenen staatlichen Programmen.

Um diesen Entwicklungen gegenzusteuern, muß dafür gesorgt werden, daß – erstens – der wachsende Wohlstand in irgendeiner

Form der Gemeinschaft zugute kommt. Dazu wäre es – zweitens – notwendig, daß die Gewerkschaften ebenfalls flexibel werden und ihren Mitgliedern neue Dienste anbieten, und zwar nicht nur, solange sie aktiv beschäftigt sind. Das dritte Element wäre Einkommenssicherung: ein Recht, das die meisten europäischen Länder in ihren Konstitutionen verankert haben, das jedoch in der Praxis durch Armutsprüfungen und andere Einschränkungen zu einem Zerrbild dessen gemacht wird, was mit dem Artikel 40 der Menschenrechtsdeklaration, die sich die einzelnen Staaten zu eigen machten, gemeint war.

In einem Artikel der Hamburger „Zeit" vom 25. November 1988 meint Standing zu den heraufziehenden „Gefahren" von Links und Rechts: „Mehr und mehr argumentieren Vertreter der politischen Rechten, daß Menschen, die Arbeitslosenunterstützung oder -hilfe bekommen, zur Arbeit verpflichtet werden müssen. Gleichzeitig fordern die Vertreter der Linken, die das ‚Recht auf Arbeit' auf den Sockel heben, eine ‚Politik garantierter Beschäftigung' – was bedeutet, daß jede arbeitslose Person Arbeit erhält und eine staatliche Unterstützung bekommt. Die Gefahren dieser unheiligen Allianz der Standpunkte sollten alle abschrecken, die an Freiheit glauben. Ein Recht auf Arbeit kann nur da existieren, wo es auch ein Recht auf Nicht-Arbeit gibt ..."[88]

Und er schließt: „Die alternative Vision ist eine Gesellschaft mit einem garantierten Grundeinkommen als wichtiger Komponente für eine Politik, die soziale Reintegration fördert, Umverteilung und autonome Kreativität unterstützt, Experimente mit der Arbeit, Effektivität und Flexibilität in relativer Einkommenssicherheit einfacher macht. Weit davon entfernt, die Abhängigkeit vom Staat zu vergrößern, verringert das Grundeinkommen die Abhängigkeit der Armen von einem schlecht funktionierenden Arbeitsmarkt ... Es ist kein utopischer Traum; die politische Herausforderung besteht darin, eine breite Koalition zu schaffen. In der letzten Dekade des zwanzigsten Jahrhunderts könnte das möglich werden."[89]

Die Vorstellungen von Standing haben auch die Arbeiten der internationalen Kreisky-Kommission über Arbeitslosigkeit in Europa beeinflußt.[90] „Für einige Kommissionsmitglieder schiene ein Basiseinkommen als staatsbürgerliches Grundrecht heute durchaus im Bereich der Möglichkeiten zu sein," heißt es im Endbericht.[91]

Die Grundeinkommensidee macht ihren Weg – in ganz Europa. Wie ein konkretes Modell aussehen könnte, und vor allem, wie man dahin gelangen könnte, wird im folgenden Kapitel aufzuzeigen versucht.

5. MODELL UND FINANZIERUNG

„Grundeinkommen wäre schön, aber es ist nicht finanzierbar." So häufig diese resignative Feststellung verwendet wird, so wenig trifft sie den Kern des Problems. Nicht ob ein Grundeinkommen finanzierbar ist, lautet die Frage, sondern wie eine gerechte und sinnvolle Finanzierung aussehen könnte, die die berechtigten Anliegen von Beschäftigten und Schattenarbeitern, der Wirtschaft als ganzer und der Umwelt miteinbezieht.

5.1. Von Geld kann man nicht leben

Wirtschaft bedeutet Geld – so meinen wir. Was aber ist Geld? Eine Münze oder eine Banknote kann man zwar in der Hand halten, trotzdem weiß jedes Kind, daß es sich damit nur Zuckerln kaufen kann, wenn ein Geschäft in der Nähe ist. Modernes Geld dagegen entzieht sich jeder sinnlichen Wahrnehmung: es besteht aus Zahlen, gespeichert in einem elektronischen Datenträger, zu dem eine Plastikkarte Zugang schafft.

Wer trotzdem vom sinnlichen Charme des Geldes spricht, denkt an Prestigegüter und Luxus, zu denen ein gutgefülltes Bankkonto oder ein hoher Kredit Zugang verschaffen. Es geht also um die Güter, ohne die alles Geld nur leeres Versprechen ist. Inflationen und Geldentwertungen in unserer Geschichte und in vielen Ländern heute sprechen eine deutliche Sprache.

„Wirtschaft" sind also Güter und Dienste, die bereitgestellt werden müssen, um Bedürfnisse zu befriedigen, und zu deren Bereitstellung „Kapital" vonnöten ist, und zwar Realkapital in Form von fruchtbaren Böden, von Luft und Wasser, von Fabriken und Einrichtungen aller Art, von Straßen und Elektrizitätswerken. Um dieses Kapital zu nützen, braucht es entsprechend ausgebildete und fähige Menschen, „Humankapital". In einer hochentwickelten Wirtschaft wird die Muskelkraft von Menschen weitgehend durch Maschinen ersetzt, menschliches Wissen und Können in zunehmendem Maße in Maschinen und Datenträger eingespeichert und verwertet. Mit anderen Worten: Je mehr „Kapital" in Form von Einrichtungen und gespeichertem Wissen in einer Gesellschaft akkumuliert wurde, um so weniger menschlichen Arbeitseinsatz braucht es, dieses Kapital in Güter und Dienstleistungen umzusetzen, auch wenn dies keinesfalls bedeutet, daß menschlicher Arbeitseinsatz überflüssig würde. Was sich ändert, ist vor allem die Form dieses Einsatzes und das notwendige Volumen.

Wenn „Wirtschaft" und „Wirtschaftswachstum" gemessen werden, so geschieht dies allerdings in Geldeinheiten. Das erinnert an das sprichwörtliche Zusammenzählen von Äpfeln und Birnen. Um Wachstumsraten zu errechnen, werden zum Beispiel so unterschiedliche „Leistungen" wie gebaute Häuser und reparierte Autobahnen, verkaufte Autos und Autounfälle mit ihren Folgen in Form von Reparaturkosten, Krankenhaustagen und Beerdigungen, im Inland verkaufte Äpfel und subventionierte Rinderexporte, Neuinvestitionen in Fabrikseinrichtungen und Waffenexporte in Kosten und Verkaufswerte umgerechnet und zusammengezählt. Andere Leistungen, die für die Lebensqualität mindestens ebenso bedeutsam sind, finden in der volkswirtschaftlichen Gesamtrechnung keinen Niederschlag: die Leistungen der Hausfrauen und die Erziehungsarbeit der Mütter, die Blumen der Hobbygärtner oder das für den eigenen Haushalt produzierte Gemüse, Nachbarschaftshilfe und menschliche Zuwendung kommen nicht vor, obwohl viele dieser Leistungen die Voraussetzung dafür bilden, daß die „offizielle" Wirtschaft funktionieren kann; ganz abgesehen einmal von der Bedeutung dieser Dinge für das gesellschaftliche Leben.

Was nichts kostet, d. h. nicht mit Geld bezahlt oder in Geld bewertet wird, zählt nicht. Das gilt auch für die Natur: Verunreinigung von Gewässern, Luftverschmutzung und verkarstete Böden werden erst dann zu „Werten" im Sinne der Wirtschaft, wenn durch Reparatur Kosten verursacht werden. Einsatz von Filtern oder Sanierung von alten Giftmülldeponien bedeuten „Wirtschaftswachstum", weil sie Kosten verursachen. Die Verschmutzung und Zerstörung der Lebenswelt an sich dagegen ist kein Wirtschaftsfaktor.

Auch innerhalb der „gezählten" Wirtschaft sind Güter und Leistungen nicht einfach austauschbar. Obwohl Grundnahrungsmittel und -bedarfsgüter wie Wohnung und Kleidung einerseits, Fernostreisen oder Van Gogh-Bilder andererseits gleichermaßen in Geld auszudrücken sind, unterscheiden sie sich doch wesentlich in der Möglichkeit, sie allen verfügbar zu machen, und in der Bedeutung für die Lebenschancen der Gemeinschaft.

Es kann kein Zweifel darüber bestehen, daß zumindest in allen entwickelten Gesellschaften genügend Grundbedarfsgüter zur Verfügung gestellt werden können, um ausnahmslos allen Bürgern ein menschenwürdiges Leben zu ermöglichen. Trotzdem gibt es im reichsten Land der Welt – den USA – mehr und mehr Obdachlose, trotzdem wächst die Armut in England als Folge der seit dem Regierungsantritt Margret Thatchers durchgeführten Sparmaßnahmen im Sozialbereich, trotzdem wird Armut sichtbar in den Ländern Mitteleuropas, die dieses Problem längst als der Vergangenheit zugehörig betrachteten. Gleichzeitig stehen aber in all diesen Ländern Wohnungen und Häuser leer, werden Lebensmittel mit hohen Subventionen ins Ausland geliefert, mit hohen Kosten gelagert und letztlich nicht selten als Viehfutter verwendet – oder vernichtet. Allein in der EG werden Lebensmittel im Wert von vielen Milliarden DM jährlich „aus dem Markt genommen". Da diese Lebensmittel im Regelfall mit hohem Aufwand an Energie und ohne Rücksicht auf die Natur hergestellt wurden, bedeutet diese Vorgangsweise nichts anderes als sinnlose Vernichtung wertvollster Ressourcen.

Dazu kommt etwas anderes. Die häufigste Einzelursache für Armut in den reichen Ländern ist Arbeitslosigkeit. Wer längere Zeit arbeitslos ist, gerät in eine Armutsspirale: Langzeitarbeitslose sind schwer vermittelbar, weil ihnen die Schuld an ihrer Arbeitslosigkeit mehr oder weniger zugeschrieben wird. Sie bekommen schlechtere Arbeitsplätze, die entsprechend schlecht bezahlt sind. Werden sie wieder arbeitslos, bekommen sie weniger Arbeitslosengeld. Raten können nicht mehr bezahlt werden, Zinsen und Spesen lassen die Schulden ins Unübersehbare wachsen. Wird dann der Lohn gepfändet, schwindet die Aussicht auf einen Arbeitsplatz erst recht. Auch hier werden „volkswirtschaftliche Ressourcen" vergeudet – die Arbeitskraft, das Wissen und Können von Menschen wird als Nicht-Wert behandelt. In einer Gesellschaft, in der der Wert des Menschen nach seiner Erwerbsarbeit und dem damit verbundenen Einkommen bemessen wird, wird diesen Menschen damit auch ein wesentliches Stück ihrer Menschenwürde genommen.

Sind also genug, ja übergenug Güter vorhanden, um allen ein menschenwürdiges Leben zu ermöglichen, und darüberhinaus genug verfügbare Arbeitskraft, um eventuell Fehlendes zu beschaffen, so müßte der Schluß wohl lauten: ein Grundeinkommen, das jedem das Lebensnotwendige sichert, ist machbar. Weiters: Wenn es darum geht – und das besagt „Grundeinkommen" – allen die lebensnotwendigen Güter zu sichern, Nahrung, Obdach, Kleidung, Teilhabe am gesellschaftlichen Leben und der allen gemeinsamen Kultur, so hat dies fürs erste und direkt keinen Einfluß auf die Produktion von Luxusgütern oder die Verfügbarkeit von Kapital, die Möglichkeit, Kanonen oder Kunstgegenstände zu erzeugen und zu exportieren oder die Entwicklung von Wissenschaft und Technik. Nichts von alldem wird in Frage gestellt, weil Grundbedarfsgüter in ausreichendem Maß für alle verfügbar gemacht werden. Wohl aber darf angenommen werden, daß positive Impulse auf die Entfaltung des gesellschaftlichen Lebens einschließlich der Wirtschaft, auf die Entwicklung von Kunst und Wissenschaft, auf Wohlfahrt und Wohlstand ausgehen, wenn in unserer Gesellschaft keiner arm, hungrig, obdachlos – und niemand verachtet ist.

Geld als Mittel

Dieser gedankliche Ausflug in die Güterwirtschaft könnte die Idee aufkommen lassen, ein Grundeinkommen in Form von Grundbedarfsgütern zur Verteilung zu bringen, ohne Vermittlung von Geld. Solche Vorstellungen gab es in der Geschichte immer wieder. Als Beispiel sei der Österreicher Popper-Lynkeus genannt, der 1912 sein Programm einer materiellen Existenzsicherung für alle in einem Buch mit dem Titel „Die allgemeine Nährpflicht als Lösung der sozialen Frage" zur Diskussion stellte. Seine Vorstellung beinhaltete die Trennung von Notwendigem und Überflüssigem in der Produktion und die staatlich geregelte Gewährleistung alles Notwendigen in Naturalien als Gegenleistung für einen mehrjährigen Arbeitsdienst in der „Nährarmee", die diese notwendigen Güter herstellen sollte.[92] Solche Vorstellungen haben in der Zwischenzeit viel an Attraktivität verloren. Auch wenn Geld in sich keinen Wert hat, so möchten wir heute auf die Möglichkeit nicht verzichten, aus einem vielfältigen Angebot von Waren und Dienstleistungen nach persönlichen Prioritäten und entsprechend eigenen Vorstellungen zu wählen. Für diese Vermittlerrolle ist Geld in einer modernen Wirtschaft unersetzlich.

Auch ein in Geld ausbezahltes Grundeinkommen wird, soweit

es die Einkommensverhältnisse der Armen und von Armut Bedrohten verbessert, für Grundbedarfsgüter verwendet werden. Eine Familie mit mehreren Kindern wird wohl als erstes für ausreichende Nahrung und Kleidung sorgen und sich eine befriedigende Wohnmöglichkeit schaffen; die Pensionistin, die heute gerade genug für das alltägliche Leben hat, wird sich ihre Küche weißen lassen oder einen warmen Wintermantel anschaffen. Eine Folge davon ist, daß im Bereich der Grundbedarfsgüter zusätzliches Wirtschaftswachstum entsteht, Löhne ausbezahlt, Sozialversicherungsbeiträge und Steuern bezahlt werden. Damit kommt ein sehr beträchtlicher Teil der ursprünglichen Ausgaben (zwischen 50% und 80%) wieder in öffentliche Kassen zurück.[93]

Wieviel ist genug?

Soll ein Grundeinkommen menschenwürdiges Leben in einer bestimmten Gesellschaft ermöglichen, ist von den Mindeststandards dieser Gesellschaft auszugehen. Obwohl es in Österreich weder einen allgemein verpflichtenden Mindestlohn, noch Mindesteinkommen im Bereich der Arbeitslosenversicherung gibt, so gibt es doch Richtsätze, die als Anhaltspunkte dienen können. So betrugen etwa die Sozialhilferichtsätze der Bundesländer für Alleinstehende 1989 zwischen 3575 S (Salzburg) und 4980 S monatlich (Wien); für Ehepaare mit drei Kindern 1988 zwischen 5540 S (Kärnten) und 9380 S (Tirol). Es ist jedoch kein Geheimnis, daß die Sozialhilfe ihrem Anspruch, ein dem gesellschaftlichen Standard entsprechendes Leben zu ermöglichen, kaum wirklich gerecht wird.

Der in Österreich weitgehend als Armutsgrenze anerkannte Ausgleichszulagenrichtsatz für Pensionisten wurde 1990 auf 5434 S monatlich, für ein Pensionistenehepaar auf 7784 S festgesetzt.

Als „Armutsgrenze" könnten auch die vom Statistischen Zentralamt erhobenen Haushaltseinkommen gelten. Laut Mikrozensuserhebung 1987 mußten 10% der österreichischen Haushalte mit einem gewichteten Pro-Kopf-Einkommen von weniger als 5700 S pro Monat auskommen.[94] Die Umrechnung des Haushaltseinkommens wurde dabei nach einem Schlüssel vorgenommen, der den ersten Erwachsenen im Haushalt mit 1 gewichtet (= eine Verbrauchseinheit), jeden weiteren Erwachsenen mit 0,7; Kinder je nach Alter mit 0,33 (0–3 Jahre), 0,38 (4–6 Jahre), 0,55 (7–10 Jahre), 0,65 (11–15 Jahre), 0,70 (16–18 Jahre) oder 0,80, wenn es sich um ein 19–21 Jahre altes „Kind" handelt. Auf Haushaltseinkommen umgerechnet, bedeutet dies am Beispiel einer Familie mit zwei Erwachsenen und zwei Kleinkindern (2 und 5 Jahre) ein verfügbares Monatseinkommen von 13.737 S (1 + 0.7 + 0.33 + 0.38 = 2.41, multipliziert mit 5700) als Armutsgrenze.[95]

In manchen Ländern ist es üblich, Armutsgrenzen als Prozentsatz der mittleren Einkommen zu errechnen. Dieselbe Mikrozensusuntersuchung im Jahr 1987 ergab ein mittleres Netto-Personeneinkommen von 10.480 S monatlich je unselbständig Beschäftigten, worunter ein Vierzehntel des Jahreseinkommens einschließlich Familienbeihilfe und Steuerfreibeträgen zu verstehen ist.[96] Würde man eine Armutsgrenze mit 40% dieses Einkommens ansetzen, so ergeben sich – auf 12 Monate umgerechnet – etwa 4900 S.

Dabei gibt es beträchtliche Einkommensunterschiede vor allem zwischen den Geschlechtern. So erhielten 50% der Arbeiterinnen für eine 40-Stunden-Woche weniger als 7280 S monatlich, männliche Angestellte immerhin 13.420 S. Wenn gleichzeitig die mittleren Haushaltseinkommen mehr als 17.000 S ausmachen, so ist dies auf die hohe Erwerbsbeteiligung der Frauen zurückzuführen. In Österreich gehen 52% der Mütter mit Kindern zwischen 6 und 15 Jahren einer außerhäuslichen Erwerbstätigkeit nach, fast 60% aller 15–60jährigen Frauen sind erwerbstätig. Wenn Frauen mit zwei oder mehr Kindern im Vorschul- oder Volksschulalter den Beruf aufgeben oder ihre Arbeitszeit reduzieren, ergeben sich große Einbrüche im Familieneinkommen: Beträgt das mittlere Nettoeinkommen eines Arbeiterhaushalts mit zwei erwerbstätigen Erwachsenen ohne Kind 19.340 S, so verfügt derselbe Haushalt, wenn zwei Kinder dazukommen und die Mutter zuhause bleibt, nur noch über 13.830 S. Auch wenn bei Angestellten die Familieneinkommen in Alleinverdienerhaushalten mit Kindern wegen der höheren Einkommen mit steigendem Lebensalter nicht so stark absinken, liegen die Pro-Kopf-Einkommen der Familien weit unter jenen vergleichbarer Paare ohne Kinder. Bei Alleinverdienern aus der Privatwirtschaft liegen die Pro-Kopf-Einkommen bei einem Kind um ein gutes Fünftel, bei zwei Kindern um 30% unter den jeweiligen Vergleichswerten, Arbeiterfamilien mit drei Kindern haben um 40% weniger, Angestelltenfamilien um 30% weniger Einkommen zur Verfügung als Kinderlose, ab vier Kindern sinken die Pro-Kopf-Einkommen auf die Hälfte. Für Arbeiterfamilien mit nur einem Einkommen bedeutet dies, daß die Pro-Kopf-Einkommen ab drei Kindern nur etwa halb so hoch sind wie im Durchschnitt der Beschäftigtenhaushalte. Und dies, obwohl die österreichische Form der Familienbeihilfe mit relativ hohen Direktzahlungen – 1990 für ein Kind unter 10 Jahren 1300 S, darüber 1550 S monatlich, zuzüglich eines Kinderabsetzbetrages von 150 S pro Kind und Monat – Familien mit niedrigen Einkommen relativ begünstigt.

Es zeigt sich also, daß neben Arbeitslosigkeit oder Arbeitsunfähigkeit vor allem die Entscheidung für Kinder den Lebensstandard sehr spürbar senkt und bei einkommensschwächeren Familien rasch in die Armutszone führt. Bei der Einführung eines Grundeinkommens müßte deshalb der Abdeckung der Lebenshaltungskosten für die Kinder besondere Aufmerksamkeit geschenkt werden.

5.2. Ein konkretes Modell

Wie könnte ein allgemeines, bedarfsdeckendes Grundeinkommen für Österreich aussehen, wie könnte es finanziert, wie eingeführt werden?

Geht man davon aus, daß ein Grundeinkommen hoch genug sein muß, um ein bescheidenes Leben zu führen, daß aber andererseits genug Verteilungsspielräume für Leistungsanreiz und Leistungslohn bleiben muß, wird die Höhe wohl in der Nähe der anerkannten Armutsgrenzen liegen: über einer Sozialhilfe, die im Regelfall auf Dauer nicht zum Leben reicht, in der Nähe des Ausgleichszulagenrichtsatzes für ASVG-Pensionisten (1990: 5434 S für eine Person, 7784 S für ein Ehepaar) und der unteren 10% der Pro-Kopf-Einkommen der Haushalte.

Wenn wir trotzdem für eine Einzelperson – Stand 1990 – lediglich 4500 S monatlich, für ein Kind bis zu 15 Jahren 3000 S vorschlagen, so ist dies unter der Rücksicht zu sehen, daß dieser Betrag jedem einzelnen Haushaltsmitglied zustehen würde. Hat ein Pensionisten-Ehepaar mit Ausgleichszulagenrichtsatz heute Anspruch auf 7784 S (unter Einrechnung des 13. und 14. Monatsbezuges ca. 9000 S), so würde allein das Grundeinkommen in der vorgeschlagenen Höhe 9000 S monatlich ausmachen, wozu noch der durch die eigenen (Arbeitnehmer-) Beiträge erworbene Teil der Pension kommen müßte. Eine Familie mit zwei Kindern – gleich welchen Alters – hätte 15.000 S zur Verfügung – in etwa jene Summe, die heute im Mittel vergleichbaren Arbeiterhaushalten oder Haushalten von öffentlich Bediensteten zur Verfügung steht, wenn die Mutter nicht erwerbstätig ist. Jedes Erwerbseinkommen würde dieses verfügbare Einkommen entsprechend aufbessern. Im Gegensatz zu heute hätte also eine Familie mit bescheidenem bis mittlerem Einkommen die Möglichkeit zu wählen: etwa, während die Kinder klein sind, viel Zeit für die Kinder aufzuwenden und zeitweise überhaupt oder teilweise auf Erwerbseinkommen zu verzichten, oder trotz Kinderbetreuung und Berufsverzicht eines Partners die Raten für die Wohnung abzubezahlen, oder aber bezahlte Hilfe in Anspruch zu nehmen.

Für eine Alleinerzieherin mit einem Kind wäre allerdings ein Betrag von 7500 S an der untersten Grenze dessen, was für ein „normales" Leben notwendig ist, auch wenn dies im Falle eines Kleinkindes noch immer einem gewichteten Pro-Kopf-Einkommen (entsprechend den Gewichtungsfaktoren des Statistischen Zentralamtes) von 5639 S entspricht. Mit 4500 S für einen alleinstehenden Erwachsenen wären nicht nur Sozialhilfeempfänger, sondern zum Beispiel auch Studenten spürbar bessergestellt als mit dem derzeitigen Höchststipendium von 4000 S monatlich.

Hinter dem bescheidenen Vorschlag von rund 4500 S Grundeinkommen für eine erste Etappe steht vor allem auch die Überlegung, daß genügend Verteilungspotential zur Verfügung bleiben muß, damit „Arbeit sich lohnt". Das ist sowohl eine Forderung der Gerechtigkeit als auch eine Frage des notwendigen Arbeitsanreizes. Aufgabe der Sozialpolitik wäre es dabei, Regelungen im Bereich der Arbeit (Arbeitszeitverkürzung) und Höhe des Grundeinkommens so aufeinander abzustimmen, daß die notwendige Arbeit getan wird, wer arbeiten möchte, auch (bezahlte) Arbeit findet, die wirtschaftliche Leistungsfähigkeit nicht durch mangelnde Kaufkraft gebremst, die Umwelt jedoch geschont wird.

Zum Ausgleich für diese eher bescheidenen Beträge wird jede sonstige Einnahme – Alimente, geringfügiges Erwerbseinkommen, Einkommen aus Vermietung oder Verpachtung – das verfügbare Einkommen erhöhen. Vor allem aber fällt die oft zur Schnüffelei ausartende Kontrolle weg: es besteht keinerlei Notwendigkeit nachzuforschen, wer mit wem zusammenlebt, zusammenwohnt oder einen gemeinsamen Haushalt führt.

Daß für Kinder jeden Alters derselbe Betrag angesetzt wird, mag überraschen angesichts der nach Alter gestaffelten Kinderbeihilfe und der periodisch laut werdenden Forderung nach einer zusätzlichen Altersstaffelung. Tatsächlich kosten heute kleine Kinder nicht nur mehr Geld als in früheren Zeiten, sie brauchen vor allem viel Zeitaufwand für die Betreuung. Kinder zwischen 3 und 10 Jahren sind unter modernen, d. h. städtischen Lebensverhältnissen auf die ständige Verfügbarkeit von Erwachsenen angewiesen. Mehr denn je brauchen Kinder heute auch die Zuwendung und das Verständnis von Erwachsenen, das heißt Zeit. Eines der Ziele eines Grundeinkommens müßte sein, daß Eltern sich diese Zeit nehmen können, wenn sie selbst es wollen, ohne damit sich und ihre Kinder zu Außenseitern zu machen.

Die Kosten

Die globalen Kosten eines solchen Grundeinkommens sind leicht zu berechnen, doch sagen die Ergebnisse nicht viel über die tatsächlich aufzuwendende Summe. Wenn von derzeit rund 7,6 Millionen Einwohnern unseres Landes 1,3 Millionen als Kinder eingestuft werden, so ergibt sich folgende Rechnung:

6,3 Millionen Erwachsene bekommen 12×4500 S, d. h. 54.000 S, insgesamt also 340 Milliarden S; 1,3 Millionen Kinder je 12×3000 S, d. h. 36.000 S, insgesamt also 47 Milliarden S – zusammen also 387 Milliarden S.

Wollte man diese Summe einfach auszahlen, zuzüglich zu Löhnen, Gehältern, Unternehmergewinnen und staatlichen Transfers, wäre sie natürlich unfinanzierbar. Wollte man es trotzdem tun, wäre die Folge Inflation: Das Geld würde an Wert verlieren, wobei erst wieder die niedrigen Einkommen und die kleinen Sparer am stärksten betroffen wären.

Das Dilemma besteht also darin, daß Grundeinkommen einerseits allen Bürgern oder Bewohnern des Landes zukommen muß, ohne Rücksicht auf sonstige Einkommen oder Vermögen, denn sonst wäre es ja nicht „allgemein", könnte nicht als „Bürgerrecht" betrachtet werden. Auf der anderen Seite kann es nicht darum gehen, ohnedies befriedigende Einkommen zu erhöhen, sondern das Ziel ist ja Vermeidung der Armut durch Anhebung der untersten Einkommen. Der Finanzierungsbedarf reduziert sich dann auf jene Summe, die nötig ist, um die unteren Einkommen wirksam anzuheben, abzüglich dessen, was an Steuern und Abgaben aus dem dadurch entstehenden höheren Verbrauch wieder in die öffentlichen Kassen zurückkommt.

So einsichtig diese Behauptung ist, so schwierig ist es, sie in konkrete Zahlen umzusetzen. Wir versuchen deshalb, uns dem Problem der Finanzierung auf anderen Wegen anzunähern.

Grundeinkommen als Absetzbetrag

Für die Administration eines Grundeinkommens in Österreich bietet sich die im österreichischen Steuersystem bereits gut verankerte Form der Absetzbeträge an. Auch heute schon werden bestimmte Absetzbeträge (die zusätzlichen Kinderabsetzbeträge von 150 S je Kind und Monat) in bar ausbezahlt, wenn sie auf Grund zu niedrigen Einkommens und daraus folgend zu niedriger Steuerschuld nicht ausgenützt werden können.[97]

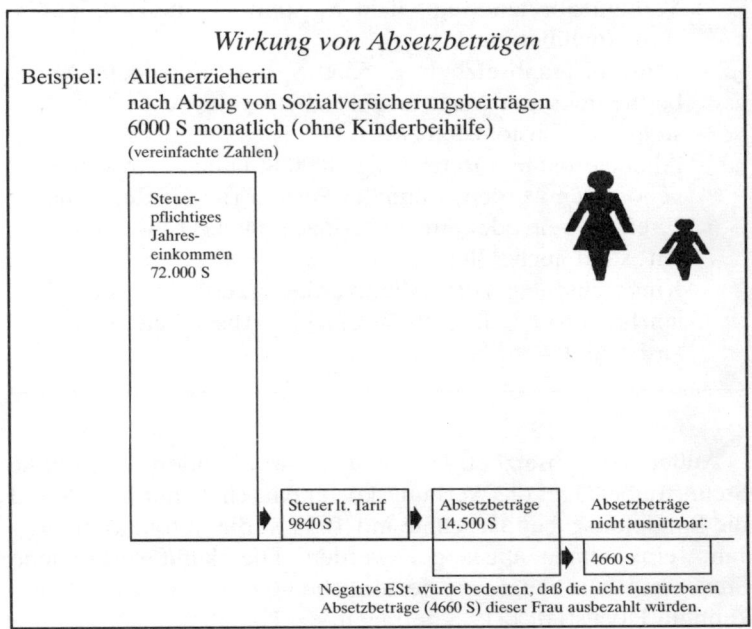

Wirkung von Absetzbeträgen

Beispiel: Alleinerzieherin
nach Abzug von Sozialversicherungsbeiträgen
6000 S monatlich (ohne Kinderbeihilfe)
(vereinfachte Zahlen)

Steuerpflichtiges Jahreseinkommen 72.000 S

Steuer lt. Tarif 9840 S

Absetzbeträge 14.500 S

Absetzbeträge nicht ausnützbar: 4660 S

Negative ESt. würde bedeuten, daß die nicht ausnützbaren Absetzbeträge (4660 S) dieser Frau ausbezahlt würden.

119

Absetzbeträge vermindern nicht die Steuergrundlage (diesen Effekt haben Freibeträge), sondern direkt die Steuern. Die 1990 in Österreich gültigen jährlichen Steuerabsetzbeträge (siehe Übersicht) ergeben in Summe für den Steuerzahler selbst 10.500 S jährlich, für die Ehefrau ohne eigenes Einkommen 4000 S, für Alleinerzieher 14.500 S, und für Kinder 1800 S, zuzüglich der Kinderbeihilfe von 15.600 S bzw. 18.600 S jährlich. All diese Beträge, die – mit Ausnahme der Kinderbeihilfe – nirgends als „Ausgaben" aufscheinen, sind selbstverständlich Teil eines Grundeinkommens und können vom Finanzierungsbedarf in Abzug gebracht werden.

Absetzbeträge Österreich 1990

- allgemeiner Steuerabsetzbetrag: 5000 S, steht jedem Steuerpflichtigen zu;
- Arbeitnehmerabsetzbetrag: 1500 S, steht jedem Arbeitnehmer zu;
- Verkehrsabsetzbetrag: 4000 S, steht ebenfalls jedem Arbeitnehmer zu;
- Pensionistenabsetzbetrag: 5500 S, entspricht dem Arbeitnehmer- und Verkehrsabsetzbetrag der Aktiven und steht nur Pensionisten zu;
- Alleinverdienerabsetzbetrag: 4000 S, kann in Anspruch genommen werden, wenn der Partner (in der Regel die Ehefrau) kein oder nur ein geringes eigenes Einkommen hat; steht auch Alleinerziehern zu;
- Kinderzuschlag zum Alleinverdienerzuschlag: 1800 S jährlich pro Kind, kann als einziger Absetzbetrag auch ausbezahlt werden.

Außer den Absetzbeträgen gibt es zwei kleinere allgemeine Steuerfreibeträge: die Werbungskostenpauschale mit 1800 S und die Sonderausgabenpauschale mit 1638 S, die automatisch vom Jahreseinkommen abgezogen werden. Die damit verbundene Steuerersparnis hängt vom persönlichen Grenzsteuersatz ab und kann im Höchstfall 1719 S betragen.

Die Möglichkeiten, durch bestimmte Sparformen oder Wohn-raumbeschaffung Steuer zu sparen, wurden durch die Steuerre-form 1988 stark eingeschränkt. Ein alleinverdienender Familien-vater mit zwei Kindern kann mit einer Kapitalanlage von 90.000 S noch maximal 24.000 S an Steuern sparen. Wesentlicher sind nach wie vor die Freibeträge bei den Einkommen aus Kapital und Unternehmung, ganz zu schweigen von der „Gestaltbarkeit" der Einkommen in diesem Bereich.

Es geht hier nicht darum, diese „ersparten" Steuern im einzel-nen aufzulisten – dazu fehlen selbst den Steuerexperten des Fi-nanzministeriums die nötigen Unterlagen. Es sollte lediglich auf-gezeigt werden, daß das Volumen an Steuern und Abgaben, das 1990 die Größenordnung von 700 Milliarden S ausmachen dürfte, davon Steuern 415,8 Mrd. (u. a. Lohnsteuer 99 Mrd., veranlagte Einkommensteuer 34,5 Mrd., Umsatzsteuer 153,5 Mrd.), Sozial-versicherungsbeiträge und Beiträge zu verschiedenen Fonds (u. a. Familienlastenausgleich ca. 42 Mrd.), keinen Spiegel der wirklichen Verteilung der Belastungen darstellt.

Worum es dabei geht, kann auch am Beispiel des Familienla-stenausgleichs illustriert werden. Die aus dem Ausgleichsfonds bezahlten Familienbeihilfen sind Ausgaben aus dem Budget, also staatliche Ausgaben, die die Ausgaben des Staates erhöhen. Die zusätzlichen Kinderabsetzbeträge von 150 S monatlich dagegen scheinen im Budget nicht auf, weil sie zwar die Steuereinnahmen verringern, aber keine Ausgabe von zuvor einzuhebenden Steu-ern notwendig machen. Mit anderen Worten: auch die Staats-quote sagt wenig aus über das tatsächliche Maß an Umverteilung und Belastungen, obwohl sie immer wieder als Maß dafür ver-wendet wird.

Für die Einführung eines Grundeinkommens bedeutet dies, daß eine Administration in Form von Steuerabsetzbeträgen die Einhebung zusätzlicher hoher Steuern vermeidet, die dann in Form von Transfers wieder ausbezahlt werden müßten. Direktzahlungen würden sich auf jene Gruppen beschränken, die diese Steuerabsetzbeträge = Grundeinkommen nicht ausnüt-zen könnten, weil sie keine oder zu wenig Steuern zu bezahlen haben.

Doch selbst wenn Absetzbeträge im Vergleich zu Direktzahlun-gen die Staatsquote senken: der Finanzierungsbedarf ändert sich dadurch nicht. Steuerabzüge kosten soviel wie Transfers.

Die Nettokosten eines Grundeinkommens hängen von der Gestaltung des gesamten Einkommensteuersystems ab, insbesondere von der Definition der Steuergrundlage (welche Einkommen werden erfaßt?) und den Steuersätzen. In Österreich sind derzeit 5 verschiedene Steuersätze in Anwendung, von 10% (bis 50.000 S Jahreseinkommen) bis 50% (Höchststeuersatz, über 700.000 S jährlich).[98] Wie die Abbildung zeigt, gelten diese Steuersätze jeweils nur für den eine bestimmte Grenze übersteigenden Teil des Jahreseinkommens. Auch wer jährlich 800.000 S zu versteuern hat, zahlt für die ersten 50.000 S 10% Steuer, für die nächsten 100.000 S 22% und so fort, lediglich für eine 700.000 S übersteigende Summe ist der höchste Steuersatz von 50% zu entrichten.

Steuersätze Österreich 1990

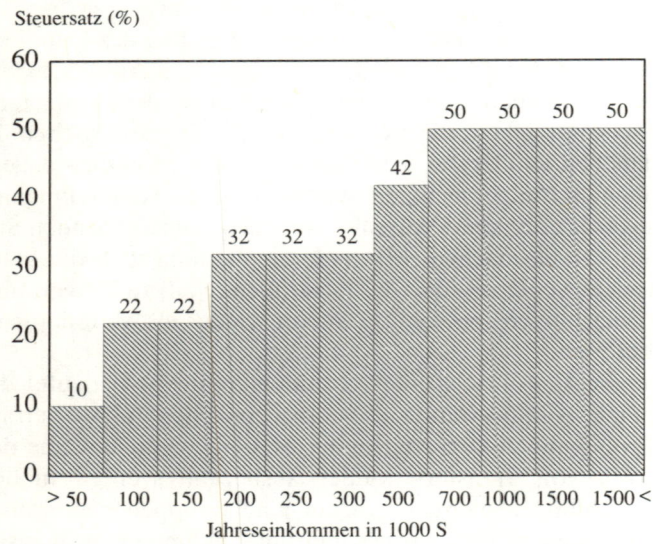

Doch auch die Steuergrundlage selbst umfaßt nicht alle Einnahmen. Verschiedene Freibeträge können noch vor Errechnung der Steuer in Abzug gebracht werden; deren wichtigste für Arbeitnehmer sind die Sozialversicherungsbeiträge und die Sonderzahlungen, für die spezielle, günstigere Steuersätze zur Anwendung kommen.

Was nun folgt, dient lediglich zur Illustration des Mechanismus und darf nicht als Modell verstanden werden:

Würde die Zielsetzung lauten: Grundeinkommen als Umverteilung zwischen Beschäftigten, so könnte es, wie eine globale Rechnung zeigt, mit einem allgemeinen Steuersatz von 50 % finanziert werden. Die Bezieher kleiner Einkommen hätten dabei immer noch Vorteile.

Ein Arbeiter oder Angestellter mit einem versteuerbaren Monatseinkommen von 10.000 S muß dafür derzeit 762,70 S Lohnsteuer bezahlen. Müßte er 50% Steuer bezahlen und bekäme ein Grundeinkommen von 4500 S, so blieben ihm noch immer 262,70 S mehr übrig als heute. Hätte er allerdings Frau und zwei Kinder zu versorgen, hätte diese Familie statt heute 11.720 S (10.000 S – 129,30 S Steuer + 2850 S Kinderbeihilfe) ein Familienbudget von 20.000 S zur Verfügung. Ein Alleinstehender mit einem mittleren Einkommen (nach Abzug der Sozialversicherungsbeiträge) von 25.000 S bekommt jetzt 19.715 S ausbezahlt, mit einem Grundeinkommen von 4500 S und einem Steuersatz von 50 % wären es nur noch 17.000 S. Mit nichtverdienender Ehefrau und zwei Kindern hätte er allerdings mit 23.000 S dieselbe Summe zur Verfügung wie heute (23.200 S). Da bei den wirklich hohen Einkommen ohnedies ein Grenzsteuersatz von 50% zur Anwendung kommt, wären es vor allem die mittleren Einkommen, die die „Zeche" bezahlen müßten.

Um jedem Mißverständnis vorzubeugen: eine Finanzierung des Grundeinkommens allein über die Lohnsteuer wäre nicht nur ungerecht, sie würde auch das Problem der engen Bindung zwischen Erwerbsarbeit und Sozialstaat verfestigen, anstatt neue Spielräume zu schaffen. Hier sollte lediglich demonstriert werden, worum es geht: nicht, ob ein Grundeinkommen finanzierbar ist, lautet die Frage, sondern wie eine sinnvolle Finanzierung, die an zukünftige Entwicklungen flexibel angepaßt werden kann, aufgebaut sein könnte. Es zeigte sich dabei aber auch, in welchem Maße ein Grundeinkommen kleine Einkommen und Haushaltseinkommen erhöht – selbst bei einem hohen Eingangssteuersatz.

5.3. Finanzierungsansätze

Die Feststellung, daß ein Grundeinkommen finanzierbar ist, ändert nichts daran, daß die konkrete Form der Finanzierung eine große Herausforderung für die Budgetierung und für die konkrete Gestaltung des Steuer-, Abgaben- und Transfersystems darstellt.
Soll Grundeinkommen dazu beitragen, Wirtschaftswachstum um der Beschäftigung willen unnötig zu machen, die falsche Gleichsetzung von quantitativem Wachstum mit steigender Lebensqualität aufzubrechen, „haushälterischen" Umgang mit unersetzlichen Ressourcen unserer Erde zu fördern, muß dem auch der Finanzierungs- und Umverteilungsbedarf der staatlichen Verwaltung Rechnung tragen. Arbeit als Steuerbasis muß entlastet werden, dafür sollten Ressourcenverbrauch, Wertschöpfung, Kapital und Finanzanlagen stärker belastet werden.

Ressourcensteuer

Die am häufigsten vorgeschlagene und durchgerechnete Variante einer Besteuerung der natürlichen Rohstoffe für Österreich ist eine Energiesteuer. Einige Autoren[99] untersuchten die Möglichkeiten, Steuern oder Abgaben auf Rohenergie zu verlagern. Eine spürbare Mehrbelastung von Rohenergie würde energiesparende Produktionen und Maßnahmen wirtschaftlich attraktiver machen, weshalb die Einführung zusätzlicher Energiesteuern vor allem zur Entlastung der Umwelt derzeit praktisch überall diskutiert wird. Daß eine Energiesteuer an Ergiebigkeit verliert, wenn der Einsparungseffekt erreicht wird, ist kein Grund, darauf zu verzichten: gerade Energie wird bei aller Sparsamkeit immer benötigt werden. Ähnliches gilt für den Verbrauch bzw. die Verschmutzung von Wasser und Luft. Auch wenn die Einnahmen fürs erste zweckgebunden für die Wiedergutmachung von Schäden aus der Vergangenheit aufzuwenden wären, könnten sie später in das allgemeine Budget einfließen.

Wertschöpfung

Die Idee einer Wertschöpfungsabgabe wurde in Österreich durch Alfred Dallinger als Beitrag zur Reform der Pensionsversicherung in die Diskussion gebracht. 1984 wurde in seinem Ministerium eine Studie erarbeitet, welche Veränderungen sich durch einen Ersatz der lohnbezogenen Arbeitgeberbeiträge zur Pensionsversicherung durch eine von der Wertschöpfung berechnete Abgabe ergeben würden.[100] Das Ergebnis lautete im wesentlichen, daß lohnintensive Betriebe im Vergleich zur bestehenden Regelung etwas begünstigt, kapitalintensive etwas stärker belastet würden. Zur ersteren Gruppe gehörten Fremdenverkehr, Gewerbe, Bauwirtschaft und Verkehr, zur zweiten Energiewirtschaft, Banken und Versicherungen, Großhandel und Bergbau.

Obwohl eine kostenneutrale Einführung vorgeschlagen wurde und der Beitragssatz nur etwas über 4% der Bruttowertschöpfung ausgemacht hätte, wurde der Vorschlag von den Vertretern der Wirtschaft heftigst bekämpft. Ausschlaggebend dafür, daß die Idee nicht weiterverfolgt wurde, dürfte allerdings das Argument gewesen sein, daß eine Berechnung der Wertschöpfung statt der Löhne nur dann einen Vorteil bringe, wenn die Lohnquote sinken würde. Damit war dann auch die Gewerkschaft dagegen: die Vorstellung, österreichische Gewerkschafter könnten es auf Dauer zulassen, daß der den Arbeitnehmern zukommende Teil des Volkseinkommens sinkt, war mit ihrem Selbstverständnis unvereinbar. Tatsächlich ist jedoch seit 1984 die Lohnquote in Österreich gesunken und bei den ASVG-Pensionen wurden Einsparungen durchgesetzt, ohne daß die Gewerkschaften dies verhindern konnten.

Doch auch eine gleichbleibende Lohnquote ist keine Garantie für konstante Einnahmen. Schließlich sagt die Lohnquote nichts darüber aus, wie diese globale Summe von Einkommen unselbständig Beschäftigter verteilt ist. Unter der theoretischen Annahme, daß halb so viele Arbeitnehmer die gesamte Summe verdienen würden – bei gleichzeitiger Beibehaltung der Höchstbeitragsgrundlage – würden die Beiträge in etwa auf die Hälfte sinken. Mit anderen Worten: eine Entwicklung zu hochqualifizierten, bestbezahlten Arbeitskräften einerseits, schlechtbezahlten Gelegenheitsarbeitern andererseits könnte sehr wohl zu sinkenden Beiträgen bei konstanter Lohnquote führen. Würden sich die hochbezahlten Spezialisten dann auch noch weigern, die Last der vielen Chancenlosen mit ihren Beiträgen mitzutragen, wäre das System in Frage gestellt.

Die Bedeutung wertschöpfungsbezogener Abgaben liegt vor

allem darin, daß Arbeit entlastet und damit billiger wird. Eine Verlagerung von Steuern und Abgaben, weg vom Einsatz menschlicher Arbeit auf Wertschöpfung durch Automatisierung und Kapitaleinsatz, würde damit den Einsatz von Arbeit in weniger produktiven Bereichen (soziale Aufgaben, Dienstleistungen) erleichtern, also in diesen Bereichen Arbeitsplätze schaffen. Gleichzeitig würde die Lösung von Verteilungsproblemen ebenfalls erleichtert und die Finanzierung öffentlicher Aufgaben auf eine breitere Basis gestellt. Die Umstellung der Arbeitgeberbeiträge auf Sozialversicherung könnte ein erster Schritt in diese Richtung sein. Die damit möglichen Erfahrungen könnten die Basis für zukünftige Veränderungen abgeben.

Kapitalerträge

Die jüngste Geschichte der Kapitalertragssteuer gleicht einer Komödie – in der Bundesrepublik Deutschland ebenso wie in Österreich. Zuerst als Quellensteuer eingeführt und als „Sparbüchlsteuer" politisch unmöglich gemacht, auf Grund eines Verwaltungsgerichtsurteils aufgehoben und schließlich als Kapitalertragsteuer neu eingeführt, beträgt die an der Quelle eingehobene Zinsertragsteuer heute in Österreich 10%. Gewisse Zinserträge wie etwa Zinsen von Sparbüchern, die zum Eckzinssatz verzinst werden, werden nicht erfaßt. Die Eingänge aus dieser Steuer sind für 1990 mit 4,5 Milliarden S budgetiert.

Keine Kapitalertragsteuer wäre notwendig, würden Einkünfte aus Kapital ebenso versteuert wie Einkünfte aus Arbeit, wie vom Gesetz vorgesehen. Doch 1988 betrugen die Eingänge aus Lohnsteuer 104 Milliarden S, die gesamte veranlagte Einkommensteuer erbrachte lediglich 27 Milliarden S. Auch die Einkommensteuerreform 1989 hat dieses Verhältnis nicht grundlegend geändert: für 1990 soll die Lohnsteuer 99 Milliarden S, die veranlagte Einkommensteuer 34,5 Milliarden S einbringen.

Kapitaleinkünfte – neben den Einkünften der freien Berufe die am raschesten wachsende Einkommensart – werden Schätzungen zufolge nur zu etwa 5 % überhaupt von der Einkommensteuer erfaßt. Ein Grund dafür sind relativ großzügige Freibetragsregelungen, vor allem aber der „Schutz" von Kapitalanlagen durch das Bankgeheimnis. Es ist nicht einzusehen, daß, was für schwer erarbeitete Löhne recht ist – Abzug der Steuern an der Quelle durch den Arbeitgeber – für arbeits- und mühelose Einkommen aus Geldkapitalanlagen nicht billig sein sollte. Logisch richtig und gerecht wäre es, alle Kapitaleinkünfte mit einer automatisch abzuziehenden Kapitalerstragsteuer zum Grenzsteuersatz – derzeit 50% – zu belegen. Zuviel abgezogene Steuer wäre im Zuge des Jahresausgleichs bzw. der Veranlagung rückzuverrechnen, nicht anders, als es heute bei der 10%igen Kapitalertragsteuer vorgesehen ist. Der Vorschlag ist nicht neu; er wurde mit dem Argument, damit würde das Bankgeheimnis durchlöchert, zur Strecke gebracht. Einsichtiger als dieses Argument scheint die Befürchtung, Österreicher könnten ihr Geld im Ausland anlegen, um den Steuern zu entkommen, doch auch dieses Argument wird durch die weit höhere Kapitalertragssteuer der Schweiz geschwächt.

Wenn 1990 von einem budgetierten Gesamtvolumen an Steuern (ohne Sozialabgaben) von 415,8 Milliarden S lediglich 6,5 Milliarden S Vermögensteuer erwartet werden, so ist dies ein weiterer Hinweis darauf, daß nicht nur die Einkünfte aus Vermögen, sondern die Vermögen selbst vom Fiskus weitgehend geschont werden. Dies in einer Zeit rascher Akkumulation von Kapital und wachsender Bedeutung von Vermögensanlagen.

Internationale Koordination statt Konkurrenz

Diese Schonung hängt wohl auch mit der zunehmenden Mobilität des Kapitals zusammen. Finanzkapital wird an den Börsen in Sekundenschnelle über Kontinente verschoben; für Investitionen internationaler Unternehmen wird das Steuersystem in zunehmendem Maß ein Kriterium für die Standortwahl. Daraus entsteht die Gefahr eines Wettlaufs um möglichst niedrige Besteuerung von Kapital und Gewinnen, der letztlich für alle Länder negative Auswirkungen hätte.

Darin wird deutlich, wie sehr die Internationalisierung des Kapitals und die damit verbundene Verflechtung der Wirtschaft ein koordiniertes Vorgehen der Staaten auch im Bereich der Steuerpolitik notwendig machen würde. Eine gerechtere Besteuerung von Kapital und Kapitalerträgen wäre kein besonderes Problem, könnten alle Staaten mit ähnlicher Wirtschaftsstruktur – an erster Stelle EG und EFTA – sich zu einer gemeinsamen Vorgangsweise entschließen.

5.4. Grundeinkommen und Sozialversicherung

In der internationalen Grundeinkommens- bzw. Mindestsicherungsdiskussion lassen sich zwei Grundströmungen unterscheiden. Entweder wird am bestehenden System angeknüpft (Sockelung) – dann bleiben die Zugangsbestimmungen dieselben (Versicherung oder Bedürftigkeit). Oder aber ein Grundeinkommen kommt allen zugute – dann werden in der Regel die bestehenden Sozialtransfers eben durch das neue System ersetzt, sei es, weil das Hauptziel des Vorschlags Einsparungen sind, wie bei vielen Modellen einer negativen Einkommensteuer, sei es, weil das vorgeschlagene Bürgergehalt ohnedies den größten Teil der verfügbaren Volkseinkommen beansprucht.

Das hier vorgeschlagene Modell würde Veränderungen im sozialen Netz mit sich bringen, dieses jedoch nicht ersetzen. So könnten in erster Linie die Direktunterstützungen der Sozialhilfe entfallen. Die dafür von Ländern und Gemeinden ausgegebenen Summen sind allerdings relativ bescheiden: von den 11,8 Milliarden S Sozialhilfeaufwendungen entfallen lediglich 1,6 Milliarden S auf Dauerunterstützte, zeitweise Unterstützte und Pflegekinder. Der weitaus größte Teil der Ausgaben wird für Pflegeheime, Altersheime und Behindertenhilfe benötigt.

Grundeinkommen für Kinder existiert in Österreich heute schon in Form der Kinderbeihilfe – hier würde sich lediglich die Höhe der Transfers bzw. der Absetzbeträge ändern, wenn man von wahrscheinlichen Änderungen der konkreten Verwaltung (Familienlastenausgleichsfonds – Steuern) absieht. Was aber soll mit Arbeitslosenversicherung und Pensionen geschehen? Einerseits würde ja durch ein Grundeinkommen der grundlegende Lebensbedarf abgedeckt, andererseits sollte es möglich sein, Lebensgewohnheiten, einen erworbenen höheren Lebensstandard auch im Falle von unfreiwilliger Arbeitslosigkeit und im Alter einigermaßen aufrechtzuerhalten.

Soll Grundeinkommen nicht dazu dienen, die weniger „Tüchtigen" und schlecht Ausgebildeten dauerhaft vom Arbeitsmarkt zu verbannen, sondern dazu, frei gewählte Flexibilität zu ermöglichen und niedere Einkommen auf ein akzeptables Niveau zu heben, dann werden die meisten Menschen im Laufe ihres Lebens Beiträge zur Sozialversicherung bezahlen. Aus diesen Beiträgen könnten sie ab einem gewissen Alter eine Pension ausbezahlt bekommen. Da diese Pension zum Grundeinkommen hinzukäme, müßte sie nicht den gesamten Lebensbedarf abdecken. Es wäre also denkbar, daß die Pflichtversicherung im wesentlichen aus den Arbeitnehmerbeiträgen gespeist würde; die auf Wertschöpfungsbasis eingehobenen Arbeitgeberbeiträge hingegen könnten in den Grundeinkommenstopf fließen und auf diesem Wege Pensionisten und Arbeitslosen zugute kommen.

Pensionsreform, Flexibilität, Grundeinkommen

Daß im Bereich der allgemeinen Pensions- bzw. Rentenversicherungen ein Reformbedarf besteht, hat seinen Grund in der Bevölkerungsentwicklung.

Zwar ist es nicht so, wie manche Journalisten in mißverstandener Interpretation von Prognoseergebnissen behaupten: daß Österreich um das Jahr 2035 fast nur noch von alten Menschen bewohnt sein wird und bis zum Jahr 2050 auf die Hälfte der heutigen Bevölkerung schrumpfen wird. Auch die Gefahr, daß dann nicht genügend Arbeitskräfte zur Aufrechterhaltung der Wirtschaft gefunden werden könnten, ist wenig realistisch. Der wahre Kern dieser Horrorvision besteht darin, daß die starken Jahrgänge der 60er Jahre ab etwa 2020 nach und nach ins Pensionsalter kommen und damit die Zahl der dann 15–60jährigen mit hoher Wahrscheinlichkeit geringer sein wird als um das Jahr 2000 – jener Zeit nämlich, in der die meisten Angehörigen eben dieser starken Jahrgänge aktiv im Berufsleben stehen werden.

Während allerdings die Zahl der Österreicher – und überhaupt die Zahl der Europäer – für das Jahr 2000 mit recht großer Wahrscheinlichkeit vorauszuberechnen ist, und die über 60jährigen des Jahres 2035 längst geboren sind, bleiben die übrigen Faktoren dieser Voraussagen mit weit größeren Unsicherheiten behaftet – soweit sie nicht überhaupt dem Reich der Phantasie angehören:
– Die Zahl der Kinder, die Ende dieses und in den ersten Jahrzehnten des 21. Jahrhunderts geboren werden, hängt natürlich auch von der Stärke der Elterngeneration ab. Dazu kommen jedoch weitere, nicht vorausberechenbare Faktoren, wie die Einstellung zu Kindern, die ihrerseits wieder vom gesamtgesellschaftlichen Klima, von Wirtschaftsfaktoren und positiven oder negativen Einschätzungen der Zukunft mitbestimmt werden.

– Bevölkerung im Erwerbsalter sagt nichts über die Erwerbsbeteiligung aus. Hier gibt es in den letzten Jahrzehnten wesentliche Verschiebungen. Die Erwerbsbeteiligung der Männer zwischen 15 und 65 geht leicht zurück: von 81,9% im Jahr 1981 auf 77,7% 1988. Die hauptsächlichsten Ursachen sind längere Ausbildungszeit und früherer Pensionseintritt. Im Gegensatz dazu nimmt die Erwerbsbeteiligung der Frauen zu, und zwar in allen Altersgruppen. Waren 1981 noch 56,9% der 15–60jährigen Frauen erwerbstätig, so waren es 1988 bereits 59,2%.[101] Am raschesten gestiegen ist die Erwerbsbeteiligung bei den Frauen zwischen 35 und 55, also in der „Nachkinderphase". Je besser Frauen ausgebildet sind, umso weniger sind sie bereit, um der Kinder willen den Beruf endgültig aufzugeben oder für viele Jahre zu unterbrechen. Frauen gehen auch nicht wesentlich früher in Pension, das Pensionseintrittsalter hat sich – unter Einbeziehung von Erwerbsunfähigkeitspensionen – in Österreich zwischen den Geschlechtern praktisch angeglichen und liegt derzeit bei ungefähr 58 Jahren.

– Der Arbeitskräftebedarf für den produktiven Wirtschaftsbereich wird zweifellos noch stärker zurückgehen. In der österreichischen Industrie stieg die Produktivität allein zwischen den Jahren 1986 und 1988 um 13,6%, das bedeutet, daß mit 5% weniger Arbeitern um 5,2% mehr erzeugt wurde.[102] Auch im modernen Dienstleistungsbereich – Handel, Banken und Versicherungen, Büros, Kommunikationsberufe – steigt die Zahl der benötigten Arbeitskräfte keineswegs im selben Maße wie die „Produktion". Darüberhinaus hängt vieles davon ab, wie in Zukunft Leben und Zusammenleben gestaltet wird.

Eine flexiblere Gestaltung der Lebensarbeitszeit könnte bedeuten, daß Eltern mehr Zeit für ihre eigenen Kinder haben können und haben, daß einige ihre Berufslaufbahn unterbrechen, um Neues zu lernen oder einfach etwas anderes zu tun, und daß über 60jährige nicht bereit sind, sich zum „alten Eisen" rechnen zu lassen, und – vielleicht in beschränktem Ausmaß – einer Erwerbstätigkeit nachgehen wollen. Die strikte Trennung zwischen noch nicht und nicht mehr Erwerbstätigen auf der einen und Aktiven auf der anderen Seite würde damit aufgelöst. Damit solche Flexibilität sozial vertretbar und vom einzelnen frei gestaltbar ist, ist eine finanzielle Grundsicherung Voraussetzung.

Solange die Finanzierung des Sozialstaats eng mit der Erwerbsarbeit verknüpft ist, bleibt das Dilemma bestehen, daß die Finanzierung zurückgeht, wenn der Bedarf am höchsten ist, wenn nämlich vielen Arbeitslosen und Pensionisten wenig Beitragszahler entgegenstehen. Dies auch dann, wenn parallel dazu hohes Produktivitäts- und Wirtschaftswachstum zu verzeichnen sind. Daher die Notwendigkeit, die Sozialstaatsfinanzierung wenigstens teilweise auf eine beschäftigungsunabhängige Basis zu stellen.

5.5. Schrittweise Einführung

Die Vorarbeiten zur Steuerreform 1989 und die Analyse der damit verbundenen Veränderungen der Einnahmen und Verschiebungen der Belastungen zeigte, mit welch massiven praktischen und methodischen Schwierigkeiten Voraussagen verbunden sind, insbesondere, was die längerfristigen Veränderungen betrifft. Die Einführung eines bedarfsdeckenden Grundeinkommens würde noch weit größere Strukturveränderungen nötig machen als eine im wesentlichen auf die Einkommensteuer beschränkte Steuerreform. Die Einbindung des Grundeinkommens in die Einkommensteuer (als bei Nicht-Ausnützung auszubezahlender Absetzbetrag) würde vermutlich die Streichung weiterer Ausnahmeregelungen und die Erhöhung des Eingangssteuersatzes bedingen. Dazu kommt die Notwendigkeit der Umstrukturierung der Sozialversicherungen und der teilweisen Umstellung der Finanzierung auf eine von Erwerbsarbeit unabhängige Basis. Anwartschaften müßten neu geregelt werden. Nicht zuletzt wären auch eine Reihe von Gesetzesänderungen notwendig, im Arbeitsrecht und bis hinein in die Verfassung: Grundeinkommen müßte als Grundrecht in der österreichischen Verfassung verankert werden.

Versuch eines Szenarios

Für den Beginn der 90er Jahre ist in Österreich die nächste Etappe der großen Steuerreform angesagt. Dabei könnte als erster Schritt in Richtung auf ein Grundeinkommen ein allgemeiner Absetzbetrag von 2000 S pro Person und Monat, d. h. 24.000 S jährlich, eingeführt werden, als Ersatz für die derzeit gültigen Absetzbeträge und Pauschale. Ein Alleinverdiener-Absetzbetrag in derselben Höhe könnte entweder der Ehefrau ohne eigenes Einkommen bzw. dem nicht erwerbstätigen Partner direkt ausbezahlt oder, wie bisher, dem Einkommensbezieher mit angerechnet werden. Gleichzeitig wären die Kinderbeihilfe und die sie ergänzenden Kinderabsetzbeträge für alle Kinder, ohne Altersunterschied, auf zusammen 2000 S monatlich, also jährlich ebenfalls 24.000 S, anzuheben.

Diese erste Etappe könnte zu einem wesentlichen Teil durch die Streichung der steuerlichen Begünstigung des 13. und 14. Monatsbezugs (und eine entsprechende Streichung eines Steuervorteils der Selbständigen) finanziert werden. Die Einsparungen aus anderen Budgets – etwa beim Bundeszuschuß für die Pensionen – wären allerdings in dieser Phase noch gering, am ehesten würden sich die Ansprüche an Sozialhilfe verringern. Dafür kämen zusätzliche Steuern und Abgaben aus zusätzlichem Konsum zurück.

Denn diese erste Etappe würde einige der niedersten Einkommen spürbar anheben: Mehrkinderfamilien mit unterdurchschnittlichem Familieneinkommen und Alleinerzieherinnen kämen größtenteils aus der Armutszone heraus. Die sehr niedrigen Arbeitseinkommen (z. B. der Textilarbeiterinnen mit Netto-Monatslöhnen von 6000–7000 S) und die allzu niedrigen Transfereinkommen der arbeitslosen Jugendlichen (mittleres Arbeitslosengeld 1988: 3308 S) oder der langzeitarbeitslosen Frauen (70% der weiblichen Notstandshilfebezieher bekamen 1988 weniger als 5000 S) würden damit spürbar – wenn auch nicht immer genügend – angehoben.[103]

Als erster Veränderungsschritt im Sozialversicherungswesen wären zumindest die Arbeitgeberbeiträge zur Pensionsversicherung auf eine breitere Basis zu stellen, wofür – entsprechend den bereits geleisteten Vorarbeiten des Ministeriums – vermutlich die Bruttowertschöpfung in Frage käme.[104]

Die Erfahrungen mit diesen beiden Veränderungen würden es erlauben, einen Plan für die Einführung eines vollen, bedarfsdeckenden Grundeinkommens zu fixieren – der eventuell einer Volksbefragung unterworfen werden müßte – und die notwendige gesetzliche Verankerung vorzubereiten.

Grundeinkommen als Umverteilung

Die Steuerreform 1989 lag im Trend westlicher Steuerreformen der letzten Jahre (USA, England, BRD). Die Steuersätze sollten gesenkt werden, bei gleichzeitiger Abschaffung vieler Ausnahme-regelungen. Das österreichische Steuersystem sollte von Steuer-ungsaufgaben entlastet und für ausländische Investoren attraktiv gemacht werden. Das Steuersystem sollte vereinfacht, die Ergie-bigkeit für die Zukunft gesichert werden. Eine erhebliche Rolle spielte die „horizontale" Steuergerechtigkeit, nämlich die Forde-rung, daß gleich hohe Einkommen auch gleich mit Steuer belastet werden sollen. Dabei geht es vor allem um die unterschiedliche Erfassung von Lohneinkommen gegenüber Gewinn- und Kapi-taleinkommen; ein Schritt in dieser Richtung war die Einführung der Kapitalertragsteuer auf Zinseinkünfte.

Nicht geändert werden sollten dagegen die Verteilungseffekte der Besteuerung, hier hieß das Ziel Neutralität. Dabei würde ein mehr oder weniger großes Maß an Verteilung von unten nach oben durchaus im internationalen Trend liegen, wie die Beispiele USA und England zeigen. Tatsächlich hat die österreichische Re-form auch für die untersten Einkommen Entlastungen gebracht, doch bleibt die Gesamtbelastung durch die proportionalen So-zialabgaben von rund 17% bis zu einer Höchstgrenze für die nied-rigen Einkommen sehr spürbar.[105]

Die zweite Etappe der Steuerreform hat neben der Verände-rung von Mehrwert- und Verbrauchssteuern auch weitere Verän-derungen bei den Lohnsteuern einerseits, den lohnabhängigen Abgaben andererseits zum Ziel. Jedenfalls sollen „ökologische Elemente", also Ökologie oder Energieabgaben, in das Steuer-system eingeführt werden. Die Einführung eines großen Absetz-betrages, der im Falle der Nicht-Ausnützung als Teil-Grundein-kommen ausbezahlt würde, könnte dieser zweiten Etappe der großen Steuerreform ein soziales Element der Anhebung der un-tersten Einkommen hinzufügen.

6. AUSWIRKUNGEN UND CHANCEN

Grundeinkommen könnte – als Element des öko-sozialen Umbaus – auf dem Gesetzeswege beschlossen und eingeführt werden, als Technik zur Verbesserung und langfristigen Sicherung des sozialen Netzes. Vorausgegangen wäre eine Analyse längerfristiger Entwicklungen und die Erarbeitung alternativer Vorschläge sowie deren Begutachtung durch Ministerien und Sozialpartner. Mit dieser isolierten, technokratischen Einführung von oben würden sich automatisch kleinere oder größere Veränderungen einstellen, die stark von den Bedingungen des Arbeitsmarktes, von der Höhe des Grundeinkommens und dem gesellschaftlichen Klima abhingen.

Die Chancen gesellschaftlicher Veränderung sind allerdings umso größer, je mehr sie auf starke gesellschaftliche Bewegungen bauen können, die die Absicherung des materiellen Lebens als Voraussetzung für ein anderes Leben sehen, für einen neuen Umgang mit der Natur, für eine gerechtere Ordnung der Weltwirtschaft, für ein friedliches Zusammenleben der Völker. In diesem Falle könnte Grundeinkommen von vornherein mit anderen Maßnahmen Hand in Hand gehen, die zwar ebenfalls gesetzliche Regelungen und institutionelle Veränderungen, vor allem aber auch Umdenken und gesamtgesellschaftliche Bewußtseinsveränderungen voraussetzen.

Die langsame, schrittweise Einführung bietet in jedem Fall die Chance, Entwicklungen auf verschiedenen Gebieten aufeinander abzustimmen, aus Erfahrungen zu lernen und laufend Anpassungen vorzunehmen. Das notwendige Umdenken kann ebenso schrittweise erfolgen wie die Veränderungen in der Arbeitsorganisation und in den Sozialsystemen, unter gegenseitiger Beeinflussung und Förderung. Sie bergen allerdings auch die Gefahr, stehen zu bleiben oder als bloßes Mittel der Armutsverwaltung mißbraucht zu werden.

Andererseits haben Veränderungen immer auch etwas Bedrohliches an sich. Dieser bedrohliche Charakter notwendiger und erwünschter Veränderungen würde durch eine Vorgangsweise gemildert, die einerseits für Korrekturen Raum läßt, andererseits positive Erfahrungen möglich macht.

6.1. Veränderungen der Arbeitswelt

Wie bereits in der Einleitung ausgeführt, lautet die Frage nicht, ob es Veränderungen in der Arbeitswelt geben wird, sondern wie damit umgegangen wird; ob Flexibilität und Produktivitätsfortschritte zur dauerhaften Ausgrenzung der Schwächsten und damit zur gesellschaftlichen Spaltung führen, oder ob sie genutzt werden für eine neue Art von Lebensqualität und Wohlstand, der weder zu Lasten der Armen bei uns, noch der Armen in der Dritten Welt, noch der Umwelt geht.

Die Möglichkeit, ohne Erwerbsarbeit zu leben, wird auch die Einstellung zur Erwerbsarbeit verändern. Die damit verbundenen Befürchtungen – der „Rechten" wie der „Linken" – dürften hingegen kaum zu Recht bestehen.

„Wer wird die schmutzige und unangenehme Arbeit machen?" war die immer wiederkehrende Frage der Amerikaner in den 60er und 70er Jahren, als Grundeinkommen in Gesetzesentwürfen und Wahlkämpfen auftauchte, und ähnliche Fragen werden auch heute in Europa laut, sobald von „Geld ohne Arbeit" die Rede ist.

Die Befürchtung der anderen Seite dagegen lautet: „Wenn es ein Grundeinkommen gibt, werden die Unternehmer noch schlechter bezahlen und argumentieren, daß die Leute ja nur dazuverdienen!" Und dann gibt es noch Pessimisten, die ganz einfach fürchten, ohne Arbeitszwang würden die meisten Menschen mit ihrem Leben nichts anzufangen wissen und der Verführung von Alkohol und Fernsehen verfallen.

Solche Befürchtungen lassen sich leicht entkräften. In der Großstadt Wien sind die Arbeitsplätze bei der städtischen Müllabfuhr äußerst begehrt: anständige Bezahlung, gute Arbeitsbedingungen und sicherer Arbeitsplatz machen sie attraktiv. Dazu kommt die positive Einstellung der Bevölkerung, der diese Dienste zugute kommen, und vielleicht auch die mit Aufräum- und Reinigungsarbeiten unmittelbar verbundene Erfahrung, etwas Sinnvolles und Nützliches getan zu haben.

Abgesehen davon also, daß auch ein „arbeitsloses" Einkommen nichts daran ändern wird, daß der weitaus größte Teil der schmutzigen und unangenehmen Arbeit unbezahlt (und gewöhnlich von Frauen) getan wird, werden sich genug Arbeitswillige auch für bezahlte Jobs dieser Art finden, vorausgesetzt, die

Arbeitsbedingungen sind entsprechend attraktiv, was auch, aber nicht nur, eine Frage des Geldes ist.

Verringerung des Arbeitsangebots?

Umfragen und Experimente zeigen es immer wieder: Wenn Menschen, deren Lebensbedürfnisse auf andere Weise gesichert sind, ihre Berufsarbeit einschränken oder ganz aufgeben, tun sie dies, um mehr Zeit für anderes zu haben. Bei den in Amerika durchgeführten Experimenten waren es in erster Linie die Mütter kleiner Kinder, die weniger arbeiteten, um mehr Zeit für die Betreuung der Kinder zu haben. Soweit Väter in die Programme einbezogen waren, nahmen sie sich manchmal mehr Zeit zur Suche nach einem guten Arbeitsplatz, von dem sie sich Dauer erhofften. Studierenden fällt zum Thema Grundeinkommen meist ein, daß sie sich dann auf ihr Studium konzentrieren könnten. Und trotz Babyjahr und wahlweisem Karenzurlaub äußern mehr und mehr junge Eltern den Wunsch, sich für eine gewisse Zeit intensiver ihren Kindern zu widmen.

Damit sind auch schon im wesentlichen jene Kategorien von Beschäftigten aufgezählt, die bei der Einführung eines existenzsichernden Grundeinkommens ihre „Marktleistung" an Arbeit reduzieren würden: Studierende, Beschäftigte (vom Facharbeiter bis zum Manager), die sich weiterbilden oder umschulen wollen, Eltern kleiner Kinder. Dem gegenüber stehen 20 Millionen Arbeitslose in Europa, wobei Polen und Ungarn, Ostdeutschland und die Tschechoslowakei noch nicht einmal mitgezählt sind.

Die Frage ist also nicht: Wird die Arbeit getan? – sondern bis auf weiteres und wie gehabt: wie können alle, die arbeiten wollen oder müssen, bezahlte Arbeit finden?

Lohnsubvention

Daß jedes Grundeinkommen – selbst noch der von uns vorgeschlagene „erste Schritt" eines auszahlbaren Steuerabsetzbetrages von 2000 S monatlich pro Person – als Lohnsubvention wirkt, steht außer Zweifel. Ob dies positiv oder negativ zu beurteilen ist, hängt von den Alternativen ab. Ein Teil-Grundeinkommen, von dem man nicht leben kann, birgt unter Umständen die Gefahr, daß auch unterbezahlte Arbeiten oder unzumutbare Arbeitsbedingungen unter dem Druck der Notwendigkeit angenommen werden. Gegenüber dem Istzustand würde sich jedoch nur das eine ändern: die Niedriglohnbezieher würden netto etwas mehr bekommen. Daß damit die Aktionsmöglichkeiten der Gewerkschaft eingeschränkt würden, ist wohl nicht zu befürchten.

Eine Veränderung der Machtverhältnisse in den Arbeitsbeziehungen kann sich erst ergeben, wenn ein Grundeinkommen hoch genug ist, um davon zu leben. Dann wäre wohl niemand mehr bereit, schlechte Arbeitsbedingungen bei schlechter Bezahlung in Kauf zu nehmen. Was heute oft durch die vorrangige Notwendigkeit des Geldverdienens an den Rand gedrängt wird: Befriedigung durch die Arbeit, Sinnerfahrung und Sozialkontakte, kann dann stärker in den Mittelpunkt rücken. Befriedigende Arbeiten – keineswegs nur im sozialen Bereich – können trotz schlechterer Bezahlung oder manchmal auch unbezahlt getan werden – allerdings nicht unter ökonomischem Zwang, sondern aus freier Entscheidung.

Eigenarbeit

Die Vorstellung, ohne Zeitstrukturierung durch Erwerbsarbeit wüßten viele Menschen nichts mit sich anzufangen, geht auf die berühmt gewordene Untersuchung über die Arbeitslosen von Marienthal während der großen Weltwirtschaftskrise in den 30er Jahren zurück.[106] Werden Menschen, deren grundlegende Lebensbedürfnisse abgesichert sind, inaktiv, sich dem Nichtstun überlassen?

Eine Studie bei Arbeitslosen in Gmünd im österreichischen Waldviertel, einer von Arbeitslosigkeit besonders betroffenen Region, vermag aufzuzeigen, unter welchen Bedingungen unfreiwillige, jedoch finanziell einigermaßen abgesicherte Arbeitslosigkeit positiv erfahren werden kann.[107] In Gmünd zeigten sich vor allem die über 50jährigen mit ihrer Situation überwiegend zufrieden. Ausschlaggebend für den Grad der Zufriedenheit waren folgende Faktoren:
– materielle Absicherung, auch für die Zukunft,
– die Nicht-Erwerbstätigkeit wird von der Umgebung akzeptiert,
– es gibt Möglichkeiten für Eigenarbeit und Eigeninitiative.

Wo ein eigenes Haus, eine Werkstatt, eine Familie vorhanden ist, wo ein Garten oder eine kleine Landwirtschaft zur Betätigung einlädt und ein wenig Geld verfügbar ist, um die nötigen Materialien und Werkzeuge zu beschaffen, werden diese Möglichkeiten genützt.

Jüngere Arbeitslose haben es schwerer: ihnen fehlt die materielle Sicherheit, wenn schon vielleicht nicht für die Gegenwart, so doch für die Zukunft. Dazu kommt, daß Arbeitslosigkeit bei jüngeren Altersgruppen von der Umgebung kaum akzeptiert wird, ausgenommen im Fall von Müttern mit Kleinkindern. Und auch die dritte Voraussetzung sinnvoller Gestaltung von „Arbeitslosigkeit" fehlt den Jüngeren weithin: selbst wenn sie über Kompetenzen verfügen, haben sie viel weniger Möglichkeiten, diese auch anzuwenden – ohne eigenen Haushalt oder Garten, ohne Werkstatt oder Landwirtschaft.

Diese positiven Erfahrungen gelten zweifellos verstärkt für frei gewählte Nicht-Erwerbstätigkeit unter den Bedingungen eines garantierten Grundeinkommens. Sie geben aber auch einen Hinweis darauf, daß es unter Grundeinkommensbedingungen wichtig sein könnte, für Jugendliche mit Integrationsschwierigkeiten „sinnvolle Arbeiten" – auch unter Lohnarbeitsbedingungen – zu organisieren, um ihnen so die Möglichkeit positiver Erfahrungen und die Fähigkeit autonomer Lebensgestaltung zu vermitteln.

Verdrängung der Frauen vom Arbeitsmarkt?

Grundeinkommen würde – man sollte es angesichts der bestehenden Männerherrschaft nicht zu laut sagen – eine beträchtliche Umverteilung der Einkommen von den Männern zu den Frauen bedeuten. Der Grund dafür ist, daß der größte Teil der unbezahlten Arbeit von Frauen geleistet wird und daß Frauen – als Folge dieser Arbeitsteilung – auch in der Erwerbsarbeit schlechter abschneiden. Geringere Entlohnung für gleichwertige Arbeit, geringe Karrierechancen und Familienpflichten sorgen dafür, daß die Lebenseinkommen zwischen Männern und Frauen höchst ungleich verteilt sind. Da sich die Vermögen erst recht in männlicher Hand befinden, würde Grundeinkommen den Frauen ein Stück der längst verlorenen ökonomischen Eigenständigkeit zurückgeben.

Wenn trotzdem nicht wenige Feministinnen der Idee eines Grundeinkommens skeptisch bis ablehnend gegenüberstehen, so aus der Befürchtung heraus, Frauen könnten in ihre traditionelle

Rolle der Hausfrau und der unbezahlten Helferin in allen sozialen Nöten zurückgedrängt werden.

Sicher: Auch das Verfügen über eigenes Geld kann eingefahrenes Rollenverhalten nicht einfach aufbrechen, und die Argumentation mancher Ehemänner: „Du hast es nicht nötig, zu arbeiten", könnte durch Grundeinkommen neue Nahrung erhalten. Im Gegensatz dazu hätten Frauen die Möglichkeit, aus unerträglichen Partnerschaften auszubrechen, ihr Leben und das ihrer Kinder auf eine neue Basis zu stellen. Überall dort allerdings, wo Partnerschaften funktionieren und Familien gemeinsam planen, würde ein Grundeinkommen den Spielraum vergrößern und ganz neue Möglichkeiten schaffen. Wenn dann manche Frauen und Männer sich entschließen, ohne Bezahlung sich um Kranke oder Alte zu kümmern oder in irgendeinem Bereich etwas ganz Neues auszuprobieren, dann tun sie diesen Schritt in eine andere Gesellschaft aus eigener, freier Entscheidung.

Teures Material, billigere Arbeit

„Schattenwirtschaft" in Form von Eigenarbeit und Nachbarschaftshilfe bis hin zum „Pfusch" hat auch positive Seiten. Viele Eigenheime wären ohne diese Art von Selbsthilfe – die nicht selten die Grenze zur Schwarzarbeit überschreitet – nicht zustande gekommen. Baumärkte und die Erzeuger von Maschinen für Heimwerker profitieren von diesem Trend. Wenn mehr Menschen mehr Zeit zur Verfügung haben, „gekaufte" Arbeit im handwerklichen Bereich und im Dienstleistungssektor jedoch immer teurer wird, werden sie in verstärktem Maße zur Selbsthilfe greifen und sich gegenseitig bei solchen Arbeiten helfen.

Daß „do it yourself" weiter zunimmt, dafür sorgen nicht nur höhere Kosten, zunehmend verfügbare Zeit und Verfügbarkeit von Werkzeug und Einrichtungen. Es kommt hinzu, daß die Freude am Selbermachen, die Individualität und der Stolz auf das einmalige Werk der eigenen Hände zunehmen, so daß „handgestrickt" vom abwertenden Wort wieder zum Gütesiegel wurde. Zwar wirken sich diese Tätigkeiten durch die dafür notwendigen Materialien und Werkzeuge durchaus auch positiv auf die formelle Wirtschaft aus, auf der anderen Seite werden jedoch Leistungen eben dieser offiziellen Wirtschaft substituiert und fallen weg. Während also die Hersteller von spezialisierten Materialien und Werkzeugen nebst dem Handel, der sie vertreibt, durchaus zusätzliche Geschäfte machen, werden Handwerker und Dienstleistungsbetriebe Arbeitsplätze verlieren, und zwar vermutlich in spürbar höherem Maße.

Das Problem – und dies wird auch in Zusammenhang mit Grundeinkommen immer wieder in die Diskussion gebracht – ist der damit verbundene Entgang von Steuern und Abgaben für die öffentlichen Kassen.

Die Besteuerung von Energie und anderen Rohstoffen sowie der gesamten Betriebsausgaben und die weitgehende Entlastung der Erwerbsarbeit von Steuern und Abgaben würde dieses Problem wesentlich entschärfen. Diese Verbreiterung der Steuerbasis würde zu einer teilweisen Verlagerung der Produktionskosten führen: Rohmaterial einschließlich Energie würde teurer, Arbeit dagegen billiger. Dies würde sich vor allem im handwerklichen Bereich und bei den traditionellen, wenig rationalisierbaren Dienstleistungen auswirken. Die Einkünfte des Staates wären durch „Pfusch" weniger betroffen, der kleine Handwerker dagegen könnte etwas billiger arbeiten und hätte den Vorteil, fachmännische Arbeit garantieren zu können. Der „Wettbewerb" zwischen Eigenarbeit und Handwerk würde entschärft, der Staat hätte im einen wie im anderen Fall die im Material enthaltenen Steuern und Abgaben gesichert.

Flexibilität und das „Recht auf Arbeit"

Nur jeder zweite Beschäftigte in Österreich arbeitet 1990 „normal", d. h. von Montag bis Freitag, ohne Nacht- oder Schichtarbeit. Für die andere Hälfte ist Samstag- und/oder Sonntagsarbeit oder aber Nacht- und Schichtdienst die „Normalität". Größere Warenhäuser werben Mitarbeiter mit flexiblen Arbeitszeitregelungen wie: eine Woche Dienst, eine Woche frei; Fabriken bieten weiblichen Beschäftigten „drei Tage in der Woche".

Je kürzer die Normalarbeitszeit, desto mehr werden solche und ähnliche Arbeitszeitregelungen zum Normalfall. Was aber, wenn mancher lieber nach einem Jahr Arbeit ein ganzes Jahr Freiheit haben möchte? Wenn nicht nur der Universitätsassistent sein Forschungsjahr will, sondern auch Facharbeiter und Angestellte sich weiterbilden oder im Ausland Erfahrungen sammeln möchten – Einstellungen, die von der Wirtschaft ja dringend gefordert, aber selten gefördert werden?

Je weniger gesellschaftlich vermittelte Arbeit nötig ist, desto schwieriger wird es, ein Recht auf einen bezahlten Arbeitsplatz zu garantieren, will man nicht künstlich Arbeit schaffen oder unnötig unbezahlte Arbeit ökonomisieren. Das Mittel der Arbeitszeitverkürzung wird umso weniger greifen, je mehr starre Arbeitszeitregelungen sich auflösen zugunsten personalisierter Arbeitszeiten und dezentralisierter Arbeitsplätze. Die Lebensarbeitszeit zu „rationieren", scheint weder wünsch- noch vorstellbar. Sollte wirklich kein anderer Ausweg bleiben, als Arbeitslosen – sofern sie arbeitsfähig und arbeitswillig sind – ein vom Arbeitseinkommen bemessenes Sozialeinkommen zuzugestehen?

Dagegen wäre es zumindest denkbar, das Arbeitsangebot über das Verhältnis Erwerbseinkommen – Grundeinkommen zu steuern. Bei zu geringem Arbeitsangebot würden die Erwerbseinkommen automatisch steigen, Grundeinkommen hingegen stagnieren: damit würden mehr Menschen motiviert, bezahlte Arbeit zu suchen; im gegenteiligen Fall, wenn Arbeitslose keine Arbeit finden, würden die Löhne zumindest tendenziell sinken. In diesem Fall müßte das Grundeinkommen angehoben werden. Damit würden einige freiwillig auf Erwerbsarbeit verzichten, die Zahl der Arbeitsuchenden würde geringer, die (unfreiwillige) Arbeitslosigkeit ginge zurück, ohne daß die für die Wirtschaft ebenso notwendige Kaufkraft sinkt: eine neue Art von magischem Vieleck.[108]

Wenn eine hoch leistungsfähige Wirtschaft weniger Arbeitseinsatz benötigt, besteht kein Grund mehr, das Recht auf Lebensunterhalt mit der Pflicht zur Arbeit zu verbinden.

Die moralische Pflicht jedes Menschen, zu arbeiten und sein Leben für sich und andere sinnvoll einzusetzen, wird dadurch nicht aufgehoben. Das einzige, was durch die Trennung von Erwerbsarbeit und ökonomischer Absicherung des Rechts auf Leben aufgehoben wird, ist die Kontrolle durch irgendwelche obrigkeitsstaatlichen Instanzen oder Autoritäten. Diese Kontrolle hat nie für alle gegolten. Wer durch Stand und Besitz vor der ökonomischen Notwendigkeit bewahrt war, für den Lebensunterhalt zu arbeiten, war niemandem Rechenschaft schuldig über die Verwendung seiner Zeit und seiner Mittel. Achtung und Anerkennung waren der Lohn, setzte man sich in irgendeiner Weise für das Gemeinwohl ein.

Frauen werden noch heute kaum je nach ihrem Einkommen,

wohl aber danach beurteilt, wie sie ihre Kinder erziehen und ihren Haushalt führen, obwohl sie dafür nicht bezahlt werden.

Die Demokratisierung des Rechts auf Einkommen würde diese Art gesellschaftlicher Mechanismen nicht außer Kraft setzen, sondern verstärken: Anerkennung und Selbstwertgefühl, positive Erfahrungen von Gemeinschaft und Gegenseitigkeit sind nicht notwendig von Erwerbsarbeit abhängig.

6.2. Mitverantwortung für die Welt

Auch wenn Österreich mit der schrittweisen Einführung eines Grundeinkommens nicht auf die Nachbarn zu warten braucht, stellen sich doch Fragen zur Stellung Österreichs in einer im Umbruch befindlichen europäischen Landschaft und zur Rolle Europas in der Welt.

6.2.1. Flüchtlinge und Gastarbeiter

Die Öffnung der Grenzen zum Osten hin hat zu einem neuerlichen Anschwellen der Flüchtlingsströme geführt. Dies wird sich wohl nicht so rasch ändern. Der ökonomische Umbau von einer Zentralverwaltungswirtschaft zum Marktkapitalismus wird mit wirtschaftlichen Schwierigkeiten und sozialen Härten verbunden sein, die auch in den kommenden Jahren Menschen dazu bewegen werden, auf der Suche nach einer wirtschaftlichen Existenz ihre Heimat zu verlassen. Dazu kommen die neu aufflammenden alten Nationalitätenkonflikte, die bisher unter der Decke militärischer Machtapparate – und wohl auch unmittelbarer Existenzsorgen – verdeckt blieben. Auch diese Auseinandersetzungen treiben neuerlich Menschen zum Verlassen ihrer Heimat.

Soll nun Österreich durch ein allgemeines Grundeinkommen zusätzliche Anreize für Immigranten schaffen? Was auf den ersten Blick als große Herausforderung erscheint, dürfte in Wirklichkeit die Probleme überhaupt nicht verändern. Natürlich würden Zuwanderer, wenn sie in Österreich eine Arbeitsbewilligung bekommen und arbeiten, auch den österreichischen Steuerbedingungen unterliegen und damit auch das Grundeinkommen in Form erhöhter Absetzbeträge nützen können. Darüberhinaus genügen wohl jene Regelungen, die auch heute für Flüchtlinge,

Asylwerber und „Gast"-Arbeiter gelten (womit nicht gesagt sein soll, daß diese nicht in einigen Punkten zu verbessern wären – mit oder ohne Grundeinkommen).

Grundeinkommen für Osteuropa?

Was auf den ersten Blick weit hergeholt scheint, wurde unter anderen Namen in den Wochen der Wahlhektik und der raschen Veränderungen in Osteuropa im Frühjahr 1990 mehrmals von Politikern des Westens in Diskussion gebracht: allgemeine Transfers, also ein allgemeines Grundeinkommen für die Bürger des Ostens, um die mit der Einführung der Marktwirtschaft zu erwartende Preissteigerung bei Grundbedarfsgütern sozial verkraftbar zu machen.

Die dabei ins Gespräch gebrachten 150 DM (West) für jeden Ostbürger im Monat dürften zwar nicht gerade zum Leben reichen – als Zuschuß für jede Person, also jedes einzelne Haushaltsmitglied, würden sie wohl eine spürbare „Anpassungshilfe" bedeuten.

Doch nicht nur in Westdeutschland wird für den „Anschluß" der Ostdeutschen in diese Richtung gedacht. Auch für Polen wurden ähnliche Vorschläge auf den Tisch gelegt.

Als Sensation wurde die Ankündigung Gorbatschows nach seiner Einsetzung als Präsident bewertet, bis 1. Juli 1990 die Marktwirtschaft in der Sowjetunion einzuführen. Das Paket geplanter Maßnahmen enthält ein Gesetz über Beihilfen für die Bevölkerung, um die drohende Inflation sozial abzufangen. Auch hier also Überlegungen, die in Richtung Grundeinkommen weisen.

Die wesentlichsten Elemente der sozialen Sicherheit in den Oststaaten bilden bisher die Subventionierung der Grundbedarfsgüter (niedrige Preise für Nahrungsmittel und Wohnen) und das „Recht auf Arbeit", das unfreiwillige Arbeitslosigkeit im Prinzip ausschließt.[109] Gesundheitsversorgung und Altersrenten sind für alle Bürger zugänglich. Wenn im Zuge der Einführung der Marktwirtschaft und allgemeiner Liberalisierung die Subventionen aufgehoben werden und Arbeitsplätze nicht mehr für alle garantiert werden können, müssen statt dessen neue soziale Sicherheitseinrichtungen geschaffen werden.

Dabei spricht vieles dafür, von vornherein an die Einführung eines allgemeinen, die Grundbedürfnisse abdeckenden, mit den persönlichen Steuern zu verrechnenden Grundeinkommens zu denken. Denn obwohl die Versorgung mit Grundbedarfsgütern in einigen Ostländern wenig zufriedenstellend war (und noch ist), haben sie alle die Voraussetzungen, dies rasch zu ändern, wenn bürokratische Hemmnisse abgebaut werden und Eigeninitiative sich in höherem Einkommen auszahlt und man mit dem so erworbenen Geld wieder begehrte Güter kaufen kann. Die Auszahlung nicht zu knapp bemessener allgemeiner Beihilfen könnte damit neben dem in erster Linie angestrebten Ziel der Vermeidung sozialer Härten noch einen äußerst positiven Nebeneffekt haben: einen spürbaren Beitrag zur raschen Normalisierung der Wirtschaft und der Versorgung der Bevölkerung zu leisten. Das würde eine Verdoppelung des sozialen Effekts bedeuten, weil eine rasche Normalisierung der Versorgung mit Gütern auch zur politischen Befriedung und Stärkung der Demokratie beiträgt.

Ob solche Ideen einiger weniger Fuß fassen können oder ob sich die „Realisten" durchsetzen, die außer einer neu einzuführenden Arbeitslosenversicherung und einer eventuellen Erhöhung der Altersrenten alles den Marktkräften überlassen wollen, bleibt abzuwarten. Ein Argument gegen die Einführung von Grundeinkommen in anderen europäischen Ländern – speziell in Österreich – kann aus der Öffnung der Grenzen zum Osten hin sicher nicht abgeleitet werden.

6.2.2. Europa und die Länder des Südens

„Können wir, die Reichen des Nordens, es uns leisten, auf unserem Reichtum auszuruhen? Müßten wir nicht unseren Überfluß, unsere Kapazitäten einsetzen, um den Armen in den Entwicklungsländern zu helfen?" So oder so ähnlich lauten die Fragen, wenn über die Sicherung des Lebensunterhalts durch ein arbeitsunabhängiges Grundeinkommen diskutiert wird.

Ich meine, diese Frage muß umgedreht werden. Können wir, die Reichen dieser Welt, weiterhin unseren Reichtum auf der Ausbeutung der armen Länder, auf der Verschwendung ihrer natürlichen Rohstoffe, auf ungerechten Handelsbeziehungen und Zinswucher aufbauen?

Die Verschuldung der Dritten Welt wurde 1989 mit 1300 Milliarden Dollar veranschlagt, das entspricht der Hälfte des Bruttosozialprodukts dieser Länder. Die Schere zwischen jenen Beträgen, die als Kredite oder Entwicklungshilfe in die Länder des Südens transferiert werden, und den Rückzahlungen an Krediten und Zinsen an nordamerikanische und europäische Banken öffnet sich von Jahr zu Jahr mehr. Längst schon subventioniert nicht der Norden den Süden, sondern die armen Länder subventionieren die Reichen des Nordens: der Netto-Kapitalabfluß aus allen verschuldeten Ländern der Dritten Welt betrug 1988 etwa 43 Milliarden Dollar. Allein die 17 am stärksten verschuldeten Länder lieferten 31 Milliarden Dollar bei ihren Gläubigern ab. Insgesamt hat die Dritte Welt zwischen 1984 und 1989 um 160 Milliarden Dollar mehr an die westlichen Großbanken zurückgezahlt, als sie an neuen Krediten erhielt.

Der Schuldendienst – und die für Umschuldungen und neue Kredite zu akzeptierenden Auflagen von Weltbank und Weltwährungsfonds – zwingen die ärmsten Staaten, alle Kräfte für die Exportwirtschaft zu mobilisieren. Da aber nicht nur ein Land Kaffee oder Kakao anzubieten hat, fallen die Weltmarktpreise von Agrarprodukten dieser Art. Um trotzdem die Schulden bezahlen zu können, wird in allen Ländern noch mehr angebaut, was zu weiter sinkenden Preisen führt. Ein Beispiel: In Kaffeekulturen müssen mehrere Jahre Arbeit investiert werden, bevor die ersten Früchte zu ernten sind. Wenn also angesichts einer gewissen Knappheit – etwa weil die Kaffeesträucher im Hauptanbaugebiet Brasiliens erfroren sind – weltweit neue Kulturen angelegt werden, fällt der Preis in den Keller, sobald geerntet werden kann. Dann hat zwar die internationale Agro-Industrie noch immer die Möglichkeit, Ernten zu lagern und auf „bessere" Zeiten zu warten; die ärmsten Länder und die kleinen Landwirte sind auf den Verkauf angewiesen. Die Vorteile haben die großen Kafferöster, die für ihre Kunden ein „Jahr des Kaffees" mit niedrigen Kaffeepreisen ausrufen, die Finanzminister der europäischen Länder, die pro Kilo Kaffee oft mehr einnehmen als die Produzenten, und natürlich die Kaffeetrinker. Der „Luxus" Kaffee kostet inzwischen weniger als heimischer Pfefferminztee oder Fruchtsaft.

Beispiel Kakao: Eine 100-Gramm-Tafel Suchard-Schokolade konnte man um 1950 um sechs Schilling, eine DM oder einen Schweizerfranken bekommen. Die Nominallöhne sind in der Zwischenzeit um mindestens das Zehnfache gestiegen – die Tafel Schokolade kostet kaum mehr als damals. Wegen der hohen

Löhne im Norden kosten aber die Industrieprodukte, die im Austausch für Kakao eingeführt werden, ein Vielfaches von 1950.

Auch Länder, die Bergbauprodukte zu verkaufen haben wie etwa Kupfer – von dessen Export Länder wie Sambia oder Zaire fast zur Gänze abhängig sind –, unterliegen denselben Mechanismen. Sambias Verschuldung ist durch den Verfall des Weltmarktpreises für Kupfer auf 450% der jährlichen Exporte gestiegen. Als Bedingung für neue Kredite verlangt nun der Internationale Währungsfond (IWF) Einsparungen im Sozialbereich: bei der Subvention von Nahrungsmitteln, bei Schulen und Krankenstationen. Die darauffolgenden Unruhen brachten Präsident Kaunda dazu, das Abkommen mit dem IWF zu kündigen.

Bei Agrarexporten ist die zerstörerische Wirkung auf die Bevölkerung weniger sichtbar, dafür unmittelbarer. Müssen die Exporte erhöht werden, um die nötigen Devisen für Schuldendienst und Staatshaushalt hereinzubringen, so bedeutet dies, daß die besten Böden und alle Anstrengungen auf Exportkulturen verwendet werden. In Lateinamerika werden ganze Landstriche der Agro-Industrie zur Verfügung gestellt. Die Kleinbauern, die dort Bohnen und Mais für den Bedarf ihrer Familie und den Markt der nächsten Kleinstadt anbauten, werden vertrieben. Riesenflächen Urwald werden gerodet, damit die Rinder internationaler Großkonzerne weiden können, wobei große Teile des gerodeten Urwalds binnen weniger Jahre zu verkarstetem, unfruchtbarem Land werden. Währenddessen vergrößern die vertriebenen Kleinbauern – einige von ihnen nach einem mißglückten Versuch, sich in neugerodetem Urwaldgebiet seßhaft zu machen – die Masse der arbeitslosen und hungernden Slumbewohner der Städte.

In Afrika laufen die Mechanismen anders, doch nicht weniger zerstörerisch. Die afrikanischen Bauern werden durch staatliche Agrarberater angewiesen, auf ihren Böden Exportprodukte anzubauen, deren spätere Abnahme ihnen im allgemeinen garantiert wird. Beraten werden dabei nach gutem europäischem Brauch die Männer, die Arbeit machen – der Tradition entsprechend – großteils die Frauen. Da Arbeitskraft und Böden beschränkt sind, bleibt oft nicht genug für die Ernährung der Familie. Und wenn die „cash crops" verkauft, die Schulden für Saatgut, Dünger und Insektizide beglichen und die Schulden, die für einige Einkäufe in der Kooperative gemacht wurden, zurückbezahlt sind, bleibt nicht genug Geld, um die fehlenden Nahrungsmittel für den eigenen Bedarf zuzukaufen. Die Familie hungert. Auf diese Weise wurde die traditionelle Vorratswirtschaft zerstört, die es den Völkern des Sahel jahrhundertelang ermöglicht hatte, die Dürrejahre zu überstehen. Heute werden auch in Hungerjahren Erdnüsse ins übersättigte Europa geliefert, weil langfristige Verträge und die Notwendigkeiten der Staatsfinanzierung dies verlangen.

Geradezu symbolhaft dargestellt ist die Perversion der Beziehungen zwischen dem reichen Norden und dem armen Süden am (zum Glück nicht zustandegekommenen) Projekt der „Turbokuh", die mit Hilfe eines Spezialfutters, welches nur auf den besten afrikanischen Böden gedeiht, riesige Milchleistungen erbringt. Zwar gehen die Milchseen in Europa ohnedies über; immerhin könnte die aus den Überschüssen erzeugte Trockenmagermilch im Falle neuer Hungerkatastrophen als Nahrungsmittelhilfe nach Afrika geliefert werden.

Wo es um Industrieprojekte geht, ist die staatliche Entwicklungshilfepolitik zu einem wesentlichen Teil nichts anderes als Arbeitsplatzbeschaffung für Europa, mit staatlicher Kreditgarantie und oft durch staatliche Betriebe. Wenn dann die am Rande des Urwalds aufgebaute, ausschließlich auf den Weltmarkt orientierte Zellulosefabrik nicht funktionieren kann, weil die technischen Probleme nicht bis zur letzten Konsequenz gelöst wurden und der Weltmarktpreis für Zellulose inzwischen so tief gefallen ist, daß die neue Fabrik nicht mehr konkurrenzfähig ist, ziehen sich die Europäer zurück und die Menschen des Landes, die sich Hoffnungen auf Arbeitsplätze gemacht hatten, sind um eine schlechte Erfahrung reicher. Das Land und seine Bevölkerung werden aber noch immer Schulden zurückzahlen, wenn über die großartigen technischen Anlagen längst wieder Urwald gewachsen ist. Dabei war dieses, wie so manches andere gescheiterte Projekt, durchaus gut gemeint, nach europäischen Kriterien vernünftig vorbereitet und mit höchster technischer Kompetenz durchgeführt. Nach der Integration in das Land oder die Wirtschaft der Region wurde allerdings nicht gefragt. In vielen Ländern der Welt stehen derartige Anlagen, die „schlüsselfertig" übergeben wurden, aber nie etwas anderes produziert haben als Schulden.

Was hat dies alles mit Grundeinkommen in Europa zu tun? Den

Kreislauf der Verarmung in den Ländern des Südens zu durchbrechen, ist eine schwierige Aufgabe, die nicht nur hohe Anforderungen an die internationale Solidarität stellen wird, sondern auch nach internationalen Entscheidungen verlangt, für die im Augenblick bei den internationalen Einrichtungen wesentliche Voraussetzungen fehlen. Während immer mächtiger werdende internationale Konzerne ihre Finanzentscheidungen längst weltweit treffen und über Budgets verfügen, die ein Mehrfaches des gesamten Bruttosozialprodukts einiger ärmerer Länder ausmachen, haben die regierungsabhängigen internationalen Organisationen relativ geringe Einflußmöglichkeiten zur Regelung eines internationalen Marktes, der ausschließlich dem Gesetz des Stärkeren gehorcht.

Konsumverzicht und gerechte Preise

Trotzdem gibt es autonome Handlungsmöglichkeiten für die reichen Staaten und deren Bürger. Dazu gehören in erster Linie Schuldennachlässe und zinsenlose Kredite, dazu gehört weiterhin gezielte Hilfe für Projekte, die mit den jeweiligen Empfängern (nicht nur den Regierungen) gemeinsam geplant und durchgeführt werden, wobei die regionale Versorgung und notwendige Infrastrukturmaßnahmen Vorrang haben sollten.

Wichtiger als alle Hilfe ist jedoch der Verzicht auf jene – vor allem landwirtschaftlichen – Mittel, die diese Länder für die Versorgung ihrer eigenen Bevölkerung mit Nahrungsmitteln brauchen. Europa braucht weder Eiweißfuttermittel aus Afrika zur Viehmast, noch Rinderfilets aus südamerikanischen Ländern, die mit dem Hunger der ansässigen Bevölkerung oder dem Raubbau am Urwald erkauft sind. Erdbeeren und frisches Gemüse zur Weihnachtszeit sind schon wegen des dafür notwendigen Flugtransports eine Verschwendung an Energie und anderen Ressourcen, die in keinem Verhältnis steht zum geringen Genuß, den sie bereiten.

Solchen Widersinn zu stoppen, liegt durchaus in der Macht der Verbraucher: Was nicht gekauft wird, wird bald auch nicht mehr angeboten.

Streik gegenüber unnötigen und sinnlosen Agrarimporten muß Hand in Hand gehen mit der Bereitschaft, das, worauf wir nicht verzichten wollen – Kaffee, Kakao, Baumwolle und einiges andere – gerecht zu bezahlen. Wenn Bananen aus Südamerika in Europa weniger kosten als europäische Äpfel, so geschieht beiden Unrecht: den Bananenpflanzern und Plantagenarbeitern, weil sie für ihre Arbeit nicht gerecht bezahlt werden, den europäischen Obstbauern, weil sie ihre Äpfel nicht verkaufen können, bzw. große Mengen an Obst billig aufgekauft und „aus dem Markt genommen", d. h. vernichtet werden.

Gerechte Preise durchzusetzen ist allerdings weit schwieriger, als einen Kaufstreik zu organisieren. Möglich ist es in punktueller, direkter Zusammenarbeit mit den Produzenten, wie es einige Organisationen, z. B. EZA und Dritte-Welt-Läden, bereits praktizieren. Ein wichtiger Nebeneffekt solcher Initiativen ist ihr Beitrag zur Bewußtseinsbildung.

Ohne Frage wäre Grundeinkommen in Europa kein Hindernis für die notwendigen Veränderungen unserer Beziehungen zu den Ländern der Dritten Welt. Im Gegenteil: es gibt gute Gründe zur Annahme, daß es sie erleichtern würde.

Grundeinkommen in der Dritten Welt?

Ob diese Länder selbst so etwas wie eine staatliche Mindestsicherung, irgend eine Form von Grundeinkommen, einführen könnten und sollten, ist eine andere Frage. Bisher ist es im wesentlichen die Großfamilie, die dem einzelnen Schutz und Sicherheit gewährt. Für den modernen Sektor, für Beamte und Industriebeschäftigte, wurden meist auch schon Sozialversicherungssysteme nach europäischem Vorbild eingeführt.

Auch die armen Länder verfügen zum Großteil über die notwendigen Ressourcen für die Ernährung, Kleidung und Behausung ihrer Bevölkerung. Daß die politischen Prioritäten gewöhnlich anders gesetzt werden, hängt nicht nur mit der Abhängigkeit der Staatsapparate von Exporteinnahmen zusammen. Würde zum Beispiel die Regierung eines mittleren afrikanischen Landes versuchen, die heimische Lebensmittelproduktion vor der Konkurrenz billig importierten Überschußweizens zu schützen, müßte sie mit wirtschaftlichen Sanktionen rechnen, weil der Verkauf amerikanischer Getreideüberschüsse in Afrika Teil globaler Wirtschaftsstrategien ist. Dies zu ändern, übersteigt die Macht einzelner Länder und der gegenwärtigen internationalen Einrichtungen.

Welche Form einer Mindestsicherung – Verfügungsrecht über bebaubares Land, Naturalien oder ein bescheidener Geldbetrag – zum Umbau der Wirtschaft auf Selbstversorgung mit Grundbedarfsgütern und Abbau der Armut hilfreich sein könnte, wird von Land zu Land verschieden sein. Fruchtbares Land für die Eigenversorgung oder garantierte Abnahmepreise für Nahrungsmittel für den Inlandsbedarf könnten vielleicht in manchen Ländern mehr zur Grundversorgung der gesamten Bevölkerung beitragen als Transfers in Geld; anderswo könnten gerade dadurch, daß alle Bevölkerungsschichten über etwas Geld verfügen, die Initiativen zur Versorgung des Marktes mit Grundbedarfsgütern gestützt und intensiviert werden.

Daß keine Gesellschaft auf Dauer in Frieden leben kann, wenn nicht auch der Ärmste menschenwürdig leben kann, gilt für die armen Länder genauso wie für die reichen – auch wenn einige der reichsten Länder dies im Augenblick nicht wahrhaben wollen. Es gilt auch für die Welt als Völkergemeinschaft.

Umdenken ist notwendig

Um die Not der Menschen in den armen Ländern abzuwenden, müssen wir unsere Einstellungen ändern und unsere materiellen Ansprüche zurückschrauben, und dies nicht nur, weil wir nicht länger für unseren Überfluß verbrauchen dürfen, was den Armen gehört.

Ob wir es wollen oder nicht: unser Lebensstil ist Vorbild für die wirtschaftlich weniger entwickelten Länder. Soll die Welt nicht buchstäblich ersticken in Abgasen und Abfall, sind neue Verhaltensformen und neue Formen des Wirtschaftens nötig, schon um des langfristigen Eigeninteresses willen. Neue Lebensformen müssen gefunden und erprobt werden, die für die ganze Welt geeignet sind und die es ermöglichen, daß alle Menschen in relativer Gleichheit selbstbestimmt leben können.

6.3. Strukturen müssen sich ändern

Die Veränderung gesellschaftlicher Strukturen und die Veränderung von Einstellungen gehen Hand in Hand, bedingen und fördern sich gegenseitig. Auch wenn ein Teil-Grundeinkommen lediglich als Mittel der Sozialstaatsreform, sozusagen technokratisch, eingeführt wird, können sich starre Vorurteile lösen, gesellschaftliche Verhaltensmuster neuen Formen Raum geben. Alternative Formen von Leben, Arbeiten und Wirtschaften, die den Herausforderungen der Zukunft besser gerecht werden, können ausprobiert und gestärkt werden.

Es gibt heute in den reichen Ländern eine kleine, jedoch wachsende Zahl von Menschen, die lieber weniger Geld, dafür mehr Zeit haben wollen, die lieber mit den eigenen Händen etwas herstellen, statt perfekte Industrieprodukte zu kaufen, denen die Verfügung über Zeit für Freunde und Gespräche wichtiger sind als Prestigekonsum, die ihren Wert weder von großen Autos noch von teuren Ferienreisen ableiten. Sie zeigen die Richtung notwendiger Veränderungen für eine Welt, in der alle Platz haben, alle Menschen menschenwürdig leben können.

Alles spricht dafür, den Anfang zu machen

Es gibt eine Reihe guter Gründe, so rasch wie möglich mit der Einführung eines Grundeinkommens und der entsprechenden schrittweisen Umstellung des Steuersystems zu beginnen:

– höhere, im Zweifelsfall auszubezahlende Absetzbeträge würden das Problem der Einkommensarmut durch Anhebung der niedrigsten Einkommen entschärfen;

– eine damit verbundene geringfügige Entlastung der Gemeindekassen im Bereich der Sozialhilfe könnte für neue Aufgaben wie Hauskrankenpflege oder ambulante Hilfe verwendet werden;

– die schrittweise Umstellung von Arbeitgeberbeiträgen von der Lohnsumme auf eine breitere Berechnungsbasis wäre ein erster Schritt in Richtung einer Entkoppelung der sozialen Sicherung von der Erwerbsarbeit, damit der Sozialstaat leistungsfähig bleibt, wenn die Wirtschaft weniger Arbeitseinsatz braucht;

– Erfahrungen über Verschiebungen in der Kostenstruktur und Hinweise auf eventuelle Veränderungen des Arbeitsangebotes könnten gesammelt werden.

Mit diesem ersten Schritt – der Einführung eines Teil-Grundeinkommens – könnte Österreich, ähnlich wie schon in Fragen des Katalysators oder des Transits, wieder einmal eine Vorreiterrolle spielen.

Anmerkungen

[1] Büchele, Herwig/Wohlgenannt, Lieselotte (1985): *Grundeinkommen ohne Arbeit.* Auf dem Weg zu einer kommunikativen Gesellschaft, Wien.

[2] Vgl. Dallinger, Alfred, in: *Forschungsberichte,* Nr. 16.

[3] Vgl. Natter, Ehrenfried/Riedlsperger, Alois (Hrsg.) (1988): *Zweidrittelgesellschaft.* Spalten, splittern – oder solidarisieren? Wien.

[4] Vgl. *Die Zeit,* 31. Jänner 1989.

[5] Laut Wirtschaftsforschungsinstitut erhielten Anfang 1990 ca. 350.000 Österreicher für eine Vollbeschäftigung monatlich weniger als 10.000 S brutto, d. h. 7500 S bis 8000 S netto.

[6] Dies gilt selbst unter der Annahme einer gleichbleibenden Lohnquote, die auf weniger Arbeitnehmer aufgeteilt wäre, da aufgrund der Obergrenze für die Beitragsgrundlage hohe Lohneinkommen nur unterproportional zum Gesamtaufkommen der Sozialversicherungen beitragen.

[7] Zu diesbezüglichen Überlegungen vgl. Van Parijs, Philippe (1989): *On the ethical foundations of basic income* (revised version). Background paper, prepared for the International Conference, 1–2 September 1989, Université Catholique de Louvain, Institut supérieur de philosophie, Unité problematiques interdisciplinaires.

[8] Wie weiter unten beschrieben, könnte Grundeinkommen als Absetzbetrag von der errechneten Steuer (nicht dem Einkommen) in Abzug gebracht werden. Wer nicht so viel Steuer zu bezahlen hat, bekommt die Differenz bzw. das gesamte Grundeinkommen ausbezahlt.

[9] Diese Gefahr wurde in Österreich durch die Neuregelung per 1. 1. 1989 zwar verringert, doch nicht völlig beseitigt.

[10] Z. B. Hanesch (1987).

[11] Vgl. das Kapitel über die Diskussion in England.

[12] Vgl. Büchele/Wohlgenannt (1985), S. 116f.

[13] Vgl. hierzu auch den Abschnitt über Frankreich.

[14] Vgl. Schleicher/Van der Bellen, in: Vak (Hrsg.) (1989).

[15] Beveridge, W. H. (1944), S. 17.

[16] Parker (1989), S. 55.

[17] a. a. O., S. 57.

[18] Siehe dazu: Tálos (1981), S. 342ff.

[19] 2593 S monatlich 1989 (§ 5 ASVG).

[20] Vgl. Köppl, Franz/Steiner, Hans: *Sozialhilfe – ein geeignetes Instrument zur Bekämpfung sozialer Not?* In: Dimmel u. a. (1989), S. 86.

[21] Deutsche Bundesbank 1987, zitiert nach: Heinze, Rolf G. u. a. (1988).

[22] D. h. unter ein gewichtetes Pro-Kopf-Einkommen von 4900 S, berechnet nach folgendem Schlüssel:

ein Erwachsener	1,00
jede weitere erwachsene Person	0,70
Kind 0–3 Jahre	0,33
Kind 4–6 Jahre	0,38

Kind 7–10 Jahre   0,55
Kind 11–15 Jahre   0,65
Kind 16–18 Jahre   0,70
Kind 19–21 Jahre   0,80
Zur Problematik dieser Gewichtung vgl. auch Kap. 4.

[23] Vgl. Büchele/Wohlgenannt (1985), S. 125 ff.

[24] Beveridge-Plan (1943), S. 189, zit. nach Tálos (1989).

[25] "... the wohle basis of the scheme rests upon the conception that those who serve the community by working and producing wealth must not on any account receive any state assistance or reward, but must be heavily taxed instead." J. Rhys Williams (1943), S. 141; zit. nach Parker (1989), S. 121.

[26] Parker, H. (1988), S. 13.

[27] a. a. O., S. 14.

[28] Vgl. Jordan, Bill (1989).

[29] Vgl. Roberts, K. (1982, 1986). Roberts starb 1985.

[30] Vgl. u. a. Parker, H. (1989), Purdy, D. (1989), Walter, T. (1989).

[31] Walter, Tony (1989).

[32] Parker, H. (1989).

[33] Vgl. dazu den Artikel von Philippe Lagouanelle, dem Verantwortlichen für das RMI, und Daniel Druesne, in: *Le Monde Diplomatique*, 2/1990.

[34] Hatchuel, G. (1987).

[35] Vignon, E./Lecomte, P. (1988).

[36] Vgl. Tálos, E. (1989).

[37] Gorz, André (1989): *On the difference between society and community, and why basic income cannot by itself confer full membership of either.* Discussion paper, International Conference, Louvain-la-Neuve, 1–2 September 1989.

[38] Nachstehendes verdanke ich den Informationen und Arbeitspapieren von Alexander de Roo und Philippe Van Parijs.

[39] 1988 bekam ein langzeitarbeitsloses Paar 1492 hfl monatlich, eine Einzelperson 1044 hfl. Zur selben Zeit erhielt ein Alleinverdiener mit 2 Kindern, der zum Mindestlohn arbeitete, 1514 hfl im Monat, ein Lediger ca. 1400 hfl netto.

[40] Theobald, Robert T. (1963): *Free men and free markets,* New York. Vgl. Büchele/Wohlgenannt (1985), S. 199f.

[41] Voedingsbond der FNV, der größten holländischen Gewerkschaft.

[42] *'T WERKT NIET MEER.* Nieuwsbrief Basisinkomen, Werkplaats Basisinkomen (Herman Heijersmansweg 20, NL-1077 WL Amsterdam).

[43] Genauer: dem französischsprachigen Teil „Louvain-la-Neuve".

[44] Alle Zitate aus: Collectif Charles Fourier: *L'allocation universelle,* in: *la revue nouvelle,* 4/1985, S. 345–351.

[45] Philippe Defeyt, *A l'épreuve des chiffres,* in: *la revue nouvelle,* 4/1985, S. 352–360.

[46] Die Hauptreferenten und ihre Themen: André Berten, Philosophische Fakultät, Louvain-la-Neuve: *Is there an ecological case for basic*

income? Claus Offe, Zentrum für Sozialpolitik, Universität Bremen: *Options for a non-productivist social policy.* John Baker, Department of Ethics and Politics, University College Dublin: *The egalitarian case for universal grants.* Hillel Steiner, Department of Government, University of Manchester: *Three just taxes.* Bill Jordan, Department of Sociology, University of Exeter: *Basic income and the common good.*

[47] Dahrendorf (1983), S. 99.
[48] Z. B. Molitor, B. (1986).
[49] Siehe dazu das Kapitel über Frankreich.
[50] Vgl. Gerhardt/Weber (1986).
[51] Ausführlich beschrieben in Opielka/Zander (1988).
[52] *Argumente,* Bonn 1989, S. 43.
[53] Kress, U. (1987), S. 335–350.
[54] Engels, Wolfram u. a. (1988).
[55] Engels, Wolfram u. a. (1988).
[56] a. a. O., S. 46.
[57] a. a. O., S. 54.
[58] Zur Sozialstaatsdiskussion in den Parteien der BRD siehe Nissen, Sylke (1990).
[59] Vgl. *Der Spiegel,* 6/1990, S. 12.
[60] Bust-Bartels, A. (1984).
[61] Wiemeyer, J. (1988).
[62] Titel eines Beitrags von J. Kühnl im selben, dem Thema „Arbeitslosigkeit" gewidmeten Heft der Beilage.
[63] a. a. O., S. 51.
[64] In: *Die Zeit,* 2. Dezember 1988, S. 24.
[65] Zoll, Rainer (1989), S. 663 f.
[66] *Subsidiarität, Selbsthilfe, Mindestsicherung – Sozialpolitische Alternativen in Diskussion.* WSI 1985/7, Köln.
[67] Bäcker, Gerhard (1985), S. 424–433.
[68] Vgl. dazu Bäcker/Welzmüller, in: WSI 1987/8 und WSI 1987/10, Köln.
[69] Welzmüller, R. (1985), S. 413–424.
[70] Dallinger, Alfred, in: *Forschungsberichte,* Nr. 16, S. 9.
[71] Vgl. Tálos, Emmerich (1989).
[72] *Forschungsberichte,* Nr. 16, S. 79.
[73] a. a. O., S. 84.
[74] a. a. O., S. 92.
[75] a. a. O., S. 193.
[76] Bruckmann, Gerhart (1978).
[77] Reichardt, Robert (1978), in: Bruckmann, S. 65.
[78] Bruckmann, Gerhart (1988).
[79] a. a. O., S. 93 ff.
[80] Schulz, W./Norden, G. (1986), S. 95–106.
[81] Frühstück, E./Wagner, M./Winkler, F. (1987).
[82] Reformprogramm der Grünen (1989).
[83] Vgl. Vak, Karl (1989).
[84] a. a. O., S. 127.

[85] Aus: *Den Sozialhirtenbrief vorbereiten.* Sinnvoll arbeiten – Solidarisch leben. Zusammenfassung der Stellungnahmen, Linz 1989, S. 84.

[86] „Das einzige Problem beim arbeitslosen Einkommen ist, daß es zu wenige haben." The Justice Commission of the Conference of Major Religious Superiors (1989), S. 21 f.

[87] Standing, Guy (1989): *European unemployment, insecurity and flexibility: a social dividend solution.* Working market analysis and employment planning, working paper no. 23, Genf.

[88] Standing, Guy: *Einkommen ist Bürgerrecht.* Die Sozialversicherung muß durch ein steuerfinanziertes Grundgehalt ersetzt werden, in: *Die Zeit,* 25. November 1988, S. 30–31.

[89] a. a. O.

[90] Bruno Kreisky (Hrsg.) (1989): *Zwanzig Millionen suchen Arbeit.* Bericht der Kreisky-Kommission. Ein Programm für Vollbeschäftigung in den 90er Jahren, Wien.

[91] a. a. O., S. 165.

[92] Vgl. Tálos, Emmerich (1989).

[93] Vgl. Christl/Maurer (1984).

[94] *Personen- und Haushaltseinkommen von unselbständig Beschäftigten* (Ergebnisse des Mikrozensus September 1987). Beiträge zur österreichischen Statistik, hrsg. vom Österreichischen Statistischen Zentralamt, Heft 924, Wien 1989. – Ein Vierzehntel des Jahres-Pro-Kopf-Einkommens des untersten Dezils beträgt weniger als 4900 S; auf zwölf Monate umgerechnet ergibt sich ein Wert von rund 5700 S.

[95] Daß diese Gewichtung unbefriedigend ist und in keiner Weise die wirklichen Aufwendungen für Kinder widerspiegelt, hat zu Überlegungen geführt, wie Kinderkosten realistischer gewichtet werden könnten. Dabei wurde unter anderem die vom Katholischen Familienverband verwendete Gewichtung einbezogen, die für den ersten Erwachsenen 1, für jeden weiteren Erwachsenen und für Kinder über 15 0,8, für Kinder unter 10 Jahren 0,4 und für 10–14jährige 0,6 als Gewichtsfaktoren verwendet. Auch Modelle mit einer höheren Gewichtung der mit der Beschäftigung beider Elternteile bzw. mit der Berufstätigkeit von Alleinerziehern verbundenen Kosten wurden zum Vergleich herangezogen. Dabei ergab sich wie erwartet, daß die Pro-Kopf-Einkommen der Familien um so „niedriger" sind, je höher die Gewichtung der Kinder angenommen wird. Für die Hierarchie der Einkommen bringt dies jedoch kaum Unterschiede mit sich.

[96] In Österreich werden Löhne und Gehälter 14mal jährlich ausbezahlt.

[97] Technisch betrachtet handelt es sich also um eine negative Einkommensteuer, unser Modell hat jedoch mit der von Friedman vorgeschlagenen negativen Einkommensteuer nichts zu tun.

[98]

bis 50.000	10%	
ab 50.000 bis 150.000	22%	
ab 150.000 bis 300.000	32%	
ab 300.000 bis 700.000	42%	
über 700.000	50%	Steuer.

[99] Z. B. Aubauer/Bruckmann (1984).

[100] Busch, G./Hellmer, S./Korber, W./Mayer, M. (1984).

[101] *Bericht über die soziale Lage 1988*, S. 70f.

[102] Quelle: *Statistische Übersichten*, 1/1990. Produktion je geleistete Arbeiterstunde 1988: 113,6 (1986: 100).

[103] *Bericht über die soziale Lage 1988*, S. 164.

[104] *Forschungsberichte*, Nr. 10 (1984).

[105] Darunter: Krankenversicherungsbeitrag 2,5–3,75%, Arbeitslosenversicherung 2,6%, Pensionsversicherung 10,25%.

[106] Jahoda, M./Lazarsfeld, P. F./Zeisel H. (1933).

[107] Fischer-Kowalski, Marina: *Aus der Not eine Tugend*, in: *Aufrisse*, Nr. 3/1988.

[108] Dieses Schlagwort beschreibt die Schwierigkeit, mehrere gesamtwirtschaftliche Ziele gleichzeitig zu erreichen. Ursprünglich sprach man vom magischen Dreieck Wachstum/Vollbeschäftigung/Preisstabilität; dazu kamen später außenwirtschaftliches Gleichgewicht und Einkommensverteilung, daher magisches Vieleck.

[109] Natürlich sind die Regelungen in den verschiedenen Staaten unterschiedlich. Vor allem in der DDR gibt es strukturelle Ähnlichkeiten mit dem Sozialsystem der BRD. Die Arbeitslosenunterstützung besteht aus einer für alle gleichen staatlichen Unterstützung, die durch eine betriebliche Ausgleichszahlung ergänzt wird.

Herwig Büchele

Grundeinkommen als Moment eines öko-sozialen Umbaus

1. GLOBAL DENKEN, LOKAL HANDELN: DER ORT DES GRUNDEINKOMMENS

Die hier vorgeschlagene Einführung des Grundeinkommens hat, so meinen wir, die Vorzüge eines konkreten Vorhabens: sie ist genau umgrenzt auf ein Aktionsfeld der Sozialpolitik, sie kann in den vorgefundenen Grenzen der politischen Einrichtungen und der Meinungsbildung, also im Rahmen des jeweiligen Staats und der politischen Kultur, aufgegriffen und verwirklicht werden. Das Grundeinkommen ist, gesehen im Zusammenhang einer zunehmend weltweit verflochtenen Wirtschaft und Gesellschaft, eine „lokale", das heißt mit den vorgefundenen politischen Instrumenten, unter Beteiligung der davon berührten Menschen und in einem für sie überschaubaren Rahmen machbare Neuerung.

Das ist der Vorzug jeder konkreten, „lokalen" Initiative. Und aus vielen Erfahrungen wissen wir, daß jegliche Reformabsicht, gleich in welchem Feld unseres Gemeinwohls, nur dadurch in Gang kommt, daß sie (auch) zur lokalen Initiative wird.

Aber dieser Vorzug kann auch zum Nachteil werden. Das geschieht immer dann, wenn der reale Zusammenhang der Sache, um die es geht, über das Lokale hinausgreift und in der lokalen Initiative vernachlässigt wird.

Die Vernachlässigung des überlokalen Kontexts ist keine Ausnahme, sondern eher die Regel. Die Regel für die üblichen technokratischen Antworten auf Probleme. Nur eines von vielen Beispielen: Die bisher vorherrschende Antwort auf die industriell erzeugte Lawine von Giftmüll ist das Wegschaffen, womöglich in eine andere Region oder ein anderes Land, dessen Öffentlichkeit schlecht informiert oder überhaupt handlungsunfähig ist – der „Mülltourismus". Lokal ist damit für Industrie, Konsumenten und Politiker des Ursprungslandes das Problem gleichsam verschwunden. Real ist es sehr wohl existent, und durch globale Zirkulation in der Biosphäre einerseits, durch den aufkommenden Widerstand in den Müllkolonien andererseits trifft es zuletzt doch wieder die Urheber, und das mit vervielfachter Wucht.

Das Vernachlässigen des überlokalen Kontexts bedroht aber auch Reformabsichten, die von dem technokratischen Muster abweichen. Auch deswegen sind so oft so viele wünschenswerte Reformvorhaben gescheitert.

Jede „lokale" Initiative steht vor der Frage, was aus ihr im realen Kontext – und das ist oft genug ein überlokaler, ja weltweiter und über das einzelne Sachfeld von Sozial-, Wirtschafts- oder Ökologiepolitik hinausgreifender Zusammenhang – wird und wie sie auf diesen realen Kontext einwirkt. Sollen alle Übel von einem Punkt aus kuriert werden? Ist unsere Gesellschaft in dem Sinn „normal", daß wir nach Belieben an einem Punkt reformieren und alles übrige unbedacht und unreformiert lassen könnten? Sie ist es nicht.

Ohne lokales Handeln bleibt globales Denken folgenlos. Ohne globales Denken bleibt lokales Handeln ohne Orientierung.

Das ist auch bei der Einführung des Grundeinkommens wahrzunehmen. Die Motivation für seine Einführung wird verschieden sein, je nachdem, ob die Krise der Weltgesellschaft in ihrem Ernst begriffen wird – und das Grundeinkommen als Teilmoment einer Antwort darauf – oder ob dieser Kontext dunkel bleibt. Was ein Grundeinkommen bewirken soll, welche Art von Grundeinkommen und in welchem Zusammenhang es verwirklicht wird, und vor allem: in welche Dynamik der Weltgesellschaft wir damit eingreifen – solch globales Denken muß jede „lokale" Initiative begleiten.

Die folgenden Ausführungen sollen die in diesen einleitenden Zeilen vertretenen Thesen erläutern. Sie umfassen drei Abschnitte. Im ersten soll aus einer Analyse der gegenwärtigen gesellschaftlichen Situation und der Grundmechanismen unseres Wirtschaftssystems die Notwendigkeit eines öko-sozialen Umbaus abgeleitet werden. Im zweiten Abschnitt werden einige Elemente eines solchen Umbaus skizziert. Im dritten Abschnitt wende ich mich der Frage zu, welche Rolle und welchen Dienst ein Grundeinkommen für diese Neuordnung leisten könnte.

2. DER GLOBALE KONTEXT:
DIE KRISE DER WELTGESELLSCHAFT

2.1. Blind für ein Dasein in Grenzen

2.1.1. Zur Möglichkeit eines kollektiven Todes

Wir befinden uns in einer menschheitsgeschichtlich unvergleichbaren, weil noch nie dagewesenen Krise. Wir sind – mit einem Wort – mit der Möglichkeit und Gefahr eines Todes von Teilen der Menschheit, ja der Menschheit selbst konfrontiert. Die Menschheit ist fähig geworden, ihrer Existenz ein Ende zu setzen.

Die Gefährdung der Menschheit hat viele Aspekte

Erstens die mögliche Vernichtung der Welt oder großer Teile der Welt durch einen Krieg als Folge des Wettrüstens. Gegen die heutige Euphorie über die Entspannung zwischen Ost und West und die Hoffnung auf die Auflösung der Militärblöcke ist festzuhalten: bisher sind nur das Tempo der Hochrüstung und die Zusammensetzung der Drohpotentiale verändert, die Overkill-Rüstung jedoch ist nicht im geringsten abgebaut worden, sondern wird mit hohem Aufwand weiter verfeinert und noch effizienter gemacht. Die Aufrüstung wird besonders in Ländern der Dritten Welt fortgesetzt, auch durch die Entwicklung nuklearer, chemischer und bakteriologischer Waffensysteme.

Zweitens die zunehmende Zerstörung der Öko-Sphäre, insbesondere aufgrund der Produktions- und Konsummaschinerie der Industrieländer, des ökonomischen Expansionismus also, aber auch aufgrund der Bevölkerungsexplosion.

Drittens die Gefahr eines Hungertodes wachsender Teile der Menschheit. Die Explosion des Elends wird sichtbar an den immer rascher aufeinanderfolgenden Hungerkatastrophen in Ländern der Dritten Welt, sichtbar aber auch in der Zunahme sozialer Armut immer breiterer Schichten in den reichen Ländern des Nordens.

Viertens die Gefahr, die von den großtechnischen Systemen ausgeht: Atom, Chemie, Genetik, Information. Diese wissenschaftlich-technischen Machtpotentiale erhöhen die Reichweite und das Risiko des Aneignungs- und Bemächtigungsdrangs menschlichen Handelns.

Fünftens die Gefahr eines schleichenden inneren Todes der Menschen durch Sinnkrise, Vereinzelung, Vereinsamung, eines Todes, der immer mehr die seelischen Grundlagen unserer Gesellschaft berührt. Eine wachsende Zahl von Menschen versetzt sich durch Drogen aller Art in einen künstlichen Seelenzustand. Wir stehen vor der Gefahr einer partiell narkotisierten Gesellschaft.

Alle diese und andere Entwicklungen, die unser Leben bedrohen, sind untereinander vernetzt. Dies macht sie besonders gefährlich.

2.1.2. Grenzen der Belastbarkeit unseres Planeten

Die Länder der Dritten Welt ahmen immer mehr unser Wirtschafts- und Lebensmodell nach bzw. werden in gewissem Sinne durch die Mechanismen des Weltmarktes dazu gezwungen – Mechanismen, die die Bevorzugten bevorzugen und die Mächtigen mächtiger machen.

Wenn wir schon im Norden mit unseren 500 bis 600 Millionen Menschen an ökologische Grenzen stoßen, welche Fragen stellen sich dann für die Belastbarkeit unseres Planeten, wenn wir die Entwicklung in der Perspektive der Weltbevölkerung sehen, im Hinblick auf 5 Milliarden Menschen heute, 7 Milliarden morgen und 10 Milliarden übermorgen.

Die wachsende Erdbevölkerung möchte nicht nur essen, sondern sinnvoll tätig sein, menschengerecht wohnen, sich bilden, medizinisch versorgt werden. All dies ist nur durch eine massive Steigerung auch des quantitativen Wachstums in diesen Ländern möglich.

Wenn dies wahr ist, welche Konsequenzen ergeben sich dann für unsere Wirtschafts- und Lebensweise und damit für eine Politik, die die Grenzen der Belastbarkeit unseres Planeten mitbedenkt?

Wenn unser Wohlstand weltweit verallgemeinert werden soll, dann bedeutet dies Zuwachsraten der Vernutzung von Landschaft, Rohstoffen, Energie, die im strengen Sinn des Wortes bestenfalls für eine halbe Generation möglich sind.

Die 6% der Weltbevölkerung in den USA beanspruchen mehr als ein Viertel des Weltenergieverbrauchs oder 2,3mal soviel wie alle Entwicklungsländer zusammen, die Ölländer eingeschlossen.[1] 1980 verbrauchten die Industrieländer, das sind 26% der Erdbevölkerung, vier Fünftel der Reichtümer der Erde.[2]

Die Frage lautet also: Gestehen wir dem Rest der Erdbevölkerung, den 74%, menschenwürdige Lebensbedingungen zu? Wenn ja, dann müßte es im Laufe einer Generation möglich sein, einen Ausgleich zu schaffen. Wenn ja, dann erfordert dies einen grundsätzlichen Umbau der ökonomischen und politischen Strukturen der Industrieländer.

2.1.3. Gewalt – Gegengewalt

Wenn es nicht zu diesem Umbau kommt, wenn wir also unseren Lebensstandard und unsere Ansprüche im bisherigen Stil weiter pflegen und ausbauen wollen, dann geht dies nur, wenn wir die Länder der Dritten Welt mit Gewalt daran hindern, diese unsere Wirtschafts- und Lebensweise nachzuahmen. Das bedeutet, eine Weltklassengesellschaft zu verewigen suchen, die durch Machtungleichgewichte – also durch Reichtumszonen und Armuts- und Elendszonen – gekennzeichnet ist.

Wenn wir die Länder der Dritten Welt nicht mit Gewalt daran hindern, unsere Wirtschafts- und Lebensweise nachzuahmen, dann hat dies zur Konsequenz, den quantitativen Wachstumsprozessen weltweit freien Lauf zu lassen. Im Sog dieses wissenschaftlich-technischen und industriellen Wachstums vollzieht sich dann eine Vielfalt von unkontrollierten, in sich verzahnten Wachstumsprozessen: das Wachstum der Weltbevölkerung, das Wachstum der Zerstörungsgewalt durch Waffen, das Wachstum der Umweltzerstörungen, das Wachstum des Rohstoff- und Energieverbrauchs, das Wachstum der Müllhalden und der Abfalldeponien, das Wachstum der Gefährdung durch großtechnische Systeme (Atom, Genetik, Chemie, Information), das Wachstum der Ballungsräume, das Wachstum der psychischen und sozialen Belastungen (Drogen, Kriminalität).

Ein Laufenlassen der quantitativen Wachstumsprozesse auf weltweiter Ebene würde mit mathematischer Gewißheit zur

Ruinierung der biologischen Grundlagen der Menschheit führen, zu einer Zerstörung der Öko-Sphäre.

Wenn wir aber mit Gewalt versuchen, den Rest der Erdbevölkerung, die 74%, daran zu hindern, sich menschenwürdige und menschengerechte Lebensbedingungen zu schaffen, dann werden diese Länder unsere Gewalt mit Gegengewalt beantworten.

2.1.4. „Niemandssteuerung" der Weltgesellschaft?

Was zu besonderer Sorge Anlaß gibt, ist die Tatsache, daß wir immer weniger in der Lage sind, die ökologischen, ökonomischen und technischen Prozesse zu steuern. Über die Entwicklung und den Einsatz von Technologien etwa wird in keinem Parlament abgestimmt. Auf die Durchsetzungsmacht des technologischen Wandels antwortet der Staat mit einer Politik der nachträglichen Grenzziehungen und der Schadensminimierung im Sinne der Symptomkur. Epochale Grundentscheidungen, die zu einer Revolutionierung unserer Lebenswelt führen – denken wir nur an die Gentechnologie – werden an Parlament und Regierung vorbei einfach umgesetzt. Auch durch internationale Entwicklungen – Marktverflechtungen, Finanzmärkte, Kapitalkonzentrationen, weltweiter Austausch von Schad- und Giftstoffen – wird dem nationalen Staat immer mehr an Kontroll- und Steuerungsmöglichkeit entzogen.[3]

Mit einem Wort: die Macht der in sich verzahnten und verwachsenen Teilsysteme Wissenschaft, Technologie und Ökonomie bestimmt immer mehr den Ablauf der Ereignisse. Es fehlt uns der politische Rahmen, diese Prozesse zu steuern.

Weder die Vorstandsvorsitzenden der großen Weltkonzerne oder der Großbanken, noch die Börsenmakler und Spekulanten, noch die Techniker der Überwachungssatelliten, noch die Chemiker in der Industrie, noch die Generäle, noch die vielen Mitläufer wünschen die Selbstzerstörung der Weltgesellschaft; aber das vorherrschende Handeln aller führt systemnotwendig zu einer wachsenden Zunahme der Zerstörung.

2.2. Parasitäre Strategien der Nutzenverfolgung

2.2.1. Handeln nach dem individuellen Nutzenkalkül

Unser Gesellschaftssystem funktioniert (national und weltweit) tendenziell auf der Basis eines individuellen Nutzenkalküls der Akteure, der einzelnen Gesellschaftssubjekte in den Unternehmen, Verbänden, Parteien, Staaten.

Dieses individuelle Nutzenkalkül läßt sich folgendermaßen umschreiben:

Jedes Gesellschaftssubjekt ist sich zuerst Selbstzweck, sieht die anderen Gesellschaftssubjekte, das Allgemeininteresse (national wie weltweit), den Staat und die Natur als Mittel zum Zweck für sich und gibt dem Interesse der anderen Gesellschaftssubjekte, dem Allgemeininteresse, der Natur nur soweit Raum, wie sie zur Verwirklichung der eigenen optimalen Chancen nützlich sind.

Dieses individuelle Nutzenkalkül ist durch die herrschenden gesellschaftlichen Steuerungsmechanismen (Weltmarkt, Binnenmarkt, national-staatliche Eingriffe bzw. Rahmenbedingungen, die herrschende Erfahrungs- und Wahrnehmungsfähigkeit) bedingt. Die gesellschaftlichen Steuerungsmechanismen zwingen die Akteure bei Strafe des Untergangs im Sinne des individuellen Nutzenkalküls zu handeln.

Das individuelle Nutzenkalkül ist ein planendes Überlegen auf der Basis eines Zweck-Mittel-Denkens, wobei der Zweck für das Gesellschaftssubjekt darin besteht, seine Selbstbehauptung im Rahmen der Steuerungsmechanismen zu sichern. Es geht um seine Machtbehauptung mit technisch-instrumentellen Mitteln (wobei sogar allfällige ethische Überlegungen von dieser notwendigen Selbst- = Machtbehauptung bestimmt werden). Jedes Gesellschaftssubjekt ist gezwungen, nach dem relativ größten eigenen Vorteil zu streben. Jedes Gesellschaftssubjekt ist mehrfach in (organisatorisch umfassende) Machtbehauptungssysteme eingefügt: ein deutscher, gewerkschaftlich organisierter Arbeitnehmer etwa dem Selbstbehauptungssystem seines Unternehmens, seiner Gewerkschaft, dem politischen System BRD, der EG, der NATO.

2.2.2. Die soziale Falle

Die Konsequenzen dieses Denkens und Handelns auf der Basis des individuellen Nutzenkalküls seien an der Grundspannung zwischen diesem Nutzenkalkül und dem Gemeinwohl illustriert – als Beispiel diene uns die Beziehung der einzelnen Gesellschaftssubjekte zum gemeinsamen Gut: den natürlichen Lebensgrundlagen, der Öko-Sphäre, und zwar unter der Voraussetzung, daß der individuelle Anteil am Schaden des Gemeinwohls für den einzelnen Akteur – durch Kosten irgendwelcher Art – nicht fühlbar ins Gewicht fällt.[4]

Die Öko-Sphäre ist unser gemeinsames Gut. Jedes Gesellschaftssubjekt hat das Recht, sie zu nutzen. Doch ist einsichtig, daß die Nutzung bzw. Ausbeutung der Öko-Sphäre nicht mit beliebigen Mitteln und nicht unbegrenzt geschehen kann, weil sonst die Öko-Sphäre übernutzt und zerstört werden würde.

Das durchkalkulierte Selbstinteresse im Sinne des individuellen Nutzenkalküls wird sich in folgenden Überlegungen äußern: Wenn ich die Öko-Sphäre mehr nutze als zuvor, wird der Nutzen beinahe vollständig mir zufallen. Der dabei entstehende Schaden teilt sich auf alle auf, auf mich selbst fällt nur ein geringer Anteil. Ich kann also nur gewinnen, wenn ich die Öko-Sphäre übernutze.

Wenn alle so handeln, führt dieses Handeln langfristig aber dazu, daß die Öko-Sphäre zerstört wird. Dies widerspricht wiederum meinen eigenen Interessen.

In vielen Fällen kann ein Akteur gar nicht anders, als die Übernutzung bzw. Ausbeutung der Öko-Sphäre weiter fortzusetzen; tut er es nicht, würden die notwendig entstehenden erhöhten Kosten zu Wettbewerbsnachteilen und damit zu einem Ausscheiden aus der Konkurrenz – zu einer Art Selbstopferung – führen. Viele Akteure werden mangels einer Sanktion eine Übernutzung anstreben, um über Kostenvorteile – ein Öko-Dumping also – Wettbewerbsvorteile zu erzielen.

Nehmen wir an, ein Akteur hätte die Absicht, „altruistisch" zu handeln. Bewußt verzichtet er darauf, die Öko-Sphäre zu übernutzen. Was wäre das Ergebnis?

Dieser Akteur nähme – seiner Interessenwahrnehmung nach – bewußt Nachteile in Kauf, könnte aber durch sein Handeln die zunehmende Zerstörung der Öko-Sphäre nicht nur nicht verhindern, sondern er vergrößerte durch sein Ausscheiden zumindest die kurzfristigen Vorteile der restlichen Akteure.

Durch den individuellen Verzicht schadet er sich selbst, nützt nur den Partikularinteressen der anderen, nicht aber dem Gemeinwohl.

Wie immer der einzelne Akteur sich auch entscheidet, er verfällt dem ausweglosen Dilemma der „sozialen Falle": sein Verhalten schadet dem Gemeinwohl.

Mit anderen Worten: das Handeln nach dem individuellen Nutzenkalkül wird nur dann gemeinwohlgerechte Wirkungen nach sich ziehen, wenn in einem deutlich anders gearteten Verfahren die Normen vereinbart und in Geltung gesetzt werden, die dem individuellen Nutzenkalkül einen Rahmen geben. Üblicherweise finden wir einen Rahmen dieser Art immer schon vor: als kulturelle Muster der Wahrnehmung und des Bewertens. Welche individuellen Handlungen werden gefördert, welche werden benachteiligt und bestraft? Das wird besonders deutlich in den Gesetzen und Institutionen. Schon daß irgendein solcher Rahmen da ist und ohne langes Überlegen vorausgesetzt werden kann, ist eine erste Bedingung dafür, daß individuelle Handlungen einigermaßen mit dem Gemeinwohl übereinstimmen können. Selbstredend ist es aber darüberhinaus notwendig, den Rahmen selbst – die Normen, Gesetze und Institutionen – in die Richtung zu gestalten, die wir als Gemeinwohl verstanden wissen wollen.

Nun ist aber der Akteur, der seinen Nutzen verfolgt, nicht schon auch der Akteur, der an der Vereinbarung eines solchen Rahmens teilnimmt. Das wird am deutlichsten an dem Akteur „Individuum": der gleiche Mensch, aber zwei völlig verschiedene Weisen des Handelns und des Miteinander-Umgehens. Während der eine, der Verfolger privaten Nutzens, überall im Mittelpunkt der Gesellschaft vermutet oder dorthin projiziert wird, ist der andere, der politisch handelt, also die Regeln des Gemeinwohls mitverantwortlich gestaltet, weithin unterentwickelt.

2.2.3. Verformungen

Was sind die Implikationen für ein individuelles und kollektives Handeln auf der Basis des individuellen Nutzenkalküls im Rahmen der herrschenden Bedingungen?

a) Um des kurzfristigen, relativen Vorteils wegen werden die langfristigen Nachteile, die schädlichen Folgewirkungen verdrängt;

b) Nachteile und Schäden (der anderen) werden heruntergespielt – ebenso der eigene Vorteil und Nutzen;

c) Interessen, die nicht auf Macht und Profit beruhen – wie Umwelt- und Gesundheitsinteressen, Interessen an Arbeitslosen, an alten Menschen, an Abrüstung und Frieden – werden gegenüber den Macht- und Profitinteressen systematisch unterprivilegiert;

d) soweit möglich (bei Abwesenheit von Widerstand und gesetzlichen Regelungen), werden alle problematischen Folgen, Risiken und Schäden aus den Kalkülen herausgehalten, verdrängt oder – wo dies nicht möglich ist – auf andere abgeschoben, „externalisiert"; das vom Agrobusiness oder von der Papierindustrie durch Chlorbleiche verdorbene Trinkwasser wird aus dem Geschäftsbereich heraus der Bevölkerung aufgelastet, die Kosten einer Sanierung den Steuerzahlern aufgebürdet;

e) des eigenen Vorteils wegen werden (oft kurzfristige) Koalitionen mit anderen auf Kosten Dritter eingegangen (transnationale Konzerne mit den Eliten der Länder der Dritten Welt; die USA mit der Diktatur des Schahs, Somozas, Südkoreas; die Sowjetunion unter Breschnew mit der Militärdiktatur Argentiniens);

f) die einzelnen Menschen, die einzelnen Akteure müssen, um ihre Interessen durchzusetzen, diese in Verbänden, Organisationen, Allianzen mitvertreten lassen. Sie werden dadurch abhängig von den Apparaten dieser Organisationen. Diese Abhängigkeit wird von den Eliten der Parteien, Verbände, Regierungen gefördert, ja für notwendig erachtet – zur Erhaltung oder zum Ausbau der Machtposition, in der Binnengesellschaft, im Staat, regional, weltweit. Dadurch verstärkt sich an der Basis das Mitläufertum; der Privatismus wird gefördert, und damit das individuelle Nutzenkalkül verstärkt;

g) überall in der Gesellschaft – in Verbänden, Allianzen, zwischenstaatlichen Organisationen – haben dieser Logik zufolge die Gruppen und Personen leichteres Spiel, die mit einem Machtvorsprung starten, sei es aufgrund von Vermögen, speziell durch Verfügen über Kapital, sei es aufgrund struktureller Machtpositionen und überlegener Vitalität: die Flachlandbauern in der Landwirtschaft, die Supermärkte im Handel, die qualifizierten männlichen Facharbeiter in den Gewerkschaften, die

USA in der NATO; und die Schwächeren spielen mit, um wenigstens in einem gewissen Maß die eigenen Interessen vertreten zu sehen.

Diese Logik des individuellen und kollektiven Handelns verstärkt und ist bedingt durch die herrschenden Macht-Konkurrenz-Beziehungen und führt damit zu einem Gesellschaftsmuster, das als interindividuelles Geflecht zu verstehen ist, in dem jeder für sich, jeder gegen alle und einige zusammen gegen andere etwas verfolgen, was dem jeweils eigenen Nutzen entspricht.

Immer mehr Macht und immer mehr Profit – alle Akteure, die sich an diesem Spiel beteiligen, machen uns klar, daß es anders gar nicht ginge. Dieses Verfolgen von Macht und Profit schließt freilich Interaktionsformen wie Kompromiß, Kooperation und Hilfe nicht aus. Aber in jedem Fall sind es Interaktionsformen, die nur vorübergehend – wenn Widerstand oder der Zustand anderer gesellschaftlicher Teilsysteme das erfordern – als taktischer Kniff im Kampf um mehr Macht und mehr Profit eingesetzt werden.

Das heißt in einen Dialog übersetzt:

A: Willst du eigentlich die Folgen deines Tuns, die Naturzerstörung, das neue soziale Elend, das Elend in der Dritten Welt, den totalen Unfrieden, willst du diese Folgen deines Strebens nach Macht und Profit?

B: Das will ich nicht. Deswegen habe ich ja die Maximierung von Macht und Profit selbst eingeschränkt. Wir haben beispielsweise Filter zwecks Verbesserung der Umwelt eingebaut, haben Mittel für Beschäftigungsprogramme und verbesserte Armenfürsorge bewilligt und den Dritte-Welt-Ländern Kredite eingeräumt.

A: Aber diese Filter und andere Umweltschutzinvestitionen sind für dich doch nur ein zusätzliches Geschäft; mit dem Einbau der Filter erkaufst du die Fortsetzung und Ausdehnung einer Industrie, die auf vielen Wegen unser Leben ruiniert. Mit der Armenfürsorge stellst du die Unzufriedenen ruhig, daß sie deine zerstörerische Ausdehnung nicht behindern. Die Kredite an Dritte-Welt-Länder haben zu einem Abfluß von Mitteln in die reichen Länder und zu noch schnellerer Verarmung der Armen in den armen Ländern geführt. Kurz und schlecht, deine Strategien der Begrenzung waren nur Kniffe in der weiteren Ausdehnung des Strebens nach Macht und Profit.

B: Aber selbstverständlich muß mein Geschäft wachsen, muß

meine Macht zunehmen. Denn nur eine wachsende Industrie kann die Mittel erwirtschaften, die wir für Umweltschutz und soziale Hilfen brauchen. Nur wachsende Machtfülle garantiert jene Staatstätigkeit, die die wachsenden Risiken zu managen vermag.

Die Selbststeuerung des Systems beruht also auf der Logik der Symptomkur oder der Politik des kleineren Übels. Das kleinere Übel ist ein Moment der monologischen Selbstkorrektur des sich selbststeuernden Systems. Es wird kein Schritt über die Grundmechanik des Systems hinaus getan, sondern alles Handeln bleibt innerhalb der Grenzen des Übels gefangen und variiert nur in einem Mehr oder Weniger.

Die chemische Industrie produziert giftige Abfallstoffe. Was ist mit ihnen zu tun? Lösung: Bau einer Deponie. Folge: Aus dem Abfallproblem wird ein Grundwasserproblem. Lösung: Die chemische Industrie produziert Reinigungszusätze für Trinkwasser, die Metallindustrie produziert neue Reinigungsfilter. Wo das Trinkwasser durch diese Zusätze die Gesundheit der Menschen beeinträchtigt, produziert die pharmazeutische Industrie neue Medikamente. Schaffen die neuen Medikamente Nebenfolgen, wird ein ausgebautes Versorgungssystem errichtet – bis hin zur gentechnischen Problemlösung: einen Menschen zu züchten, der wenig oder gar nicht anfällig ist für diese chemisch-pharmazeutischen Substanzen.[5]

Sollte das System aufgrund dieser Eigendynamik in große Katastrophen führen (regionaler Atomkrieg, biologische Verseuchung, chemische Vergiftung, ökologisch partielle Zusammenbrüche, globale Wirtschaftskrise, soziale Psychosen), dann werden Teilsysteme zugrunde gehen und infolge der dem System immanenten Selbstkorrektur andere Teilsysteme auf einer neuen Ebene weiterexistieren.

Auf Katastrophen würde das selbststeuernde globale System durch systemgemäße Selbstkorrekturen antworten, also durch zusätzliche technokratische Eingriffe unter dem Leitgedanken: „So etwas darf nie mehr vorkommen – die Rationalität der Planung muß gesteigert werden." Es entsteht eine weitere Perfektionierung des Systems der Selbststeuerung, ohne aber die beschriebene Logik des individuellen und kollektiven Handelns zu transzendieren.

2.2.4. Allgemeine Komplizenschaft

Jeder Akteur in diesem System handelt aufgrund dieser Mechanismen – und er kann unter den herrschenden Bedingungen gar nicht anders.

Wer ist schuld an der Verseuchung des Grundwassers? Sind es die Bauern? Ist es die chemische Futtermittel- und Düngemittelindustrie? Sind es die Behörden, die den Absatz der Gifte nicht verboten haben? Sind es die Wissenschaftler, die der Giftproduktion ein Unbedenklichkeitszeugnis ausstellen? Sind es die Politiker, die für die Gesetze verantwortlich sind, die die Behörden zu vollziehen haben? Sind es wir alle, die Bürger, die diese Politiker wählen? Sind es wir, die Konsumenten, die von diesen Politikern erwarten, Rahmenbedingungen zu schaffen, die unseren quantitativen Wohlstand vermehren, die Arbeitsplätze sichern, und sie deshalb daran hindern, Weichenstellungen auf ein qualitatives Wachstum hin vorzunehmen? Liegt die Schuld bei der EG, die die einzelnen EG-Staaten und die EG-Bauern zwingt, eine vor allem quantitativ ausgerichtete Agrarpolitik zu forcieren bzw. zu subventionieren? Liegt die Schuld am Weltagrarmarkt, dessen Preise eine düngungsintensive Überproduktion bedingen?

Der hochdifferenzierten Arbeitsteilung und Vernetzung der Handlungszusammenhänge (im Binnenraum einer Gesellschaft und weltweit) entspricht im Hinblick auf die Frage: Wer verantwortet die Schäden und Krisen? – „eine allgemeine Komplizenschaft und dieser eine allgemeine Verantwortungslosigkeit. Jeder ist Ursache und Wirkung und damit Nichtursache. Die Ursachen verkrümeln sich in einer allgemeinen Wechselhaftigkeit von Akteuren und Bedingungen, Reaktionen und Gegenreaktionen."[6]

Jeder Akteur wird immer mehr Täter und Opfer in einem. „Man kann etwas tun und weitertun, ohne es persönlich verantworten zu müssen," ja zu können. „Man handelt sozusagen in eigener Abwesenheit. Man handelt physisch, ohne ethisch und politisch zu handeln. Der generalisierte Andere" – die Mechanismen des Systems – „handelt in einem und durch einen selbst hindurch: Dies ist die zivilisatorische Sklavenmoral, in der gesellschaftlich und persönlich so gehandelt wird, als stünde man unter einem Naturschicksal."[7]

Ursache und Wirkung sind immer weniger unterscheidbar. Dieser Prozeß endet bei der Herrschaft der Programmierer (Weltwährungsmarkt, Weltagrarmarkt, Weltmedienmarkt): denn diese strukturieren die Regelkreise von innen. Sie geben den einzelnen Bereichen die Produktionsprogramme ein, nach denen das jeweilige Teilsystem, das Gesamtsystem in den Teilsystemen und die Teilsysteme im Gesamtsystem funktionieren.

2.2.5. Der einzelne Akteur in der Niemandssteuerung

Wir stehen heute deshalb vor den Folgen einer Verselbständigung des Denkens und Handelns auf der Basis des individuellen Nutzenkalküls, das die gesamte Menschheit zu einem „Todeskandidaten auf Abruf" macht. Der durch diese Rationalität entstehende strukturelle Zwang führt in vielfacher Hinsicht also zu unvorhersehbaren und ungewollten Nebenfolgen. So etwas wie eine grob steuerbare Entwicklung der Gesellschaft, ja der Menschheit insgesamt, ist aufgrund der im Augenblick gegebenen Zwänge nicht in Sicht.

Wenn die These stimmt, daß die wissenschaftlich-technische Entwicklung immer mehr durch eine „Niemandssteuerung" (= die Weltgesellschaft als steuerloses System) gekennzeichnet ist – und diese „Niemandssteuerung" nicht nur revolutionäre Umwälzungen produziert, sondern auch immer mehr Explosivkräfte freisetzt –, dann müssen wir uns bei Strafe des Unterganges fragen, ob überhaupt, und, wenn ja, wie in diesem System Bremsen und Steuerrad einbaubar sind.[8]

Eines ist nicht bezweifelbar: es sind Handlungen, die diese Strukturen und Zwänge schaffen. Geschichte – die Weltgesellschaft – ist deshalb in ihrem Ablauf nicht determiniert, noch ist sie Willkür, sondern „Steuerung unter Bedingungen".

2.2.6. Kooperative Organisation der Verantwortung

Die einzelnen Akteure müssen das Wagnis eingehen, das herrschende System durch eine positive Kommunikation zu transzendieren. Die einzelnen Selbstbehauptungssysteme sind für sich selbst gar nicht in der Lage, anders zu handeln als im Sinne des Partikularinteresses, ja in vielen Fällen sind sie dazu sogar moralisch verpflichtet: bei Wirtschaftsverhandlungen haben die Politiker die Interessen ihres Staates, die Unternehmen die Interessen ihrer Firma, die Gewerkschaftsführer die Interessen ihrer Arbeitnehmer zu vertreten. Dieses Einstehen für die Interessen des je eigenen Selbstbehauptungssystems muß in vielen Fällen auch als eine Weise der Verantwortung anerkannt und darf nicht als „egoistisch" abqualifiziert werden. Denn sie sind ja nicht allein und direkt verantwortlich zu machen für die Dynamik und die Qualität von Prozessen, deren Objekte sie auch sind.[9]

Entscheidend ist also, daß es nicht bei diesem Handeln im Sinne des individuellen Nutzenkalküls bleibt, sondern daß die einzelnen Selbstbehauptungssysteme eine verantwortliche Kooperation ohne parasitären Vorbehalt anstreben.[10] Es bedarf also einer kooperativen Organisation der Verantwortung in dem Sinne, daß die einzelnen Selbstbehauptungssysteme Rahmenbedingungen vereinbaren, die eine Logik individuellen und kollektiven Handelns begründen, welche auf das Wohl des gemeinsamen Guts ausgerichtet ist. Egoistisch (und deshalb zu bekämpfen) ist ein Selbstbehauptungssystem dann, wenn es sich weigert, sich auf diese kooperative Rationalität einzulassen.

Ob es auf diesem Planeten in Zukunft noch Geschichte als Gestaltung aus humaner Freiheit geben wird, das wird davon abhängen, wie weit es gelingt, den Übergang von der Moral des strategischen Interesses auf der Basis des individuellen Nutzenkalküls zu einer Ethik solidarischer Verantwortung im nationalen und weltweiten Maßstab zu verwirklichen.

2.3. Wohin die aufgezeigten Tendenzen führen

Es gehört nicht viel Phantasie dazu, sich auszumalen, daß unserer Weltgesellschaft – sollte sich an den gegenwärtigen ökonomischen und politischen Strukturen nichts Entscheidendes ändern – schwere Krisen und Konflikte bevorstehen. Es ist nicht ausgeschlossen, daß sich diese Krisen und Konflikte – Hungersnöte, Bürgerkriege, anarchische Slums – in einem globalen Bürgerkrieg entladen, in einem Kampf ums pure Überleben auf Weltebene. Fruchtbares Land und ausreichende, saubere Wasserreserven werden immer kostbarer. Wann wird es im Kampf um die letzten Ressourcen zu Umweltkriegen kommen?

Wie kann verhindert werden, daß sich in Zukunft der Terrorismus atomarer oder chemischer Waffensysteme bedient? Wie soll ein Terroranschlag auf ein Atomkraftwerk verhindert werden?

Immer mehr Staaten verfügen über chemische und atomare Waffensysteme. Gibt es eine Garantie dafür, daß diese Waffensysteme regional nicht zum Einsatz kommen? Gibt es eine Garantie dafür, daß der regionale Einsatz dieser Waffen nicht eine Kettenreaktion auslöst?

Aus den Zonen des Hungers und der zerstörten Umwelt wird sich eine neue Völkerwanderung in Bewegung setzen. Millionen Flüchtlinge werden sich auf die Suche nach einer neuen Bleibe machen. Wer wird sie aufnehmen? Werden sie sich zurückweisen lassen?

Ich halte fest: Wenn wir nicht zu einer Neuorientierung aufbrechen, dann führen beide Tendenzen der gegenwärtigen Weltentwicklung zum gleichen Ergebnis – zur kollektiven Selbsttötung. Und zwar beide Tendenzen: entweder die gewaltsame Niederhaltung der Länder der Dritten Welt oder das Laufenlassen der quantitativen Wachstumsprozesse im weltweiten Maßstab mit ihren im gleichen Maßstab ausgedehnteren Zerstörungspotentialen.

Was ich hier mit einigen Strichen andeutete, ist kein Horrorgemälde. Ein Weltbild, eine Politik, die sich diesem Ernst der Wirklichkeit nicht stellt, kann keinen Anspruch darauf erheben, für ethisch verantwortbar befunden zu werden.

2.4. Das Markt-Staat-System als Steuerungs- und Koordinierungsmechanismus

2.4.1. Die Folgewirkungen der Macht-Konkurrenz-Beziehungen

Unser herrschendes Wirtschaftssystem basiert grundsätzlich auf Macht-Konkurrenz-Beziehungen. Sie laufen zum großen Teil privat (individuell oder durch Unternehmungen), zum Teil auch über staatliche Einrichtungen und Verbände (dadurch allerdings werden sie auch einigermaßen gezähmt).

Der liberalen Wirtschaftstheorie zufolge sollten Gleichheit und Gerechtigkeit zwischen den Marktparteien (Wirtschaftssubjekten) über die Tauschakte selbst hergestellt werden. Diese jedoch folgen der Logik eines Sieg-Niederlage-Spiels. Das Prinzip liberalen Wirtschaftens ist niemals nur Bedarfsdeckung, sondern immer auch Machtsteigerung. Die personalen Beziehungen sind dergestalt ver„mittelt", daß der eigene Vorteil gesucht und die eigene Macht gesteigert werden muß – auf Kosten der anderen und des anderen (der Natur).

In unserem Wirtschaftssystem ist jeder vom Handeln anderer abhängig, und gleichzeitig herrscht Unsicherheit über deren Handlungsweise. In einem solchen System sieht jeder den verläßlichsten Schutz seiner Interessen in der Akkumulation von Macht. Er kann in diesem System nur bestehen, wenn er mächtiger ist als sein Rivale oder seine Rivalen. Die Stärkung der Macht vollzieht sich über die Anhäufung von Mitteln (Steigerung der Unternehmensgröße, Rationalisierung, staatliche Subventionen, institutionelle Macht).

Jeder Rivale ist gezwungen, Machtmittel anzuhäufen – und zwar in dem Wissen, daß es jeder andere auch tut –, um in diesem Verdrängungswettbewerb nicht unterzugehen, sondern ihn nach Möglichkeit überlegen zu bestreiten. Jeder wird zur Anhäufung der Mittel gezwungen; dieser Zwang zur Mittelanhäufung löst eine Eigendynamik aus.

Der technische Fortschritt z. B. ist selbst ein Mittel in diesen Macht-Konkurrenz-Beziehungen. Sobald einer der Rivalen einen technologischen Durchbruch aufzuweisen hat, stellt sich gar nicht mehr die Frage, ob hier ein angemessenes Mittel – ein für welche Zwecke angemessenes Mittel? – vorliegt, sondern einzig und allein der Imperativ, diesen technischen Fortschritt einzuholen und – vorausgreifend – den Machtkontrahenten im Wettlauf zu überholen.

Das technisch-wissenschaftliche Mittelsystem entfaltet in diesen Macht-Konkurrenz-Beziehungen zusätzlich seine eigene Dynamik – gleichsam unabhängig von uns selbst. Der in Gang gebrachte Prozeß vollzieht sich relativ unabhängig vom Gestaltungswillen einzelner, Gruppen oder Staaten. Dies ist auch eine der Ursachen für das Mitläufersyndrom: wenn ich aussteige, ändert sich nichts; nur die anderen erhöhen ihre Machtanteile und ihre Profitrate.

Jacques Calvet, der Chef des drittgrößten europäischen Autokonzerns Peugeot-Citroën, sagte im September letzten Jahres, am weltweiten Automobilmarkt herrsche „Krieg, ohne Kanonen, aber doch Krieg"[11]. Eberhard von Kuenheim (BMW) meinte:

„Die Japaner meinen es ernst, die wollen uns umbringen."[12] „Das militärische Vokabular, das Wirtschaftler wie selbstverständlich gebrauchen, um den Ernst der Lage zu beschreiben, spricht für sich selber. ‚Der Großangriff der japanischen Werkzeugmaschinenhersteller ist abgeschlagen, jedenfalls die erste Welle,' heißt es; die ‚Sieger' in der ‚vollentbrannten Schlacht' um Standorte und Positionen werden ausgemacht; nach ‚Übernahmeschlachten' werden ‚Tote und Verwundete' gezählt, und nach der Pause lassen die Strategen ‚neu aufmaschieren'."[13]

Unser Wirtschaftssystem basiert also auf einem – oft sublimen – Kampf aller gegen alle, in dem der Mächtigere den Schwächeren – im Rahmen der gegebenen Gesetze – an seinem Maßstab mißt, um Sondervorteile zu gewinnen und ihn aus dem Feld zu schlagen. Um den Konkurrenzkampf zu bestehen, ist das einzelne Unternehmen bei Strafe des Untergangs gezwungen, seine Entscheidungen dem Gewinn-, Macht- und Wachstumskalkül unterzuordnen. Was Mittel zum Zweck sein sollte und als Mittel zum Zweck sinnvoll wäre, nämlich Gewinn, Wachstum, Konsum, Wettbewerb, wird zum Selbstzweck.

Die durch diese Macht-Konkurrenz-Beziehungen ausgelöste „Vitalität" des liberalistisch-kapitalistischen Wirtschaftssystems bewirkt eine noch nie dagewesene Reichtumsproduktion, deren entfesselte Produktivkräfte zugleich noch rascher wachsende negative, ja zerstörerische Wirkungen hervorrufen: ruinöse Konkurrenz (Staaten stützen nationale Industrien mit hohen Subventionen, um am Weltmarkt besser bestehen zu können), Rüstungsexporte, Konzentration ökonomischer Macht, Umweltzerstörung, Rohstoffvergeudung, Wegwerfkonsum, Abfallhalden, Verschuldung der Konsumenten, hohes Arbeitsleid (Nachtarbeit, krankmachende und kränkende Arbeiten), Gefährdung durch großtechnische Anlagen (Atom, Genetik, Chemie), neue soziale Armut, ungerechte Einkommens- und Vermögensverteilung, Hunger in der Dritten Welt, zunehmende Einbeziehung von Lebenszeit in die Warenwirtschaft (durch Vermarktung der Freizeit, durch Ausdehnung des Versorgungsstaates).

Die Freiheit des liberalen Wirtschaftens wirkt sich somit gemeinwohlschädigend aus, weil die allgemeine Konkurrenz, zu der sie führt, die Berücksichtigung der gemeinsam-öffentlichen Sache verhindert. Die gesellschaftliche Verantwortung wird ausgeblendet, das langfristige Interesse aller wird zwangsläufig den kurzfristigen, privat-partikularen Interessen geopfert. Das Gesamtinteresse kommt nur abgeleitet in den Blick, nicht aber das Gemeinsame als das Gemeinsame.

2.4.2. Der Eingriffsstaat und seine Grenzen

Um das Gemeinsame zum Tragen zu bringen und soziale Verbindlichkeit zu schaffen, wird auf den Staat als Instrument zurückgegriffen. Der Staat übernimmt eine regulative Funktion hinsichtlich der plural-partikular agierenden Markt-Individuen.

Der Staat, der die Funktionslücken und Fehlleistungen unseres Wirtschaftssystems ausgleichen soll, hat durch seine Eingriffe ohne Zweifel humanisierend gewirkt. Er kann als Eingriffs- und Sozialstaat kurzfristig auch Grobkorrekturen erreichen, langfristig verschärfen sich dadurch aber die Probleme, ja der Staat selbst wird zu einem Krisenfaktor, der seinerseits wieder den Ruf nach Verstärkung des Marktes bzw. der Marktregulierung provoziert.

Die Grenzen der staatlichen Eingriffe sind negativ bestimmt durch die privat-autonome Verfügung über die Produktionsmittel: Die Investitionsfreiheit der Unternehmensleitungen soll nicht eingeschränkt werden. Der Staat ist also immer auch auf die Unternehmen angewiesen, die aber den Zwängen der Logik des Kapitals unterliegen. Restriktive Maßnahmen des Staates (mögliche Eingriffe in die Einkommens- und Vermögensstruktur, Qualitätsvorschreibungen, Umweltauflagen) können von den Unternehmen mit „Investitionsstreiks" beantwortet werden. Das Investitionsklima darf schon wegen der Gefahr erhöhter Arbeitslosigkeit nicht verschlechtert werden. Der Staat kann also nur innerhalb gewisser, wieder von der Kapitalorientierung bestimmter Grenzen intervenieren.

Der Staat schwebt nicht frei über den Interessengegensätzen und Konkurrenzkämpfen; er hat weithin nicht die Macht, die durchsetzen könnte, was im Interesse aller erforderlich wäre. Die Machtverwalter sind auf das Lavieren zwischen den Interessen der gesellschaftlichen Hauptgruppen angewiesen, die vor allem Erwerbsinteressen vertreten und Nicht-Erwerbsinteressen – wie Umwelt-, Gesundheits-, Jugend- und Arbeitsloseninteressen, Interessen an Abrüstung und Frieden – systematisch unterprivilegieren.[14]

Seit Schumpeter gilt die formale Analogie zwischen ökonomischem Wettbewerb und dem politischen Wettbewerb um Stimmen: die Politiker, die die nächsten Wahlen gewinnen müssen, stellen die Wirtschaftspolitik auch in den Dienst ihres Wettbewerbs um Stimmen.

Der Staat steht im Geflecht der internationalen Konkurrenz. Die Drohung sinkender Durchsetzungschancen am Weltmarkt verfehlt kaum ihre Wirkung.

Je mehr der Staat reglementierend eingreift, um so mehr drohen die Menschen ihre Loyalität aufzukündigen. Einzelne und Interessengruppen nehmen die einschränkenden Maßnahmen nicht mehr ohne weiteres hin (Bürgerinitiativen, Blockaden, Streiks).

2.4.3. Die Symptomkurpolitik und ihre Konsequenzen

Die Grenzen, die den Staatsinterventionen gesetzt sind, bedingen, daß die Eingriffe des Staates zumeist nicht die Krisenursachen beheben, sondern nur Symptome kurieren:

- zuerst wird die Umwelt zerstört, dann wird sie mit spezialisierten Industrien und gewaltigem Aufwand saniert;
- statt Verringerung von Müll und Abfall Bau von neuen Abfalldeponien und teuren Entsorgungsfabriken, deren Bau keine Gemeinde zulassen will;
- statt Energie zu sparen, verschwenden wir Energie und bauen neue Kraftwerke oder gar Atomkraftwerke;
- für krankmachende und kränkende Arbeitsbedingungen gewähren wir Zulagen;
- den Anstieg der Zivilisationskrankheiten, die Zahl psychisch und physisch kranker Menschen, beantworten wir mit dem Bau von Krankenhäusern, Rehabilitationszentren und neuen Medikamenten;
- statt die Erwerbsarbeit und die Einkommen gerechter zu verteilen, geben wir große Summen aus für Arbeitslosengelder und Lohnsubventionierungen, etwa durch Ankurbelung von teilweise sinnlosen und/oder schädlichen Produktionen (überflüssiger Straßen- und Kraftwerksbau, Waffenexporte);
- das Ansteigen der Kriminalität und des Drogenmißbrauchs wird mit erhöhtem Polizeieinsatz, wachsender Sozialbetreuung und, in einigen Ländern, mit dem Bau von neuen Gefängnissen beantwortet;

– die herrschende Landwirtschaftspolitik zwingt die Bauern zu einer Produktion, die die Böden und das Grundwasser ruiniert, die Nahrungsmittelqualität sinken läßt; die steuerlich subventionierte Überschußproduktion kann nur durch massive staatliche Stützungen am Weltmarkt abgesetzt werden, wo diese Produkte den Markt für die Entwicklungsländer ruinieren;

– statt den Dritte-Welt-Ländern beim Aufbau einer eigenständigen, lebensfähigen Wirtschaft tatkräftig zu helfen, unterstützen wir erst dann spektakuläre Aktionen, wenn Hungersnöte ausbrechen;

– statt Sicherheitspartnerschaften einzugehen, geben wir Unsummen für Rüstungszwecke aus.

Diese symptomhafte Schaden-Risiko-Bewältigung führt zu einer „Schadensbeseitigungsvermehrungsindustrie". Schäden und Gefährdungen werden zu einem wirtschaftlichen Aufschwungsfaktor ersten Ranges, zu einem „Bedürfnis-Faß ohne Boden".[15]

Nach neuesten Untersuchungen am Wissenschaftszentrum Berlin stieg der Anteil der Aufwendungen für die Behebung und Vermeidung von ökologischen und sozialen Folgeschäden des Wirtschaftswachstums in den Jahren 1970 bis 1988 von knapp 7% auf nahezu 12% des Bruttosozialproduktes.[16]

Die durch das Industriesystem verursachten Mißstände im Bereich der Umwelt, Schädigung der Gesundheit und Belastungen der Psyche des Menschen provozieren bloß neue Industrien: die Umweltindustrie, die pharmazeutische Industrie usw. Diese industriellen Therapieversuche können sich aber nur in dem Maße ausdehnen, wie auch die Nöte zunehmen. Wenn allerdings der Einsatz von Therapie sinnvoll sein soll, müßte sie auf die Beseitigung der Ursachen der Krankheitsphänomene abzielen. Hier aber leben die Therapieformen von den krankhaften Zuständen. Sie denken jedoch keineswegs daran, die Ursachen zu beseitigen – denn dann müßten sie eigentlich auf ihre eigene Abschaffung abzielen –, sondern vielmehr daran, sich zu etablieren.

Anders ausgedrückt, könnte man sagen: die Kranken rufen nach Ärzten; die Ärzte hätten die Funktion, die Krankheit zu beseitigen; doch durch die Art und Weise ihrer Therapie steigern sie bloß ihre Notwendigkeit und Unabkömmlichkeit. So braucht einer ständig den anderen: jeder ist Mittel zum Zweck.

Die Wirtschaft scheint selbstreferentiell zu werden, d. h. ein sich selbst immer neu am Leben erhaltendes System, gleichsam steuerlos, unabhängig von der Umwelt menschlicher Bedürfnisse.[17]

Der Prozeß des kosmetischen und symptomhaften Umgangs mit Schäden und Risiken läßt diese tatsächlich wachsen. Wie lange kann sich eine solche Spirale noch aufsteilen? Schäden und Risiken sind ja nicht beliebig vermehrbar.

Was heißt eine Politik der Symptomkur für die Hungers sterbenden Kinder, was heißt Symptomkur, wenn die Ozeane und das Trinkwasser einmal vergiftet sind, wenn der Wald kaputt ist, wenn die Ozonschicht unwiederbringlich geschädigt ist, wenn ganze Landstriche atomar oder chemisch verseucht sind?[18]

2.4.4. Vom Staatsdirigismus zum privaten Dirigismus – und zurück

Diese Art von Interventionspolitik hat zur Folge, daß der Staat finanziell und organisatorisch immer mehr überfordert wird.[19] Die zunehmende staatliche Machtzentralisierung, insbesondere in der Form wachsender staatlicher Wirtschaftsreglementierung und sozialstaatlicher Bürokratie, führt zu einer zunehmenden Instrumentalisierung der Freiheit, zur Lähmung der Marktkräfte, so daß erneut der Ruf nach „mehr Markt" ertönt.

Dem Staat wird deshalb die Aufgabe zugeschrieben, Bedingungen für einen individuell-liberalen und insofern pluralen Marktwettbewerb zu schaffen, um durch die Freigabe von Wettbewerbsspielen die horizontale Basis zu „energetisieren" und dadurch die ökonomischen und staatlich-bürokratischen Instanzen zu neutralisieren.

Hierbei wird übersehen, daß das, was sozio-ökonomisch zu neutralisieren ist, nämlich Konzerne, Kartelle, Banken, multinationale Blöcke und staatliche Wirtschaftsreglementierung, seine Entstehungsbedingung gerade in der Eigengesetzlichkeit der Wettbewerbsstrategie hat: sich durchsetzen gegen andere. Zu diesem Zweck aber ist der Zusammenschluß in größeren Verbänden und die Instrumentalisierung staatlich-politischen Handelns notwendig. Will und soll der Staat jetzt den privat-individuellen Wettbewerb an der Basis fördern, fördert er gerade die Bedingungen der Möglichkeit dessen, was er zu neutralisieren bestrebt ist.

Er setzt eine zutiefst zwiespältige Dynamik in Gang. Die Vital-starken, Mächtigen, Reichen und sonst Privilegierten werden mit staatlicher Unterstützung zur Entfaltung ihrer Kräfte befreit – die Wirtschaft expandiert, größere Quanten können verteilt werden; und daran profitieren in kleinerem oder größerem Ausmaß auch Mehrheiten der Vitalschwächeren, weniger Mächtigen und weniger Reichen; zugleich aber wachsen die Elendszonen – trotz und wegen der vom Staat begünstigten ökonomischen Freiheit der Reichen und Privilegierten.

Die Dynamisierung des Marktes bedeutet also nur wieder ein wirtschaftlich vermitteltes Erzwingen der fehlenden gemeinsamen Freiheit durch ökonomische Prozesse, die wieder nur funktional-profitorientiert dem Macht-Konkurrenz-System verfallen. Die Dynamisierung des Marktes, das Vertrauen auf ein freies Fluktuieren des Kapitals und auf die Provokation von Wagnis und Einsatz schlägt um in Leistungszwänge, in ein gegenseitiges Sichverbrauchen und Sichvernutzen. Der Konkurrenz-, Einzel- und Werbungswillkür wird Tür und Tor geöffnet. Die Märkte werden durch Konzentrationsvorgänge und Verbändekartelle zu vermachteten Märkten pervertiert – von der Agrarwirtschaft bis zu Energiekartellen. Der Dirigismus, den man vermeiden wollte, taucht als privater wieder auf und provoziert seinerseits wieder staatliche Eingriffe.

Ein Beispiel aus der Verkehrswirtschaft verdeutlicht dies: Die Verkehrswirtschaft im eigenen Land fordert von der Regierung „Deregulierung", das heißt, sie verlangt, Beschränkungen der zulässigen Achslast oder Auflagen wie Nachtfahrverbot aufzuheben, weil nur so endlich der Verkehr marktgerecht organisiert und nur so die Vorteile der Konkurrenten aus anderen Ländern eingeholt werden könnten.

Die Folge dieser „Deregulierung" ist eine noch stärkere Bevorzugung des Straßenschwerverkehrs, also noch mehr Abgase, Lärmbelästigung und Gesundheitsschäden bei den Anwohnern großer Verkehrsrouten. Dies hat zur Folge, daß die von dieser schädlichen Folgewirkung der „Deregulierung" betroffenen Bürger politischen Druck auf die Regierung ausüben werden, die Verkehrswirtschaft durch staatliche Eingriffe wieder zu zügeln.

Die „Marktmodernisierer" vertrauen auf den allgemeinen Nutzeffekt des in das Spiel freier Marktinteressen eingebundenen Eigentümer-Individuums und dessen Markt- und Expertengläubigkeit, Technikfixierung, Karriere- und Statusbewußtsein. Sie verachten den Staat nur in der Theorie, nicht dort, wo er ihnen von Nutzen ist – als Mittel technopathischer Expansion z. B. in der Rüstung, zur Subventionierung ihrer Superchips, Hyperlaser und Spezialgene, oder im Handelskrieg. Sie fordern massive Unterstützung durch den Staat, um den Konkurrenzkampf am Weltmarkt überlegen zu bestreiten. Der Staat ist ihr Instrument im Kampf um Macht- und Profitanteile.

Die Modernisierung soll über die Freiheit der Unternehmer organisiert werden, in der Praxis sind es in erster Linie die mächtigen Großunternehmen, die das wirtschaftliche Geschehen bestimmen.

Die „Staatskonservatoren" dagegen vertrauen vor allem auf Großorganisation und staatliche Eingriffe zur Regulierung der gesellschaftlichen Prozesse und nehmen deshalb auch ein gewisses Ausmaß an Bürokratie in Kauf.

Im Wissen, daß die Privatindustrie einen Großteil der Mittel erwirtschaftet, die der Staat ausgibt, wird die eigene Industrie – damit sie sich am Weltmarkt durchsetze – bewußt durch staatliche Subventionen gestützt.

Die Modernisierung soll mitentscheidend vom Staat organisiert werden, wobei mit „Staat" nicht so sehr die verfassungsmäßige Mitwirkung der Staatsbürger und ihre Vertretung durch Parlament und Regierung gemeint ist, sondern auch und überwiegend die großen Interessenverbände und die Staatsbürokratie mit ihren politischen Vertretern in Parlament und Regierung. Über staatliche Nachfrageankurbelung, staatliche Investitions- und Beschäftigungsprogramme, über Steuerregulierung u.ä. soll die Modernisierung vorangetrieben werden.

In der Praxis laufen beide Varianten auf die technokratische Problemlösung im Sinne der beschriebenen Symptomkur-Politik hinaus. Das zeigt sich in der Reaktionsweise auf die sozialen und ökologischen Folgewirkungen, die das herrschende Wirtschaften hervorruft.

Um diese Schäden zu reparieren, wird zusätzliche Produktion organisiert: Sozialwaren (Sozialfürsorge), Ökowaren (Filter, neue Medikamente), Technikwaren (neue chemische Substanzen, Gentechnik), Sicherheitswaren (neue Gesetze, Gefängnisse).

Der Streit zwischen diesen beiden Spielarten von Technokraten – den „Marktmodernisierern" und „Staatskonservatoren" – entbrennt allein an der Frage, wie die reparierend-kompensierende Produktion, die Politik der Symptomkur also, organisiert werden soll: über die großen Unternehmen oder über die Staatsbürokratie.

Beiden technokratischen Varianten ist eines gemeinsam: die schädlichen Folgewirkungen des Produktionsprozesses werden nicht zur Chance, die Übel an der Wurzel zu bekämpfen, sondern bilden nur den Anlaß, zusätzliche Produktions- und bürokratische Organisationsleistungen im Sinne der Schadensminimierung zu erbringen.[20]

2.4.5. Staatlicher Dirigismus im Kleide des Versorgungsstaates

Soziale Schäden zu reparieren, krisenfeste soziale Sicherung in allen Lebensphasen zu garantieren und Lebenschancen zu mehren – dies läßt den staatlichen Dirigismus im Kleide des Versorgungsstaates entstehen. Durch das wohlfahrtsstaatliche Programm sichert sich der Staat die Massenloyalität.

Der Versorgungsstaat ist zu einem Verteilerstaat geworden, in dem machtvolle Verteilereliten knappe Güter über eine Verteilungsbürokratie an fügsame Abhängige, die Verteilerklassen, verteilen.[21]

Die Sozialstaatsbürokratie ist vor allem als Bemühung konzipiert, den Opfern unserer individualistischen Gesellschaftsordnung Hilfe zu leisten. Die Abhängigkeit der Menschen von dieser anonymen Bürokratie bewirkt, daß die Menschen immer weniger in die Lage versetzt werden, die Probleme ihres Lebens selbst und zusammen mit anderen zu bewältigen, andererseits aber der Versuchung ausgesetzt werden, den Staat zu mißbrauchen.

Die Macht, die der Versorgungsstaat besitzt, erzeugt auf Seite der Versorgungsempfänger die Gegenmacht in Gestalt grenzenlos wachsender, ungestillter Bedürfnisse, denen gegenüber sich der Versorgende (der Staat) schuldig weiß.

Durch die von diesem Versorgungsstaat miterzeugten Entsolidarisierungsprozesse werden Veränderungen, die bei den Krisenursachen ansetzen, verhindert, weil versorgungsstaatliche Programme das Prinzip des „jeder für sich" und „der Staat für alle" verfestigen: das Prinzip des Vorrangs der Privat- und Gruppeninteressen vor dem Allgemeininteresse. Besitzindividualismus,

Statuswettbewerb, beruflicher und familiärer Privatismus werden gefördert und damit nochmals die Rivalitätsbeziehungen festgeschrieben, auf denen das Wirtschafts- und Gesellschaftssystem aufbaut. Lebensumstände und Lebensführung der Menschen geraten in die Abhängigkeit von Verteilereliten, die sie in ihrem Machtkalkül verrechnen.

Dieser Prozeß bedingt, daß einzelne und Gruppen dem gesellschaftlichen System und seiner Eigengesetzlichkeit isoliert gegenüberstehen, von ihm in unterschiedlichem Grad abhängig sind und es in dieser Abhängigkeit zu bedienen haben.

Monadisch isolierte, auf sich selbst zurückgeworfene und mit den anderen nur durch Macht-Konkurrenz-Zusammenhänge verwobene einzelne bzw. Gruppen suchen nach einer sie von außen leitenden, regulierenden Fremdbestimmung: einer zentralen Instanz als Ordnungsmacht: dem Staat.

2.5. Tendenz zur Zweidrittelgesellschaft

2.5.1. Die Industriestaaten als sozial temperierte und sozial gewandelte Klassengesellschaften

Die gesellschaftliche Wirklichkeit der Industriestaaten – das ist meine These – ist in sozial temperierter und sozial gewandelter Form nach wie vor als Klassengesellschaft zu bezeichnen. Diese Klassengesellschaft ist eine Gesellschaft, in der Rahmenbedingungen herrschen, die die Menschen in permanent bevorzugte und in permanent benachteiligte Gruppen bzw. Klassen aufspalten.

Die Kriterien für diese Wertung sind: Macht und Einfluß, Einkommen und Vermögen, Bildungsstand und Information, Sozialprestige und Status, Art der Arbeit.

Zur permanent bevorzugten Gruppe sind zu zählen: die Spitzenfunktionäre der Parteien und Verbände, Universitätslehrer, Ärzte, Rechtsanwälte, hohe Beamte, Eigentümer von Unternehmen einer bestimmten Größe, leitende Angestellte, ein Teil der Facharbeiter, Bauern der privilegierten Zonen.

Zu den permanent benachteiligten Gruppen zählen: Arbeitslose, unqualifizierte Arbeiter/innen, viele Alleinerzieherinnen und alleinstehende Frauen, ein großer Teil der Pensionisten, Kleingewerbetreibende, Bergbauern, Behinderte, Mehrkindfamilien mit niedrigem Einkommen, Gastarbeiter.

Und wo steht in dieser Spaltung die Mehrzahl? Ihre ganz entscheidende Rolle wird mit dem Begriff und der Wirklichkeit der Zweidrittelgesellschaft erfaßt, die ja eine historisch neue Form der Gesellschaftsspaltung unter aktiver Mitwirkung von Mehrheiten ist.

Diese gesellschaftliche Wirklichkeit wird uns von einer dynamischen Ungerechtigkeit her faßbar. Das heißt: Wer in unserem System von Anfang an benachteiligt ist, entweder weil er als Gastarbeiterkind oder in einer Randzone auf die Welt kommt, wenig Bildungschancen hat, über einen nur ungelernten oder angelernten Beruf verfügt, ist am stärksten von Arbeitslosigkeit bedroht, er muß die schlechtesten Arbeiten annehmen, er hat keine Auswahl mehr, muß sich mit dem niedrigsten Einkommen unter den schlechtesten Arbeitsbedingungen zufrieden geben; und wenn es schief geht, er wieder arbeitslos wird, dann dreht sich die Spirale weiter nach unten – bis er endgültig in die Randzone abgeschoben, ausgegrenzt wird. Und dieses Schicksal begleitet ihn das ganze Leben lang.

2.5.2. Die Symptomkurpolitik macht Opferungen nötig

Diese „dynamische Ungerechtigkeit" wird durch die herrschende Politik der Symptomkur verstärkt, eine Politik, die die sozialen und ökologischen Schäden so aufzufangen versucht, daß das Gesamtsystem nicht zusammenbricht. Da das Steuerungssystem selbst, also der Herrschafts- und Verdrängungscharakter des Systems das Hauptübel ist, aber nicht angetastet werden darf oder kann, bleibt nur die Politik der Symptomkur übrig, die durch den produzierten Reichtum immer mehr Armut produziert und Opferungen nötig macht. Warum?

Die Produktion, die sich im Feld der Macht-Konkurrenz-Beziehungen vollzieht, beruht grundsätzlich auf der Basis der Verdrängung und Ausgrenzung von Menschen und Menschengruppen und der Ausbeutung der Natur. Die sozialen und ökologischen Folgeschäden versucht man mit Hilfe einer Politik der Symptomkur zu mildern. Da diese Politik der Symptomkur nicht die Ursachen behebt, vollzieht sie sich wieder auf der maßgebenden

Basis der Macht-Konkurrenz-Struktur. Da die Ursachen nicht behoben werden, steigen die Kosten der Reparaturen. Es entsteht eine immer größere Kluft zwischen den Zerstörungskräften und den Eingriffsmöglichkeiten bzw. Restaurationskräften. Die Mittel für die Symptomkur werden geringer, so daß, wenn das System aufrechterhalten werden soll, wachsende Opferungen sich als notwendig erweisen.

Hiezu kommt, daß bei vielen Menschen die biophysische und geistige Vitalität nicht ausreicht, um in diesem „Leistungskampf" aller gegen alle zu bestehen. Dies trifft auch für den Bildungssektor zu: vielen fehlt die Kraft und die Fähigkeit zum Umlernen. Sie bleiben auf der Strecke.

Dies hat zur Folge, daß die oben skizzierte sozial gewandelte und sozial temperierte Klassengesellschaft sich im Norden unseres Planeten zu einer Zweidrittelgesellschaft auswachsen und weltweit sich die Eindrittelgesellschaft in ihren Konturen verschärfen wird. Wobei die „Zentren" im Norden wie im Süden das eine Drittel, die Reichtumszone, und die „Peripherien", die zwei Drittel, die Armutszone, bezeichnen.[22]

2.5.3. Formal-demokratisch gedeckte Opferungen: Die Zweidrittelgesellschaft

Das Hauptproblem jeder Expansionsstrategie besteht im Erzeugen der Nachfrage und im Abwälzen der Expansionskosten. An diesem Doppelproblem sind ja die Expansionsstrategien der 60er und 70er Jahre in allen Industrieländern festgefahren. Die Frage war und ist: Wie sind die nicht länger zu leugnenden Sozial- und Umweltschäden der Expansion durch noch weiter gesteigerte Expansion kompensierbar? Dies ist nur dann möglich, wenn die Kosten dafür als vermehrte Opfer aufgebracht werden können. Die Zweidrittelgesellschaft ist die Antwort. Ein nächster Schub von Expansion kann durch das Abkoppeln breiter Randschichten – durch ihre Opferung – möglich werden.

Diese Zweidrittelgesellschaft wird politisch organisiert von einem Kartell von Eliten, einer politischen Klasse, die alle Lager und alle politischen Richtungen umgreift. Sie zeichnet sich durch einen Komplex von Denk- und Verhaltensmustern aus (Macht, Einfluß, Prestige, Karriere, Statusstreben), sichert sich – bewußt/ unbewußt – gegen jede einschneidende Veränderung ab und wird von den Wohlstandsbürgern mitgetragen, die sich zur gegenseitigen Förderung und Absicherung ihrer Lebenschancen zu großen Teilen in Prestige-Klubs und „Logen" aller Art organisieren. Durch solch informelle Vernetzungen verfestigen sie nochmals das System – nicht zuletzt dadurch, daß sie, aus welchen Motiven auch immer, karitative Aktivitäten setzen; damit lenken sie ihr Engagement und die Aufmerksamkeit der Öffentlichkeit von Aufgaben der Strukturveränderung ab, schaffen sich selbst ein gutes Gewissen und weisen sich vor der Öffentlichkeit als gemeinwohlbewußte Wesen aus.

Das Kartell der Eliten – formaldemokratisch legitimiert – verfügt über die notwendigen Machtmittel. Die Zweidrittel binden das Restdrittel an sich, das Drohbild der Peripherie wird zum Disziplinierungsinstrument: „Wenn ihr nicht mitmacht, sinkt ihr auch in die Randzone ab" – und umgekehrt: „Wenn ihr mitmacht, dann habt ihr in der Dimension der Besseren und Bevorzugten große Chancen für den Zuwachs von Macht und eigener Prosperität."

Diese Zweidrittelgesellschaft ist eine Verdrängungsgesellschaft, die das Elend eines Rests von Menschen braucht, um die übrigen Gruppen – systemgerecht – insbesondere zugunsten der Mächtigen und Privilegierten arbeiten zu lassen. Mächtige Gruppen nehmen für ihre Privilegien die Opferung sozialer Gruppen und – wie geistesabwesend – die Opferung der Natur in Kauf.[23]

Die Politik des Kartells der Eliten steht dabei unter einem Rechtfertigungszwang; es muß seine Politik legitimieren. Das geschieht durch demokratische Wahlen. Die neue Ordnung, die Zweidrittelgesellschaft, muß nicht nur über die Stabilisierung der ökonomischen Verhältnisse im Sinne der Eliten laufen, sondern auch über politisch-demokratische Verfahren. Die Mehrheit der Bevölkerung gibt diesen Eliten die notwendigen Machtmittel in die Hand und verstärkt damit die Spaltung der Gesellschaft.

Durch die großverbandliche Interessenvertretung der Erwerbsschichten führt diese Tendenz zur Zweidrittelgesellschaft – zu einem Macht-Konkurrenz-Kampf der verschiedenen Bevölkerungsschichten auf Kosten der Schwächeren.

Die verschiedenen Schichten der Bevölkerung sind als Interessenkoalitionen in der Weise in Großverbänden organisiert, daß eine spezifische Interessensgrundausrichtung die Schwächeren und Stärkeren in ein und demselben Verband zusammenbindet: die kleinen Handwerker, die Greißler, die kleinen Unternehmen mit den Großunternehmen, den Handelsketten in den Handelskammern; die Bergbauern, die Kleinbauern mit den Großagrariern in den Landwirtschaftskammern; die Hilfsarbeiter mit den Facharbeitern in den Gewerkschaften.

Dies hat faktisch zur Folge, daß die jeweils Schwächeren in den Verbänden und Kammern zu einem guten Teil nicht wahrnehmen, daß die Politik, die sie betrifft, von den jeweils Mächtigeren – gerade auch ihres Verbandes – bestimmt wird und nicht von den Schwächeren; und für diejenigen, die das wahrnehmen, wird diese Wahrnehmung nicht handlungswirksam. Ihr Angriffsziel richtet sich vornehmlich gegen die jeweils Schwächeren: sie gehen gegen die Arbeitslosen und Gastarbeiter los, die „Schmarotzer von unten", die den Sozialstaat „ruinieren".

Die Schwächeren – das ist die Tendenz – werden gegeneinander ausgespielt und spielen sich selbst gegeneinander aus. Dieser Prozeß der Spaltung und Splitterung führt zur Stärkung des Kartells der Eliten und der Wohlstandsbürger, er führt zur verschärften Rivalität gerade der Schwächeren untereinander und er führt dadurch zu einer zunehmenden Atomisierung auch der Menschen der Unterklasse. Am Ende steht der Sieg der Vitalstärkeren über die Vitalschwächeren.

Die Zweidrittelgesellschaft ist nicht eine nach den Konfliktlinien früherer industriell bestimmter Wirtschaftsphasen gespaltene Klassengesellschaft: Produktionsmittelbesitzer gegenüber Lohnarbeitern, Reiche gegenüber Armen, Gebildete gegenüber Ungeschulten. Das bestürzend Neue ist die Einbeziehung von Mehrheiten, die selber in anderer Interessenslage als die mächtigen und reichen Eliten leben, aber in dem beschriebenen Vorgang sich verläßlich auf die Seite dieser Eliten schlagen, indem sie an der Ausgrenzung und Opferung der an den Rand gedrängten Gruppen teilnehmen.

Die Spaltung der Gesellschaft in zwei Drittel und ein Drittel verfolgt also einen ganz bestimmten Zweck: teile und herrsche, aber jetzt so, daß die elitär gesteuerte Zweidrittelgesellschaft – für die nächste Zukunft zumindest – immer wieder reproduziert werden kann.

2.5.4. Schlägt die Zweidrittelgesellschaft
in eine Eindrittelgesellschaft um?

Der liberal-konservative Soziologe der Universität Konstanz Horst Baier ist der Meinung, daß die Formel Zweidrittelgesellschaft „die Gesellschaftstendenz des entwickelten Kapitalismus noch beschönigt. Nicht ein Drittel der Bevölkerung wird zunehmend aus dem Erwerbsleben ausgegliedert und in die politische Apathie gedrängt, sondern im Zuge des nächsten Jahrzehnts zwei Drittel. Rechnet man sozialstatistisch das Wachstum der Versorgungsklassen (Rainer M. Lepsius) nach und hoch, so haben wir im Jahr 2000 ein starkes Bevölkerungsdrittel, das noch nicht (Jugendliche und Studenten), nur zeitweise, kurzzeitlich (vor allem Frauen) oder nicht mehr (Alte und Frührentner) beschäftigt ist. Ein knapperes zweites Drittel rekrutiert sich aus langfristig oder dauerhaft Arbeitslosen, aus unterqualifizierten Übersiedlern, Aussiedlern, europäischen und nichteuropäischen Zuwanderern mitsamt ihren Begleitfamilien, für die mehr sozialpolitische Integrationsleistungen aufgebracht werden müssen, als sie je an Wirtschaftsleistungen erbringen."[24]

2.6. Die ungleiche Gleichheit der Interessen

2.6.1. Vom Vorrang der Erwerbsinteressen
in der Gespaltenheit der Interessen

Für die Menschen unserer Arbeitsgesellschaft ist zuerst und unmittelbar das Erwerbsinteresse bestimmend: zum einen der materiellen Daseinssicherung und Daseinsverbesserung wegen, zum anderen aber auch, weil die Erwerbsarbeit wesentlich als Medium für „Lebenssinn" erscheint; sie bestimmt den Lebensrhythmus, Fähigkeiten und Talente werden gefördert, ein Spektrum von menschlichen Beziehungen eröffnet sich.

Das gilt für die Arbeiter in der Chemieindustrie genauso wie für die Arbeiter, die gerade ein Kernkraftwerk bauen, die Beschäftigten in der Rüstungsindustrie oder in einem verstaatlichten Unternehmen, das auf Halde arbeitet. Dieses unmittelbare Erwerbsinteresse hat Vorrang vor allen Nicht-Erwerbsinteressen:

den Gesundheits-, Umwelts-, Friedensinteressen, dem Interesse an einer Humanisierung der Arbeitswelt.

Den unmittelbaren und greifbaren Erwerbsinteressen (Einkommen, Haus/Eigentumswohnung, Auto, Ferienwünsche, Abzahlung von Kreditschulden) stehen die Gefahren am Arbeitsplatz selbst (Arbeitsunfälle, Vergiftungen, Explosionen) und die mittelbare Betroffenheit durch die Möglichkeit eines Arbeitsplatzverlustes, durch Gesundheits- und Umweltgefahren, durch Großrisiken gegenüber, die aber nur mittelbar und ungreifbar erfahren werden – „Es trifft zuvor die anderen, nicht mich."

Die Arbeitnehmer/innen unterstützen und fördern – tendenziell – deshalb eine Vollbeschäftigungs- = quantitative Wachstumspolitik auch dann, wenn sie sich langfristig als existenz- und lebensbedrohend erweist. Diese Förderung stützt den Teil der Politiker- und Verbändeklasse, die zusammen mit ihrer Klientel von der Aufrechterhaltung dieses Systems profitiert; sie spaltet die Arbeiter/innen aber zunehmend von der wachsenden öko-sozialen Opposition ab, die mit Vehemenz eine Kurskorrektur dieser auf quantitatives Wachstum ausgerichteten Wirtschaftspolitik fordert.

Die öko-soziale Opposition, die sich vornehmlich aus Schichten zusammensetzt, die aufgrund garantierter Existenzmittel von den politischen Machthabern weniger abhängig sind, bringt die Politikerklasse in Zugzwang; sie muß aufgrund ihres Machtinteresses (im Sinne des Prinzips der Stimmenmaximierung) gewisse Forderungen der öko-sozialen Opposition übernehmen. Das Maß der Bevorzugung und Benachteiligung rivalisierender Gruppierungen durch die politische Klasse hängt mit von der Quantität der Zustimmungs- oder Ablehnungspotentiale ab.

In der Praxis wird durch die Einmischungsmacht der in ihren Grundinteressen divergierenden Gruppierungen jedenfalls eine Politik verhindert, die bei der Ursachenbekämpfung ansetzt.

2.6.2. Neue Koalitionen quer zur Klassengesellschaft: Schadensgewinner – Schadensverlierer

Diese quantitative Wirtschaftspolitik mit ihren sozialen und ökologischen Folgewirkungen und die auf sie antwortende Politik der Symptomkur, die neue profitable Wachstumsbranchen zur Bekämpfung dieser Folgeschäden entstehen läßt, spaltet – das zeigt die neueste Entwicklung ganz deutlich – alle Klassen und Schichten, Unternehmen, Branchen, ja Regionen immer mehr in solche, die von dieser Entwicklung (jedenfalls kurzfristig) profitieren, und in solche, die durch sie ihre ökonomische Existenz bedroht sehen oder verlieren.

„Das, was der eine, etwa die chemische Industrie, als Umwelt verpestet, ist das, was die anderen, etwa der Tourismus, die Landwirtschaft, die Lebensmittelindustrie, das Fischereigewerbe usw. am Markt anzubieten haben."[25] Durch die ökologische Zerstörung einer Region können ganze Wirtschaftszweige (Kapital und Arbeit) ihre wirtschaftliche Existenzbasis verlieren.

Aber auch das Gegenteil ist der Fall. Durch ökologische Schäden und Zerstörungen gewinnen ganze Wirtschaftszweige (Kapital und Arbeit) eine neue Produktionsbasis: vom steigenden Müll profitieren die Hersteller von Müllverbrennungsanlagen und ihre Betreiber, vom Stickoxidausstoß die Hersteller von Katalysatoren und Reinigungsfiltern.

Die wachsende Aufspaltung unserer Wirtschaft in Schadensgewinner und Schadensverlierer schlägt auch auf die Erwerbs- und Einkommensstruktur durch, die zu neuen wechselnden Interessenskoalitionen zwischen Kapital und Arbeit und neuen Interessensgegensätzen zwischen Kapital und Kapital und zwischen Arbeit und Arbeit führen und verstärkt führen werden.[26]

Die Gewalt industrieller Eigendynamik schafft also ein verschlungenes Bündel teils konkurrierender, teils kooperierender Interessen, die den Zwiespalt zwischen den unmittelbaren Erwerbsinteressen und langfristigen Lebensinteressen vertieft, eine Interessenspaltung, die sich immer mehr in jedem einzelnen Menschen vollzieht und der sich immer mehr Menschen schmerzhaft bewußt werden.

Die Forderung nach einer Versöhnung von Ökonomie und Ökologie ist nur dann keine Leerformel, wenn gezeigt werden kann, wie aufgrund der herrschenden Steuerungsmechanismen und der gegenwärtigen Strategie der Interessenverfolgung ein qualitativer Ausgleich der ungleich-gleichen Interessen gelingen kann.

Die Menschen werden diese ihre Interessensausrichtung erst dann ändern, wenn ihnen Sicherheit, d. h. eine berechenbare Lebensführung in einer anderen Weise als über Erwerbsarbeit allein garantiert wird.

2.6.3. Zum Mechanismus der Verteilungspolitik

Der Interessenkampf zwischen den Parteien und den Verbänden ist ein Anspruchskampf um möglichst große Bevölkerungsteile mit den Mitteln der Zu- und Umverteilung von Lebens- und Versorgungschancen für ihre Massenklientel.[27]

Die Mehrheit der Bevölkerung legitimiert die Verteilungsmacht der politischen Klasse, so lange ihr Existenzsicherung und Daseinsvorsorge garantiert werden.

Das politische Machtfeld der Partei- und Verbändeeliten ist geeint und gespalten zugleich, insofern diese in ihrem Anspruchskampf so miteinander rivalisieren, daß dieser Kampf das Verteilungssystem nicht gefährdet.

Das Wechselverhältnis zwischen politischer Klasse und gesellschaftlichen Großgruppen erweist sich durch den Zusammenhang von Sicherungsangebot und -erwartung als ein gegenseitiges Abhängigkeitsverhältnis, das einem Zirkelzwang gleichkommt.

Die politische Klasse stützt mit ihrem stetig fortgeschriebenen System versorgungsstaatlicher Leistungen nicht nur ihre Machtinteressen, sie sichert sich auch die Loyalität der Massen für das Gesamtsystem.

Das Sicherheitsstreben der Bevölkerung schwankt zwischen Freiheitsdrang und Selbstsicherungszwang. Große Teile der Bevölkerung gewähren die Legitimierung nicht nur aufgrund eines Interessenegoismus und des Wunsches nach Expansion der Versorgungsansprüche, sondern um des nackten Überlebens willen – in Konkurrenz mit anderen Bevölkerungsgruppen um knappe Mittel.

Dieser Zirkelzwang zwischen angebotener Existenzsicherung und abgeforderter Legitimierung hat aber zur Konsequenz, daß besonders die existenzverunsicherten und -abhängigen Bevölkerungskreise die quantitative Wirtschaftspolitik mit ihren sozialen und ökologischen Folgewirkungen legitimieren. Sie legitimieren damit einen Mechanismus, der sie zum „Opfer" macht.

In diesem System geht es daher nicht um mehr Mitbestimmung und Mittätigkeit, um frei unternehmerische Initiativen der vielen – das sind nur Verschleierungsformeln im Anspruchskampf um Klientele und knappe Mittel –, sondern um dauerhafte Daseinssicherung und Daseinssteigerung, um Zu- und Umverteilung von Lebenschancen und Existenzmitteln.[28]

Maßstab für diese Zu- und Umverteilung ist politisch die Stimmenmaximierung und wirtschaftlich die Arbeitsproduktivität; deshalb lassen sich auch „Plusklientele" und „Minusklientele" unterscheiden. Zu den „Minusklientelen" zählen: die Alten, die langfristig Arbeitslosen, die Unterqualifizierten, die Gastarbeiter, fehl- oder nicht ausgebildete Jugendliche, die nicht berufstätigen Frauen, zumal mit Kindern, und ältere Arbeitnehmer sowie kinderreiche Familien.[29]

2.7. Die zunehmende Zerstörung der Lebenswelt

Die negativen Folgewirkungen des Teilsystems „Wissenschaft – Technik – Ökonomie" in seiner gegenwärtigen Gestalt auf die persönliche Lebenswelt des Menschen sind vielfach.

2.7.1. Raubbau am Menschen

Die These ist, daß das hochkomplexe, die Gesellschaft zentral steuernde Teilsystem „Wissenschaft – Technik – Ökonomie" zum einen zunehmend das solidarische Grundverhalten in den verschiedenen Lebensdimensionen zerbricht, die Menschen dadurch wachsend in die Vereinzelung treibt, während zum anderen Subsysteme des sozio-kulturellen Teilsystems (Ehe/Familie, Freizeit, Religion) durch ihre Entlastungsfunktion gegenüber dem Raubbau, dem der Mensch besonders im ökonomischen Teilsystem ausgesetzt ist, das Funktionieren des Teilsystems „Wissenschaft – Technik – Ökonomie" überhaupt erst ermöglicht.

Stimmt diese These, dann muß die wachsende psychische, gesundheitliche und soziale Not, die die Lebenswelt der Menschen zunehmend überfordert, auch die Entlastungsfunktion für das ökonomische System schwächen. Die sich gegenseitig verstärkenden Wirkungs- und Einwirkungsfelder müssen sich dann notgedrungen durch paralysierende und/oder radikalisierende Effekte langfristig negativ auf die Gesamtgesellschaft auswirken.

2.7.2. Konkurrent unter Konkurrenten

Das ökonomische Teilsystem ist aufgebaut auf dem Prinzip egoistischer Interessendurchsetzung, Rivalität und Verdrängungskonkurrenz: „Ich kann mein Leben nur gegen dich gewinnen, nicht mit dir zusammen." Das Glück des einen nährt sich vom Unglück des anderen. Daher verstärken sich Grundeinstellungen wie: „Je schlechter es dir geht, um so besser geht es mir." Der „Resonanz"-Effekt entfaltet sich, im gesellschaftlichen Alltag erfahre ich, was die Teilnehmer meines Alltags verbindet: es ist eine Beziehung der Machtkonkurrenz und die Anpassung an diesen Alltag, ich bin Konkurrent unter Konkurrenten.

2.7.3. „Sozialer Abfall" im Konkurrenzkampf der Leistungstüchtigen

Eine der Implikationen des Paradigmas der „Marktmodernisierer" ist: freie Bahn dem Leistungstüchtigen. Im Vertrauen auf die Antriebskraft des Individuums wird der Individualismus angeheizt. Hierin ist der Glaube an den allgemeinen Nutzeffekt des ökonomischen Egoismus wirksam – vorausgesetzt, zwischen diesen Egoismen herrscht freier Wettbewerb. Dadurch, daß alles Handeln unter das Diktat des eigennützigen Fortkommens gestellt wird, wird aber gerade wieder der Machtkonkurrenzkampf verstärkt und dabei in Kauf genommen, daß immer mehr Menschen in der Konkurrenz um Mittelvorteile (Beschäftigung und Einkommen) als „sozialer Abfall" auf der Strecke bleiben.

Diese Konkurrenz der marktmodernistischen Individuen führt zu den – schon beschriebenen – Machtkonzentrationen und damit zum Überlebensvorteil von Machtgebilden (Finanz- und Produktionskapital), die durch ihre Übermacht alles „Individuelle" absorbieren.

2.7.4. Schwächen und Laster der Menschen als Feld der Werbestrategie

Die große Triebkraft der industriellen Produktion ist die Mobilisierung der Bedürfnisse und der Ansprüche: Was die Wirtschaft mitentscheidend antreibt, sind die Schwächen und Laster der Menschen. Wer Werbung macht, weiß dies. Die Werbung ist das Phänomen des künstlichen Hungers. Ihre Suggestivkraft beruht auf der Aufdeckung dieses Hungers: du hast noch nicht, was du eigentlich möchtest. Der Mensch ist ein verführbares Wesen.

Diese Wahrheit nimmt die Werbung ernst. Die Werbung reizt das Begehren des Menschen; sie appelliert an den Geltungstrieb, die Geld- und Habgier.

Menschliche Grundeigenschaften, die nicht zur Sonnenseite der psychischen Grundausstattung des Menschen zählen, werden so verstärkt. Diese Schwächen und Laster nehmen in dem Maße zu, wie die Erwerbsarbeit oder erwerbsloses Leben entfremdend, bedeutungslos, eindimensional erfahren wird. Lebenssicherung und Lebenssteigerung sind die Triebkräfte sich ausweitender Massenbedürfnisse. Auf diesen Triebkräften baut die Werbestrategie auf.

2.7.5. Vereinzelung

Die Ordnungswelt (Markt, Staat, Verbände) verstärkt durch ihre Regelsysteme die Vereinzelung: die sozialstaatliche Modernisierung bindet den einzelnen an die sozialrechtlichen Regelungen und Versorgungen; der Konkurrenzkampf am Arbeitsmarkt, der Kampf zur Sicherung eines Platzes in der Wohlstandszone der oberen Zweidrittel der Gesellschaft (um nicht abzusinken in die Armutszone) führt zu Spaltungen und Splitterungen, die sich durch alle Schichten und Gruppen der Bevölkerung hindurchziehen, zu einem „Klassenkampf ohne Klassen", der zunehmende Entsolidarisierungsprozesse bewirkt. Gesellschaftliche Krisen werden als individuelle Krisen, als persönliches Versagen gedeutet.[30]

Diese Regelungssysteme werfen den Menschen auf sein „Für-sich-selbst-Sein" zurück: auf einen Überlebenskampf im Sinne eines Rette-Sich-Wer-Kann.

2.7.6. Pluralismus ohne tragende Werte

Der Amerikaner Robert Bellah untersuchte gemeinsam mit vier anderen Soziologen das Wert- und Normensystem der weißen mittelständischen Bürger der USA. Das Buch mit dem Titel „Habits of the Heart" wurde ein Bestseller.[31] Als die dominierenden Werte dieser Schicht orteten sie: Erfolg in der beruflichen Karriere und Glück in den persönlichen Beziehungen. Ethische, religiöse, politische (das Gemeinwesen betreffende) Werte sind den beiden individuellen Werten völlig untergeordnet.

Diese Soziologen beschreiben die USA als eine Gesellschaft wachsender Sprachlosigkeit, zunehmender Vereinsamung und Beziehungslosigkeit. Besorgt fragen sie sich, wie ein weltanschaulich freier Staat mit einer pluralistischen Gesellschaft angesichts der inneren, divergierenden Kräfte auf Dauer Bestand haben kann, wenn er nicht auf einem System tragender Werte beruht, das der Gestaltung der Welt ein gemeinsames Fundament verleiht.

2.7.7. Orientierungs- und Bindungsverlust

Das Teilsystem „Wissenschaft – Technik – Ökonomie" kann seinen immanten Prinzipien zufolge nur dann funktionieren, wenn es gleichsam als Teilsystem aus der Gesamtgesellschaft ausgegliedert ist und durch eine Reihe von Zusatzsystemen (Ehe/Familie, Freizeit, Religion) gestützt wird, die die gröbsten von ihm produzierten Mißstände abbauen und die Ansammlung explosiver Potentiale verhindern. Das Spalten der Lebenswelt in verschiedenste Sinnwelten ist die Möglichkeitsbedingung ökonomischer Effizienz.

Der Mensch wird täglich in den verschiedensten Sinnwelten herumgewirbelt. Orientierungs- und Bindungsverlust sind die Folgen.

Nöte und Leiden, die auf Leib und Seele drücken, werden nicht radikal, sondern nur symptomatisch behandelt: Sozialdienste für immer mehr Menschen durch Sozialarbeiter, Psychotherapeuten, Telefonseelsorge; Therapie-, Betreuungs- und Beratungszentren aller Art.

Die Symptombehandlung macht einen Teil dieser Menschen wieder funktionsfähig für das ökonomische Teilsystem, einige scheiden wegen psychischen Energiemangels als für den Gesellschafts„fortschritt" Unfähige aus. Die Symptombehandlung hilft über Anpassungsprobleme hinweg, dämpft menschliche Unbalanciertheit, Unberechenbarkeit und risikoreiche Explosion.

Die Symptombehandlung der seelischen und sozialen Schäden hält die Leistungskraft des Wirtschaftssystems aufrecht, gleichzeitig nehmen die psychischen und sozialen Schäden zu. Wann schlagen diese Schäden so auf das Arbeitsverhalten und die disziplinierte Lebensführung durch, daß sie die menschliche Produktivkraft unseres Wirtschaftssystems von innen heraus lahmlegen?

2.7.8. Menschen als Mitläufer

Die gesellschaftliche Dynamik – so können wir zusammenfassen – produziert Menschen als Mitläufer. Viele Menschen sind heute gezwungen, sich verantwortungslos einem anonymen Arbeitszwang zu unterwerfen, sich abhängig zu machen von Institutionen, die ihre Freiheit zur eigenen Machtsicherung absorbieren, und in einer Maschinerie mitzulaufen/mitzufunktionieren, die unsere Lebensgrundlagen zunehmend bedroht. Dieses System vielfältiger Abhängigkeit führt zu einem Konsens Gleichgeschalteter, die all das still dulden und dem gewohnheitsmäßig zustimmen, was ihnen als ihr scheinbar eigenes Interesse durch ein Kartell von Eliten vordefiniert und ausgefiltert wird.

Die Mitläufer sind als Symptomträger nicht nur verformte Subjekte und manipulierbare Agenten, sondern auch Mitakteure: in ihrem allzuoft selbstbezogenen Interessenegoismus trösten sie sich damit, daß dieses Wirtschaftssystem mit seiner privilegierten Schicht bei allen Unzulänglichkeiten eben doch für die größte Zahl Wohlstand und Glück bringe. Dieser Interessenegoismus, der unter dem Gesetz des optimierten Lustgewinns steht, wird damit zum systemorientierten Handlungskalkül.

Materiell-soziale und geistig-seelische Not können nicht getrennt werden. So verschieden sie uns erscheinen mögen, beide sind Erscheinungsformen zweier Folgewirkungen eines verfehlten strukturellen Grundansatzes unserer Gesellschaft. Materiellsoziale und geistig-seelische Not bedürfen damit auch einer die Ursachen selbst anzielenden Therapie.

3. VERNETZTE LOKALE ANTWORTEN AUF DIE GLOBALE KRISE: EIN ÖKO-SOZIALER UMBAU

3.1. Hinfällige und chancenreiche Antworten

Welche Antworten können wir auf die hier in einiger Breite beschriebenen, weltweiten Zerstörungstendenzen geben? Kann es überhaupt angesichts eines Befunds, der nichts beschönigt und unvermeidlich ängstigt, ja entmutigen könnte, realistische Antworten geben? Muß nicht jede einzelne Reform, muß nicht auch die Einführung eines Grundeinkommens als hilfloser Versuch gegenüber übermächtigen, die Zivilisation im ganzen bestimmenden Strukturen erscheinen?

Die Analyse in düsteren Farben hat auch den Zweck, die Hinfälligkeit und Zweckwidrigkeit gewisser Antworten aufzuzeigen. Hinfällig und zweckwidrig sind sämtliche Maßnahmen und Planungen, die nur auf Symptombehandlung abzielen. Verhehlen wir uns nicht: ein Großteil der jetzt propagierten und umstrittenen Politiken muß diesem Verdacht anheimfallen.

Es ist üblich geworden, die Einsicht in die Tatsache der ablaufenden oder schon vorprogrammierten Katastrophen als Pessimismus auszulegen und sich gegen das „Katastrophengerede" zu verwahren. Das heißt, die Lage gründlich verkennen. Überall, in den individuellen Lebensgeschichten wie in der Evolution der Arten, in den mikrophysikalischen Vorgängen wie in der Geschichte sind Katastrophen die Wendepunkte der Entwicklung, notwendige Herausforderung für Überleben und Verwandlung. In der Medizin ist Krise immer auch Krisis – Gefahr der Verschlechterung und Chance der Besserung und sogar Heilung.

In diesem Sinn wäre es töricht, sich gegen die Tatsache der weltweiten Katastrophentendenzen zu verschließen. Je weniger wir vor ihrem Ernst flüchten, je mehr wir uns entschließen, zu widerstehen, desto realitätsgerechter können unsere Antworten ausfallen. Nur eine von den herkömmlichen Politiken entschieden abweichende Antwort kann realistisch sein, nur solche Antworten – Strukturreformen statt Symptombehandlung – können ermutigen. Das ist die Schlußfolgerung unserer Analyse.

Es kann nicht Aufgabe dieser wenigen Seiten sein, ein umfassendes Konzept solcher Strukturreformen vorzulegen. Und doch können wir nicht umhin, jeden einzelnen Reformschritt in den Zusammenhang von Strukturreformen zu stellen.

Kernstück des umfassenden Reformprogramms – des öko-sozialen Umbaus – werden solche Neuerungen sein, die es immer mehr „Mitläufern" und „Mittätern/Mitopfern" in der sozialen Ausgrenzung und überhaupt in der ökologischen Verelendung erlauben, aus diesen Rollen auszubrechen und zu Partnern im Umbauvorhaben zu werden.

Das ist auch die Antwort auf die Frage, warum wir den Vorschlag eines allgemeinen Grundeinkommens mit der Perspektive eines umfassenden öko-sozialen Umbaus verbinden.

Der Vorschlag für ein Grundeinkommen, das heißt eine materielle Grundsicherung unabhängig von Erwerbsarbeit, unabhängig aber auch von bürokratischer Kontrolle allfälliger Notlagen, basiert auf zwei grundsätzlichen Überlegungen:

Erstens: Nur ein öko-sozialer Umbau des Teilsystems „Wissenschaft – Technik – Ökonomie" vor allem der Industrieländer kann die sozialen und natürlichen Lebensgrundlagen dieser Länder und der Weltgesellschaft als ganzer vor einer zunehmenden Zerstörung bewahren.

Zweitens: Wir befinden uns gegenwärtig, ausgelöst vor allem durch die technologische Revolution, in einer Umbruchs- und Übergangsphase, die durch die radikale Veränderung unserer herrschenden Gesellschaftsmuster – in der Welt der Arbeit, der Freizeit, der Ehe und Familie – zu einem Wandel unseres Zivilisationsmodells führt, zu einem Wandel der erwerbsarbeitszentrierten Gesellschaft, die seit Hunderten von Jahren die epochetypischen Arbeitsformen in Landwirtschaft, Industrie und Verwaltung bestimmt. Diese Umbruchs- und Übergangsphase bietet uns die Chance, die Erwerbsarbeitsgesellschaft in eine Tätigkeits- und Bildungsgesellschaft umzubauen.

Was ist unter einer Tätigkeits- und Bildungsgesellschaft zu verstehen? Eine Tätigkeits- und Bildungsgesellschaft ist eine Gesellschaft tätiger Menschen, eine Gesellschaft, in der wir einen immer geringeren Teil der Zeit und Kraft für fremdbestimmte Erwerbsarbeit einsetzen und einen immer größeren Teil selbstgestalteter Tätigkeit widmen, im geistig-geistlichen Leben, in der künstlerischen Gestaltung des Lebens, dem Engagement in den sozialen Netzen und in den politischen Gemeinwesen.

Der Charakter der Gesellschaft, um die es in dem Umbauvorhaben geht, ist freilich in unserem Verständnis nicht durch beliebige Tätigkeit und beliebige Bildungsinhalte bestimmt. Der Umbau zielt auf eine Gesellschaft, in der niemand ausgeschlossen oder ausgegrenzt wird, eine Gemeinschaft des Lebens, die allen Menschen eine positive Integration in die Gesellschaft garantiert, die Schöpfung in ihrer Vielfalt bewahrt und pflegt, in der alle genug zum Leben haben, manchmal etwas mehr, um sich zu freuen.

Eine Tätigkeits- und Bildungsgesellschaft ist eine offene demokratische Gesellschaft, die von zwei fundamentalen Gütern getragen ist: von Freiheit/Kreativität und Sicherheit/Verläßlichkeit für alle, und die auf einem gemeinsamen ethischen Fundament ruht: dem Streben nach Frieden, nach sozialer Gerechtigkeit und Bewahrung der Schöpfung.

3.2. Zwei Bedrohungen, eine Antwort: Was meint „öko-sozialer Umbau"?

In der vorherrschenden Weltsicht werden ökologische Bedrohungen und soziale Schäden als getrennte Bereiche betrachtet. Oft werden sogar soziale gegen ökologische Programme ausgespielt und umgekehrt. Die Analyse der gegenwärtigen globalen Tendenzen lassen diese Trennung und Verkehrung als unhaltbar erscheinen.

Verteidigung und Wiederherstellung des sozialen Gefüges sind nicht mehr mit Verfahren möglich, die die Naturgrundlagen zusätzlich gefährden. Umgekehrt erweist sich immer mehr, daß ökologische Verteidigung und Wiederherstellung der Ökosphäre politisch nicht durchsetzbar sind, wenn tatsächlich oder auch nur vermeintlich dadurch soziale Interessenslagen verschlechtert werden. Das eine gegen das andere auszuspielen – in dieser Zwickmühle verfangen sich die technokratischen Reformen – führt nur dazu, in beiden Bereichen an Boden zu verlieren.

Das Konzept des öko-sozialen Umbaus[32] soll die Suche nach Alternativen anleiten, die uns aus der herrschenden Wirtschafts- und Lebensweise herausführen, welche auf der Politik des quantitativen Wachstums und dem Wachstum der Ansprüche beruht.

Nicht gemeint ist eine Utopie des radikalen Neubaus; ein solches Konzept erspart sich nur die Mühen und Kompromisse eines Umbaus.[33]

Es geht um ökologische Umbauprogramme, die zugleich positive soziale Wirkungen erzielen: die die Verfügung der Menschen über ihren Lebensraum, ihr Tätigkeitsfeld in Haus, Nachbarschaft und sozialen Netzen, wieder vergrößern und sie zur Mitwirkung an den Strukturentscheidungen in den gesellschaftlichen Großräumen befähigen.

Umgekehrt sollen soziale Umbauprogramme zugleich ökologisch sinnvoll sein. Damit scheidet ein Großteil der technokratischen Sozialreparaturen aus. Die üblichen Beschäftigungsprogramme ignorieren die ökologischen Schäden, die damit zusätzlich angerichtet werden.

Ein Beschäftigungsprogramm ist dann ökologisch und sozial ausgerichtet, wenn es die bedrohlichsten ökologischen Schäden mildert oder beseitigt, einen nachhaltigen Beschäftigungs- und Einkommensimpuls auslöst und den Beteiligten zum intensiveren Bewußtsein sowohl ihrer Betroffenheit wie ihrer Handlungsfähigkeit verhilft.

Der biologische Landbau ist gleichzeitig arbeitsintensiver, fördert die Mitgestaltung der Konsumenten und ist umweltschonender.

In der Gesundheitspolitik ginge es darum, alle krankmachenden Verhältnisse umzugestalten – in der Produktion, im Konsum, im Verkehr, im Wohnen – und die Fähigkeit zu aktiver Gesundung zu stärken.[34]

Die entscheidende und grundlegende Forderung an die Politik eines solchen Umbaus ist die Änderung der herrschenden Eingriffspolitik, die die Krisenursachen nicht behebt, sondern nur die Symptome kuriert. Es ist diese Politik, die – bildlich gesprochen – nicht das Loch stopft, wenn das Faß rinnt, sondern die den Hahn weiter aufdreht und zusätzlich aufwendige Schöpfwerke und Zuleitungen konstruiert, um noch mehr Wasser heranzuschaffen.[35]

Grundlegend für das Konzept eines Umbaus ist es also, über die Symptomkur hinauszugelangen: statt vermehren – vermeiden; statt expandieren – sparen und vorbeugen; statt aggressiv wachsen – besser nutzen.

Wie kann ein Umbau, der bei den Krisenursachen ansetzt, zielführend in Gang kommen? Ich nenne drei Schritte, die schon in den Anfangsphasen eines Umbauprogramms zu machen sind:

1. Den politischen und ökonomischen Weichenstellungen muß eine Kommunikation über das Paradigma vorausgehen, über das Welt- und Zielbild, dem wir uns verpflichtet fühlen. Das Paradigma beschreibt die jeweilige Weltsicht und Wirklichkeitskonstruktion, das gleichsam selbstverständlich vorausgesetzte Orientierungs-, Wert- und Normensystem, das das Wahrnehmen, Urteilen und Handeln bestimmt, und die Problemlösungsverfahren, die der jeweiligen Weltsicht entsprechen.

Welchem Paradigma haben wir zu folgen, wenn wir die Souveränität über das zurückerlangen wollen, was sein soll: was wir uns wünschen und was nicht, wie wir leben wollen? Wie lassen sich in die wachsende „Anonymität der organisierten Unverantwortlichkeit" und in die zunehmende „Niemandssteuerung" unserer gesellschaftlichen Entwicklung wieder Zurechenbarkeit und Verantwortung einbauen? „Was ist das Menschliche am Menschen, das Natürliche an der Natur, das es zu bewahren gilt?"[36]

Gesellschaftliche Zukunft ist sicher nicht nach Belieben gestaltbar, sie ist aber nicht nur Schicksal, sondern – durch die Auswahl verschiedener möglicher Wege bzw. Kursrichtungen – auch steuerbar.

2. Das vorbeugende Vermeiden von Sozial- und Umweltschäden verlangt eine Kommunikation über die herrschenden politischen und ökonomischen Instrumente und Institutionen – ihre Überprüfung hin auf eine mögliche Erneuerung – und über neue Instrumente und Institutionen. Es geht um die Neuverteilung und demokratische Gestaltung der Definitionsmacht: Wer hat die Macht zu definieren, wie wir leben wollen?[37]

Jedes Feld industrieller Expansion eignet sich zur detaillierten Ausarbeitung einer Alternative: Landwirtschaft, Verkehr, Stadt, Energie.

Ich werde im Rahmen dieser Arbeit nur einige solcher Bauelemente eines öko-sozialen Umbaus umreißen; sie sollen die Richtung und den Sinn eines solchen Umbaus beschreiben und zugleich erhellen, wie nützlich, ja notwendig die Einführung eines Grundeinkommens als Flexibilisierungsinstrument für die wirksame Realisierung eines solchen Umbaus ist.

3. Ein öko-sozialer Umbau bedarf eines garantierten Grundeinkommens. Erst als Moment einer zugleich ökologischen und sozialen Gegenwehr und Erneuerung erlangt das Grundeinkommen die Bedeutung, die wir ihm zuschreiben. Ohne Grundein-

kommen kein öko-sozialer Umbau; ohne Einbettung in das umfassendere Vorhaben eines öko-sozialen Umbaus kein Grundeinkommen von der Art, wie es hier als befreiendes Moment dargestellt und befürwortet wird.

Viele, wenn nicht sogar die meisten Menschen werden ohne Existenzsicherung nicht das Wagnis eines neuen Weges eingehen; und nur wenige Gruppen können von sich sagen, ihr Einkommen sei ihnen auch in Krisen gesichert. Das Grundeinkommen als verläßliche Grundlage der alltäglichen Lebensgestaltung wird viele ermuntern, sich in die je eigenen Angelegenheiten – und das ist nicht zuletzt das wirtschaftliche und politische Geschehen – einzumischen und diese mitzuverantworten.

Im folgenden sollen in wenigen Sätzen das Paradigma des Umbaus und einige ausgewählte Bauelemente skizziert werden.

3.3. Das Paradigma eines öko-sozialen Umbaus

3.3.1. Gemeinsame Freiheit

Die Grundthese lautet: Soll ein Ausweg aus dem Beziehungssystem gegnerisch bis feindlich konkurrierender Menschen, Gruppen und Staaten gefunden werden, dann sind die Macht- und Konkurrenzbeziehungen durch ein Gefüge von Kommunikations- und Kooperationsbeziehungen zu ersetzen. Nicht ein anderes Mischsystem von Markt und Staat (von der Entfremdung des Staates in die Entfremdung des Marktes – die „rechte" Variante; von der Entfremdung des Marktes in die Entfremdung des Staates – die „linke" Variante), sondern nur eine Neuorganisation der Gesellschaft auf der Basis einer kommunikativen Steuerung der gesellschaftlichen Prozesse ermöglicht einen Einstieg in eine neue Entwicklungslogik unserer Gesellschaft.

Die genannten Varianten verlängern nur das Gestern ins Morgen. Ihr Streit lenkt ab von der Wahrnehmung der Wirklichkeit, wie sie ist, lenkt ab von der Suche nach Alternativen, die im Hinblick auf eine Änderung der Wirtschafts- und Lebensweise bei Produktion und Konsum ansetzen.[38]

Technokratische Eingriffs- und Kompensationspolitik hat vor allem zur Folge, daß die Menschen zu verfügbaren Momenten herabgesetzt werden. Sie bindet die Menschen an Expertensysteme und Bürokratien, gibt sie aber nicht frei in die eigenständige und solidarische Verantwortung.

Die Macht der Technokratie läßt die Menschen alles Heil von Technik und Bürokratie erwarten, verstärkt ihre technokratische Mentalität, entmündigt, vereinzelt und isoliert sie – durch ein System vielfältiger Abhängigkeit – in einem Konkurrenzsystem gegeneinander. Einer ist für den anderen nur als Mittel (als Produzent oder Konsument) bedeutsam.

Die durch dieses technokratische System bedingte Abhängigkeit und damit Erpreßbarkeit der Menschen und die in ihrer zunehmenden Komplexität immer bedrohlicher erfahrene Welt verleitet auf der Suche nach Sicherheit zur Flucht in neue Abhängigkeit. Man überantwortet sein Menschsein an unpersönliche technokratische Gebilde, man paßt sich dem „man denkt" und „man tut" an und/oder flieht in eine privatisierte Welt.

Nichts löst jedoch unsere Probleme wirklich, wenn die intersubjektiv verantwortete Freiheit des Menschen ausgeschaltet und negiert wird: Der Mensch kann nur zusammen mit anderen in Selbst- und Mitverantwortung seine Probleme lösen.

Wo die gesellschaftlichen Strukturen grundsätzlich nicht so angelegt sind, daß sie zu einem inneren Ermöglichungsgrund von Selbstsein und Mitsein führen, zerbricht die gesellschaftliche Wirklichkeit in Beziehungen von Herrschaft und Knechtschaft, Macht und Gegenmacht. Die dadurch notwendig entstehenden Folgeschäden werden dann pragmatisch-kurzfristig im Sinne der beschriebenen technokratischen Lösungsmuster zu minimieren gesucht. Eine technokratische Eingriffs- und Kompensationspolitik führt zur Kontraproduktivität des Systems, zu einer Anhäufung von Krisen, die sich periodisch in gesellschaftlichen Einbrüchen, revolutionärer Gewalt und Kriegen entlädt.

Wir müssen endlich begreifen: Nur Dinge sind machbar, die Freiheit des Menschen nicht.

Wenn technokratische Machtpolitik die soziale Emanzipation der Menschen organisieren soll, dann zerstört sie zugleich die Wirklichkeit der Freiheit. Sie verkehrt die Freiheit in einen Inhalt der Macht, löscht sie so aus. In dem Maße, wie technokratische Machtdurchsetzung – wirtschaftlicher bis staatlicher Dirigismus – zum Prinzip erhoben wird, ist ein Paradigma für gesellschaftliches Handeln schon gegeben: der Kampf aller gegen alle.

Technokratische Machtpolitik kann Menschen nicht in ihre Freiheit und Verantwortung rufen. Strukturen können sich nicht erneuern, nur Menschen als Partner der Kommunikation vermögen dies. Unser herrschendes System kann nur aus der erhöhten Widerstands- und Erneuerungsbereitschaft der Menschen zu einem qualitativen Wandel durchbrechen.

Dies soll keinesfalls heißen, daß alle technokratischen Eingriffe abzulehnen sind: durch technokratische Entlastungen im Sinne sozialstaatlicher Eingriffe etwa kann eine große Freiheitserfahrung aufbrechen.

Von grundlegender Bedeutung ist jedoch, daß die Steuerungs- und Koordinationselemente Markt und Eingriffsstaat nicht als „Prinzipien" verstanden werden, aus denen die gesellschaftlichen Prozesse entspringen, sondern als Instrumente, die unter entsprechenden Rahmenbedingungen in begrenzten Bereichen einen wichtigen, ja unverzichtbaren Dienst leisten können.

Rahmenbedingungen, die neue Spielregeln und Weichenstellungen festlegen, erwachsen aus einer Vielfalt von konfliktiv-kommunikativen Prozessen, die in verwandelten und/oder neuen Institutionen auf einen möglichst gerechten Interessensausgleich hin gebündelt werden müssen: Wie sollen Macht, Einkommen und Arbeit geteilt werden? Wieviel soll gearbeitet werden – wieviel in sozialen Netzen, wieviel im klassischen Bereich der Erwerbsarbeit? Wie sollen Arbeit, Freizeit, Lernen und Einkommen verteilt werden? Wieviel davon genormt, wieviel frei wählbar sein? Wieviel Fläche des Landes soll Verkehrsfläche, wieviel Wohnfläche, wieviel Erholungs- und Ruhezone sein?[39]

Es versteht sich von selbst, daß in diesen Institutionen alle Lebensinteressen vertreten zu sein haben – Erwerbs- wie Nichterwerbsinteressen (die „Natur", die „zukünftigen Generationen", die „Dritte Welt").

Eine kommunikative Gesellschaft beinhaltet dem Anspruch nach eine allseitige Verständigung über die Unterschiede der Interessen und Wertungen zwischen Menschen, die durch die gemeinsam festgelegten und gelebten Normen zur Einheit finden.

Die Methoden und Institutionen einer mehr kooperativ-kommunikativen Steuerung garantieren allerdings aus sich weder Gerechtigkeit noch Freiheit; dies vermag keine Institution und kein Verfahren. Immer wird der Entscheidungs- und Aktionsspielraum von einzelnen und von Gruppen eingeengt, immer werden verschiedene Interessen bevorzugt und benachteiligt. Aber indem diese neuen Verfahren und Institutionen darauf angelegt sind, keinerlei Herrschaftspositionen, weder von Unternehmungen, noch von Gruppen, noch von einzelnen außerhalb der Kommunikation – und das heißt auch außerhalb möglicher Kritik – zu belassen, kann dieser Typ der Steuerung zur Chance größerer Freiheit für alle werden.

Damit ein fundamentaldemokratischer Mitbestimmungs- und Entscheidungsprozeß dieser Art in Gang kommt, ist es von Bedeutung, daß die Menschen die Verantwortung für das Wirtschaftsgeschehen nicht länger auf Experten, Interessensverbände und Inhaber wirtschaftlicher Macht abschieben, sondern mehr und mehr erkennen, daß die Wirtschaft ebenso unser aller Sache ist wie die demokratische Mitwirkung im Staat.

Einmischen, aufzeigen, was ist, notfalls Widerstand leisten, mitgestalten – ein solches demokratisches Ringen ist der Weg zu einem Leben größerer Freiheit und Gerechtigkeit.

Zur Gewinnung gemeinsamer Inhalte sind gesellschaftliche Bewegungen wie die Arbeiter-, Frauen-, Friedens- und Ökologiebewegung zu stärken, um durch sie eine Gemeinsamkeit der Freiheit zu initiieren, die eine gesamtgesellschaftliche Dynamik entfaltet und alle öffentlichen Lebensbereiche erfaßt.

Wenn es die Aufgabe der Politik ist, die strukturellen Bedingungen zu schaffen, die sinnerfülltes, unverzwecktes Dasein ermöglichen, die die Menschen in ihrer Freiheit wachsen und immer fähiger werden lassen, die Imperative von Lebensqualität in einer Kommunikationsgemeinschaft selbst zu bestimmen, dann muß dieses Ziel auch in den Mitteln der Politik sichtbar werden. Wo immer dies sinnvoll möglich ist, müssen Engagement, Beteiligung, Phantasie und Aktivität an der Basis gefördert werden.

Das Sicheinmischen der Menschen in diese ihre eigenen Angelegenheiten ist sehr oft die Gewähr für eine sachgerechtere Politik, für eine erhöhte Wirksamkeit politischer Maßnahmen und einen rationaleren Einsatz finanzieller Mittel, vor allem aber Gewähr dafür, daß die aus einem solchen demokratischen Ringen hervorgegangenen Normen auch von den Menschen mitgetragen und mitverantwortet werden. Erst dieses Miteinander-Ringen und -Streiten um einen möglichst gerechten Interessensausgleich schafft ein gemeinschaftsgemäßes Verhalten und den so notwendigen Gemeinsinn als Basis jeder solidarischen politischen Kultur.

Zusammenfassend ist festzuhalten: Menschen müssen in Gruppen und sozialen Bewegungen lernen, daß nur durch ein gemeinsames Handeln ein gemeinsames Werk gelingen kann. Die Menschen müssen entdecken lernen, daß sie nicht nur Mängelwesen sind, sondern Fähigkeitswesen, daß wir Konflikte nicht länger verdrängen können, sondern lernen müssen, durch Konflikte und neue Friedensschlüsse aufeinander zuzugehen. Politisches Handeln muß die Wahrnehmungs- und Handlungsfähigkeit der Menschen vertiefen und die Menschen als Subjekt der Veränderung in ihre Freiheit und Verantwortung für die notwendigen Strukturänderungen freisetzen.[40]

3.3.2. Option für die Armen, Beteiligungsgerechtigkeit, Ethik des Teilens, Einkommensgerechtigkeit

Die Option für die Armen meint Parteilichkeit. Nicht Parteilichkeit für die Armen gegen die Reichen, sondern Parteilichkeit für den Menschen: für alle und jeden einzelnen.

Dieses Ja zum Menschsein ist ein Ja zum Reichtum des Geschöpfseins, nicht ein Ja zum Menschen neben der Natur, sondern ein Ja zum Geschöpfsein als Einheit von Mensch und Natur und ihrer gegenseitigen Abhängigkeit.

Was man wirklich von der Würde des Menschen hält, läßt sich an der Zuwendung zu denen ablesen, von denen man anscheinend nichts erwarten kann.

Den Begriff „arm" verstehte ich im umgangssprachlichen Sinne: „armen" Menschen mangelt es an materiellen Gütern, Fähigkeiten und Möglichkeiten, die für eine frei verantwortliche Teilnahme am gemeinsamen Leben nötig sind. Das kann Grund und Boden sein oder auch nur sauberes Wasser, Erwerbsmöglichkeiten, Zugang zu den elementaren Bildungseinrichtungen, Schutz vor körperlicher und seelischer Folterung, das Ausgestoßensein von der Teilhabe am Leben anderer durch Stigmata wie die Zugehörigkeit zu einer Außenseitergruppe (ausländische Arbeitnehmer, ethnische Minderheiten, Flüchtlinge).

Die besondere Aufmerksamkeit, die die Armen und Bedrängten verdienen, liegt in ihrer Macht- und Einflußlosigkeit begründet. Aufmerksamkeit verdient jeder Mensch. Die Reichen,

Mächtigen und Bevorzugten können selbst auf sich aufmerksam machen, die Armen dagegen werden allzu leicht übersehen.

Diese Aufmerksamkeit gegenüber den Armen bedarf einer bewußten Entscheidung, weil das Interesse unseres Wahrnehmens normalerweise auf jene gerichtet ist, die Ansehen und Macht haben.

Wenn wir eine gerechtere Gesellschaft anstreben, wenn wir die Tendenz zu einer Zweidrittelgesellschaft stoppen wollen, wenn wir also eine Gesellschaft ablehnen, in der der Reichtum in einem Sektor der Gesellschaft mit der Armut und Not des Restes der Bevölkerung erkauft wird, dann müssen bei allen wesentlichen politischen Entscheidungen – Jahresbudget, Steuern, System der sozialen Sicherheit – folgende Kriterien berücksichtigt werden:

a) die Notlage und Bedürftigkeit der Armen hat Vorrang vor den Wünschen und Ansprüchen der Reichen;

b) Freiheit und Zunahme der Macht der Schwachen haben Vorrang vor den Rechten und Freiheiten der Mächtigen;

c) die verantwortliche Teilhabe am gemeinsamen Leben der an den Rand gedrängten und ausgegrenzten Menschen und Gruppen hat Vorrang vor dem Bewahren einer Gesellschaftsordnung, die diese Menschen und Gruppen ausschließt.

Das „für" in der Option für die Armen meint kein Fürsorgemoment, sondern ein Bejahungs-, Ermächtigungs- und Befreiungsmoment, es zielt die Solidarität der Armen und Schwachen selbst an, die Armen als Subjekt der Entscheidung in der Befreiung und für die Befreiung – für sie selbst und für alle anderen Menschen.

Ob ein Mensch zur Menschenwürde und zur Freiheit entschlossen ist, erweist sich gerade darin, inwieweit er dafür kämpft, daß diese Menschenwürde und Freiheit allen Menschen – gerade auch den Armen und Schwachen – eingeräumt wird.

Beteiligungsgerechtigkeit – Ethik des Teilens

Beteiligungsgerechtigkeit zielt auf die Verantwortung und Mitbestimmung eines jeden in der Gesellschaft. Diese Verantwortung ist nicht schon dort verwirklicht, wo menschliches Leben einfach im biologischen Sinn durch milde Gaben erhalten wird. Eine solche Politik liefert die Armen dem sozialen Tod aus.

Beteiligungsgerechtigkeit wendet sich gegen jeden Opferungs- und Ausgrenzungsmechanismus. Arme dürfen nicht zu einem

Drohpotential werden: Wenn du dich nicht aktiv unseren Strukturen und Imperativen unterwirfst, sinkst du durch den gesellschaftlichen Mechanismus in die Armutszone ab.

Leben in seinem tiefsten Sinn meint Teilen: Teilen von Freud und Leid, Teilen von Macht, Erwerbsarbeit und Einkommen.

Teilen meint Teilhabenlassen in allen gesellschaftlichen Dimensionen, besonders in jenen, in denen die Menschen mitgestaltend und mitverantwortend tätig sein können. Teilen meint nicht nur das Teilen von Sachen, sondern Teilen als geteilte Verantwortung: den andern als Freiheit zulassen in der Bestimmung, daß er sich in dem gemeinsamen Werk zur Sprache bringen kann. Teilen also auch der geistigen, nicht nur der materiellen Güter.

Die Logik, die die gegenwärtige wissenschaftlich-technische Zivilisation beherrscht, setzt nicht auf Teilen, sondern auf Machtkonkurrenz, auf Sieg und Niederlage. Wir werden unsere Verantwortung in unserer Zivilisation erst entdecken, wenn wir aus innerster Überzeugung und mit ganzer Kraft für eine Welt kämpfen, deren Logik das Ethos des Teilens ist.

Mehr Einkommensgerechtigkeit

Was bedeutet eine Ethik des Teilens für die Frage der Einkommensgerechtigkeit? Nehmen wir als Beispiel die Einkommen in Österreich.

Rund eine Million Menschen in Österreich sind von Armut und Ausgrenzung bedroht oder betroffen: Arbeitslose, Notstandshilfebezieher, Sozialhilfe- und Ausgleichszulagenbezieher, an der Armutsgrenze lebende Bergbauern und Obdachlose, eine zunehmende Zahl von Gelegenheitsarbeitern, Teilzeitbeschäftigten und Mehrkinderfamilien, deren Einkommen unterhalb des Existenzminimums liegt.

Viele Menschen in unserem Land, die die unangenehmsten, niedrigsten, krankmachende und kränkende Arbeit tun, werden gleichzeitig am schlechtesten bezahlt.

Auf der anderen Seite haben wir das Kartell der sogenannten Eliten, die ökonomischen, politischen und wissenschaftlichen Hauptakteure des öffentlichen Lebens mit ihren materiellen Interessen, mit Monatseinkommen, für die andere Menschen ein ganzes Jahr lang und mehr arbeiten müssen, mit Vorrechten wie Verträgen, die sie gegen jedes Risiko absichern, einem Vermögen, das ihnen ein arbeitsloses Einkommen aus Zinseszinserträgen erbringt, und mit den verschiedensten Privilegien. Viele von denen, die am meisten verdienen, fügen der Gesellschaft gleichzeitig ungeheuren Schaden zu.

Mit diesen enormen Einkommens- und Vermögensunterschieden sind verbunden: Stärkung der eigenen Macht und des Status, höhere Gesundheits-, Bildungs-, Freizeit- und Kulturchancen. Die enormen Unterschiede führen zu Nachahmungskonflikten, das heißt, der Lebensstandard der Oberschicht und der oberen Mittelschicht wird zum Maßstab für die vielen – „Was die haben, möchte ich eigentlich auch haben." Damit wird das Wachstum der Ansprüche und die quantitative Wirtschaftspolitik angeheizt.

Eine ungerechte Einkommens- und Vermögensverteilung hat für eine Gesellschaft zerstörerische Folgen: sie führt zur Stärkung der Machtkonzentration, zur Klassenbildung, zu Verteilungskonflikten; zur Steigerung der Leistungsbereitschaft nur einer gewissen Schicht; die Arbeiter/Arbeiterinnen sind desinteressiert an der Kapital- und Investitionsentwicklung, das Konsum- und Lohndenken wird dadurch verstärkt.

Wenn wir eine gerechtere Einkommensverteilung wollen, dann müssen wir weg von der herrschenden Bewertung von Leistung und uns fragen, welches denn die Kriterien sind, die die Einkommensunterschiede rechtfertigen.

Man hört gelegentlich, ein Bankdirektor oder ein Chirurg könne zwar Straßen kehren, ein Straßenkehrer oder ein Mann der Müllabfuhr aber keine Bank leiten oder nicht operieren. Mit diesen Fähigkeitsunterschieden werden dann die oft enormen Einkommensunterschiede gerechtfertigt. Hinter dieser Sichtweise verbirgt sich aber nichts anderes als ein Herrschaftsdenken, eine Herrschaftsanmaßung.

Erstens ist die Arbeit des Straßenkehrers oder des Mannes der Müllabfuhr für das Gemeinwesen ebenso unerläßlich wie die eines Chirurgen oder eines Bankdirektors. Entscheidend ist der Beitrag für das Gemeinwohl.

Zweitens ist daran zu erinnern, daß es wenig Leistungen gibt, die nicht von den Leistungen anderer Menschen abhängig sind. Auf welche Leistungen und Vorleistungen anderer Menschen ist ein Chirurg oder ein Bankdirektor angewiesen, damit er seinen Beruf überhaupt ausüben kann? Der Chirurg ist angewiesen auf eine Infrastruktur, die das Gemeinwesen für ihn bereitstellt: das

Krankenhaus, Apparate, Instrumente. Ohne die Leistung anderer Menschen, wie die der Assistenzärzte, des Pflege- und Verwaltungspersonals, könnte der Chirurg seine Arbeit gar nicht tun. Grundsätzlich ist festzuhalten, daß es keinen objektiven Maßstab gibt, um Leistung zu bewerten. Die Maßstäbe für die Einkommensverteilung entsprechen auch politisch-kulturellen Normen wie etwa der Höherbewertung „geistiger" Tätigkeiten.

Andererseits gibt es tatsächlich Kriterien, die Einkommensunterschiede rechtfertigen. Ein solches Kriterium ist das der Verantwortung und das mit ihr verbundene Kriterium unterschiedlicher Bedürfnisse; deshalb sollen die Einkommen beispielsweise familiengerechter werden, und dies einfach deshalb, weil Eltern mit mehreren Kindern den Kindern und auch dem Gemeinwesen gegenüber eine größere Verantwortung auf sich nehmen als kinderlose Erwachsene, und weil ihr Einkommen auch die Bedürfnisse der Kinder mit abdecken muß.

Ein weiteres Kriterium für gerechtere Einkommensverteilung ist das der Leistung und Mehrleistung, auch wenn es, wie gesagt, keinen objektiven Maßstab zur Bewertung von Leistungen gibt. Es zeigt sich ja immer wieder – und auch der wirtschaftliche Verfall in den „realsozialistischen" Ländern hat dies bekräftigt –, daß für viele Menschen die Erwartung eines höheren Einkommens ein schwer ersetzbarer Anreiz zum Erbringen von Leistungen ist, die für das Gemeinwesen günstig und sogar notwendig sind.

Allerdings kann damit ebenso ein hoher Anreiz zum Erbringen weniger nützlicher, ja schädlicher Leistungen verbunden sein, wie am Beispiel der Rüstungsforschung und der Rüstungsexportindustrie und überhaupt an Leistungen im Dienst der industriell-konsumptiven Zerstörung unserer Lebensbasis abzulesen ist.

Außerdem wird durch zu große Einkommensunterschiede – auch wenn den hohen Einkommen eine allseits anerkannte Leistung gegenübersteht – die Spirale von blinder Nachahmung, Neid und Rivalität und sozialem Unfrieden in Gang gesetzt. Daher sollten leistungsbezogene Einkommensunterschiede nur mit Augenmaß und im Einklang mit den übrigen Zielen und Notwendigkeiten des ökologischen und sozialen Umbaus gewährt werden.

Welche Kriterien lassen sich anführen, die auf jeden Fall einen Maßstab für eine gerechtere Einkommensverteilung bilden müßten?

a) Keine Norm kann gerecht sein, die nicht ein kulturelles Mindestmaß, ein menschenwürdiges Existenzminimum für alle sichert. Dazu zählt, daß man sich hie und da auch etwas Nicht-Notwendiges zu leisten vermag. Wer das nie kann, hat ein fundamental anderes Daseinserlebnis als andere. Zur Freude des Daseins zählt auch ein gewisses Quantum an Geld, zumal in einer Gesellschaft wie der unseren, die über das Geld organisiert ist.

b) Die Einkommensverteilung darf nicht zu Lasten der Natur gehen. Sowohl im Erwirtschaften des zu verteilenden Gesamtprodukts wie im Zulassen von Einkommensunterschieden dürfen keine Impulse zur verantwortungslosen Ausplünderung der Ressourcen und zur Zerstörung der natürlichen Lebensbasis ausgelöst werden. Mit Beschränkungen allein ist es aber nicht getan; denn Innovationen sollen möglich sein.

c) Die Einkommenshöhen sollten so gestaltet werden, daß die Einkommensunterschiede möglichst nicht die Nachahmungskonflikte anheizen. Solche Konflikte steigern das Wachstum der Ansprüche und kurbeln das quantitative Wirtschaftswachstum an.

d) Die neuen Normen müssen so sein, daß sie Frieden stiften. Was stiftet im Verhältnis zum vorhergehenden Zustand mehr Frieden in der Gesellschaft? Auf dem Weg zu dieser Norm wird es immer Konflikte geben; aber der Weg dorthin muß zu einem Zustand größerer Übereinstimmung führen.

e) Die Einkommensverteilung darf möglichst wenig Gelegenheit dazu bieten, Kapitalverhältnisse entstehen zu lassen, durch die Menschen anderen Menschen ihre Macht aufzwingen können.

f) Einkommensunterschiede müssen die Leistung, die Leistungsbereitschaft und die Bedürfnisunterschiedlichkeit berücksichtigen.

Der Weg zu einer gerechteren Einkommensverteilung führt meines Erachtens allerdings nicht über die Anhebung der Steuerlast, über noch steilere Progressionskurven und höhere Spitzensteuersätze. Abgesehen vom Widerstand gegen solche Maßnahmen ist auch die Verflechtung mit der Weltwirtschaft zu bedenken, die alle diese Maßnahmen leicht wieder unwirksam machen könnte. Nicht die nachträgliche Umverteilung (Steuern), sondern das Neuteilen der Einkommen an der Quelle, also dort, wo die Einkommen entstehen und ausbezahlt werden, wird der Weg zu einer gerechteren Einkommensverteilung sein. Solches Neuteilen an der Quelle wäre eine bessere Grundlage für das Aushandeln der Einkommen auch anderer gesellschaftlicher Gruppen.

Neben diesem Weg – an der Quelle selbst mehr Einkommensgerechtigkeit zu schaffen – müssen wir aber meines Erachtens noch einen anderen Weg einschlagen. Wir müssen ein Grundeinkommen einführen.

Der „Skandal" dieses Vorschlags ist, daß wir an ein Tabu rühren: wir rollen damit die Frage eines neuen Teilens nicht bloß der Arbeitszeit, sondern aller Einkommen auf. Es geht ja auch bei der Arbeitszeitdiskussion fast nur ums Geld, um ein anderes Teilen der Einkommen zwischen den Arbeitsplatzinhabern und der schmalen Gruppe, die sich als Folge der Arbeitszeitverkürzung einen Arbeitsplatz und damit Erwerbseinkommen erhofft.

Warum soll eine Gesellschaft mit so hohen Rationalisierungsgewinnen den unvermeidlich wachsenden Anteil arbeitsloser Einkommen nur den Rentiers, die von den Zinsen und Zinseszinsen ihrer Geldanlagen leben, auszahlen und nicht buchstäblich an alle Mitglieder der Gesellschaft in Form einer existentiellen Grundsicherung?

3.3.3. Stärkung der Konflikt-, Friedens- und Kommunikationsfähigkeit

Eine gerechtere Gesellschaft, eine Gesellschaft mit Zukunft kommt nicht von selbst zustande.

Ein qualitativer Wandel gesellschaftlicher Strukturen kann sich nur aus einer fortwährenden Selbstbesinnung und einer erhöhten Widerstandskraft der Menschen ergeben, wobei der qualitative Umschlag zweiseitig zu geschehen hat: das Sichverändern der Menschen muß mit dem Verändern der gesellschaftlichen Verhältnisse zusammengehen.

Wer Kommunikation sagt, sagt auch Konflikt. Denn in der Regel kommen wir zu Normen, also zu frei anerkannten Friedensschlüssen, nur über das Entfalten und Austragen von Konflikten. Wir müssen vor allem lernen, Konflikte nicht länger zu verdrängen, sondern durch ihre rechtsstaatliche und gewaltfreie Austragung aufeinander zuzugehen.

Das Streben, Herrschaft zu erhalten, und das Rivalisieren um Macht- und Privilegienpositionen machen weithin blind für die allgemeinen und langfristigen Interessen der Gesellschaft. Zur

Verteidigung von Privilegien in allen Machtlagen (von oben nach unten) werden Konflikte heute vorwiegend verschleiert oder verlagert, abgelenkt, gewalttätig auf „Sündenböcke" entladen.

Eine gerechtere und freiere Gesellschaft kann daher nicht durch Appelle durchgesetzt werden, es bedarf zu ihrer Verwirklichung eines produktiven Prozesses der Auseinandersetzung und der Konfrontation, in dem unter anderem die Sonderinteressen benannt und die verborgenen Konflikte aufgedeckt werden.

In einer Zeit wie der unseren ist der offene und öffentliche Gegensatz zu jenen, die Armut, Verelendung und Zerstörung verschweigen, beschönigen oder davon profitieren – und das gilt für alle Blöcke, Lager und Parteien – unumgehbar. Aber nur die gewaltfreie, rechtsstaatliche Konfliktaustragung setzt einen gemeinschafts- und gesellschaftsbegründenden Prozeß frei, der zur Verwirklichung der drängenden politischen Ziele führt – zu einer solidarischen und universalen Menschlichkeit.

Es gilt vor allem das Bewußtsein für den notwendigen Aufbau einer gewaltfreien Widerstandskultur zu wecken. Je länger anstehende Konflikte verdrängt oder vermieden werden, desto gefährlicher werden die Folgen ungleicher Machtverhältnisse. Da nicht „früher" widerstanden wurde, sehen sich „dann" viele angesichts des aufgestauten Macht- und Zerstörungspotentials vor der Alternative: resignieren oder zuschlagen.[41]

Mit der Proklamation ethischer Grundsätze ist es daher nicht getan. Es kommt darauf an, eine Konfliktdynamik in Gang zu setzen, in der nicht nur klargestellt wird, für wen, sondern auch gegen wen Position zu beziehen ist und welche Strukturen geändert werden müssen. Diese Sichtweise bietet so die Chance, den ethischen Anspruch aus einem konkreten Engagement heraus unmißverständlich werden zu lassen.

3.3.4. Eine neue Weise der Weltaneignung

Gemeinsame Welt organisieren wir heute vorrangig auf der Basis der Abwertungskonkurrenz („Je weniger du bist, um so mehr bin ich") und einer Philosophie des Habens („Wenn ich dies und dann das und schließlich noch jenes habe, dann werde ich endlich so leben können, wie es mir und meinem Leben entspricht"). Welt wird zum Material im System der Machtkonkurrenz und Orientierung am Haben.

Aufgrund unserer Unfähigkeit, Probleme und Interessensverschiedenheiten durch Kommunikation, Konflikte und Friedensschlüsse zu lösen, wird konfliktuell kommunikatives Handeln vorrangig durch den technokratischen Einsatz von Wissenschaft und Technik ersetzt. Spannungen, Interessensunterschiede, Konflikte des menschlichen Zusammenlebens werden zu technischen Problemen umfunktioniert, die durch den Einsatz wissenschaftlich-technischer Instrumente zu lösen sein sollen.

Die Plutoniumwirtschaft wird zur Problemlösung für den tatsächlichen oder eingebildeten Energiemangel, die Gentechnologie zur Problemlösung für den Mangel an Lebensmitteln aller Art. Die Probleme, Schäden und Risiken, die der Einsatz dieser Technologien verursacht, werden wiederum durch den vermehrten Einsatz von Wissenschaft und Technik, von Mitteln aller Art also, zu lösen versucht.[42]

Technische Instrumente, Dinge überhaupt bekommen so einen Subjektcharakter. Sie sollen regeln, was wir durch konfliktuell kommunikative Prozesse nicht können oder wollen.

Wie lange kann sich eine solche Spirale aufsteilen? Schäden und Risiken sind ja nicht beliebig vermehrbar. Wann führt eine Welt, die Menschen zu Objekten und Dinge zu Subjekten macht, in den Zusammenbruch? Wie kann eine Welt von Dauer sein, die vorherrschend auf Verdrängung und Ausgrenzung anderer Menschen und Gruppen, auf Mißtrauen, Angst und Drohung aufbaut? Das bedeutete ja, daß das Unmenschliche das Menschliche, das Böse das Gute garantieren könnte.

Was anzuzielen ist, ist eine friedliche Aneignung der Welt, die die Welt als zu wahrenden Ort gemeinsamen Lebens respektiert, eine Welt gemeinsamer Freiheit, die auf freier Gegenseitigkeit beruht und die auf der Basis von Verständigung über gegenseitige Erwartungen und Normen die Aneignung von Welt vollzieht. Das Verhältnis des Menschen zur Natur ist ablesbar am Verhältnis des Menschen zum Menschen; wie er mit seinesgleichen umgeht, so geht er mit der Natur um.

3.3.5. Verantwortung gegenüber dem unbekannten Dritten

Die Verantwortung dem unbekannten „Dritten" gegenüber zu sensibilisieren, der von den Folgen unseres Handelns oder unserer Unterlassungen betroffen wird, ist schlicht zu einer Frage des

Überlebens geworden. In welcher Weise engagieren wir uns für eine lebensdienliche Umwelt, für den Weltfrieden, welche Güter und Waren, welche Verkehrsmittel, welche Technologien fördern wir, was tun wir, daß ungeborenes Leben geschützt wird? Zählen wir zu denjenigen, die Einrichtungen der sozialen Sicherheit, die Versicherungen betrügen, die Steuern hinterziehen?

Die Verantwortung gegenüber dieser Dimension des nicht konkret faßlichen, verborgen mit uns lebenden, unmittelbar abwesenden Anderen ist heute bei weitem gewichtiger geworden als die Verpflichtungen gegenüber dem uns Aug in Aug gegenüberstehenden Nächsten. Die Verantwortung gegenüber dieser Dimension durchbricht den oft kurzgeschlossenen Binnenraum des gesellschaftlichen Gruppenegoismus.

Alle diese Fragen sind Gewissensangelegenheiten erster Ordnung geworden. Es geht um die Schärfung der Verantwortung für das gesellschaftliche Ganze, um ein neues Ernstnehmen-Lernen der durch jede Entscheidung immer mitbetroffenen Dimension des „Verborgenen".

Das Gute ist gerade auch dort zu tun, wo keine gesetzliche Bestimmung vorliegt; nicht aus Angst vor Bestrafung oder nur dort, wo mich jemand sieht, sondern einfach deshalb, weil es gut ist, es zu tun.

Zusammenfassung

In diesem Kapitel war die Frage zu beantworten, was für ein ethisches Handeln folgt, das sich das Paradigma eines öko-sozialen Umbaus zu eigen macht. Durch dieses Paradigma gewinnt sozialethisches Denken erst an Profil. Dieses Profil schält sich insbesondere in einem Vergleich der „Vorrangigkeit" heraus: Welche Kategorien haben Vorrang für ein Denken und Handeln, das sich einem solchen Paradigma verpflichtet weiß?

Ein solches Paradigma ermöglicht es, Wahlmöglichkeiten präziser und entschiedener wahrzunehmen: Wo ist unser Platz in der jeweiligen Entscheidungssituation? Was gilt es zu verändern? Wer ist für uns, wer ist gegen uns, welche Einwände haben wir zu erwarten?

Alles in allem: Auf dem Fundament einer von einem solchen Paradigma her ansetzenden gesellschaftlichen Dynamik gilt es vor allem von unten her in öffentlicher Verbindlichkeit eine demokratisch legitimierte Macht zu entwickeln. Dieses Engagement muß das gesellschaftliche Leben miteinbeziehen.

3.4. Einige Bauelemente des öko-sozialen Umbaus

In diesem Abschnitt sollen nur einige der für einen öko-sozialen Umbau notwendigen Institutionen, Instrumente und Verfahren besprochen werden.

Eine wirksame Organisation der Konsumenten (Konsumentengewerkschaft) und eine öko-soziale Steuerreform sind Instrumente, die schon an der Quelle der Zerstörungen und der Lebensminderung Änderungen erzielen – etwa bei schädlichen Verpackungen, im Verkehrssystem und bei der Verwendung giftiger Chemikalien.

„Werkstätten für eine selbstverantwortliche Lebensgestaltung" und soziale Netzwerke sind Momente, die plausibel machen, wie markt-, wirtschafts- und staatsfreie (freilich nicht rechtsfreie) Räume mit hoher individueller und sozialer Autonomie – selbstorganisiert und selbstkontrolliert – wiedergewonnen werden können.

Am Beispiel sozialer Netze läßt sich auch zeigen, wie staatliche Eingriffspolitik, Stärkung individuellen und sozialen Engagements und die Übernahme individuellen Lebensrisikos sich gegenseitig stützen und ergänzen können. Zum einen können durch solidarische Selbsttätigkeit in den sozialen Netzen die kostspieligen und isolierenden Momente des Sozialstaats eingedämmt werden, zum anderen leistet das allgemeine soziale Sicherungssystem notwendige Dienste im Sinne einer subsidiären Hilfe für die sozialen Netze. Die Menschen werden durch diese Netze nicht zur passiven Hinnahme sozialer Dienste des Versorgungsstaates verurteilt, sondern erhalten die Chance, zusammen mit anderen produktive schöpferische Zukunftsaufgaben in die Hand zu nehmen. Menschen als mündige Bürger einer Demokratie ernst zu nehmen, heißt, sie aufzufordern, selbstkritisch und selbstverantwortlich an der Vermeidung eigen- und fremdverursachter Schäden und Kosten mitzuwirken.

Ein Grundeinkommen soll gesellschaftliche Verläßlichkeit erzeugen: Ein Klima der Mitverantwortung setzt soziale Verantwortung frei, die nur in dem Maße wachsen wird, wie die Sicherung nicht nur technizistisch (als soziale Ruhigstellung der Menschen) organisiert wird, sondern als Fundament einer Umstrukturierung der gesellschaftlichen Verhältnisse – weil so nicht mehr jeder zuerst an sich selbst denken muß. Ein Strukturwandel also, der zugleich die Bedingung der Möglichkeit für humaneres Verhalten impliziert.

3.4.1. Die Konsumentengewerkschaft

Wir waren bislang einseitig fixiert auf die Welt der Produktion, die Arbeitswelt, den Bereich unternehmerischer Entscheidung. Diese Felder hatten einen Vorrang vor dem Konsum.

Was wir aber lernen müssen, ist, daß der Kaufakt und die Verwendung der gekauften Güter, Konsum also, Teil der Produktion sind. Warum? Weil z. B. erst im Fahren des Autos seine Endmontage erfolgt.

Am Fabriktor war noch gar nicht sicher, was das Fahren des Autos für den Verbau der Landschaft bedeutet, für den Giftausstoß, was das Fahrzeug an Verkehrstoten und Unfällen mit oft furchtbarem seelischen und körperlichen Leid verursacht, was es an Reparaturaufwendungen auslöst, welchen Anteil es am Waldsterben hat.

Erst der Konsument fügt alle diese Elemente mit allen anderen Verkehrsteilnehmern zusammen – in eine ganz bestimmte Lebensform: die automobilisierte Gesellschaft.

Ebenso verhält es sich mit Verpackungen: Sie werden erst von den Konsumenten in ihren vorläufigen Endzustand verwandelt – wir Konsumenten verstopfen unser Leben immer mehr mit Abfall.

In dem Maße, in dem die zerstörende Wirkung der Produktion zunimmt – ökologische Zerstörung, Ressourcenverbrauch, Zunahme der sozialen Schäden wie Verdrängung der Menschen aus ihrer Existenz, krankmachendes Produzieren, ungerechtes Teilen von Macht, Erwerbsarbeit und Einkommen –, werden wir als Konsumenten, oft ungewollt und unbedacht, zu Endmonteuren der Zerstörungsabläufe.

Es herrscht so etwas wie eine Freiheitsillusion bei uns Konsumenten vor. Es ist die Illusion, wenigstens beim Kaufakt souveränes Subjekt zu sein. Das Selbstverständnis nahezu aller gesellschaftlichen Gruppen ist von dieser Illusion geprägt. Die Eliten in Politik und Wirtschaft pflegen und propagieren diese Illusion. Ein Großteil der veröffentlichten Meinung – Politikerreden und Äußerungen von Seiten einflußreicher Wirtschaftskräfte – dient diesem Zweck. Und natürlich suggeriert uns auch die Werbung diese Illusion.

Worin besteht sie? Sie besteht darin, daß wir nicht wahrhaben bzw. nicht wahrhaben wollen, wie wir als Konsumenten mitverantwortlich sind für die zerstörerischen Wirkungen unserer Produktion. Wir können wählen zwischen fertigen Sachen, denen wir ihre Geschichte nicht ansehen; wir wissen nicht und wollen zum Teil auch gar nicht wissen, welches Leid, welche Ungerechtigkeit, welche Zerstörungskosten in diesem Konsumartikel enthalten sind, der da in so glänzender, verführerischer Verpackung vor uns liegt.

Wir Konsumenten können oft auch nicht wissen, welche Zerstörungsgeschichte einem Produkt anhaftet, weil wir isoliert einkaufen, und als isolierte einzelne dem geballten Wissen der Anbieter gegenüberstehen. Wir können als Nichtfachleute z. B. nicht wissen, wie schädlich dieses und jenes Medikament ist, welche Gifte in diesem oder jenem Produkt enthalten sind, welches Verkehrsaufkommen ein Produkt mitverursacht hat.

Aus diesen und vielen anderen Gründen benötigen wir dringend eine Konsumentengewerkschaft. Was wäre die Aufgabe einer solchen Konsumentengewerkschaft?

Eine Konsumentengewerkschaft müßte aufzeigen, daß wir Konsumenten nicht weniger verantwortlich sind für die Qualität der gemeinsam erwirtschafteten Welt als die Interessengruppen in der Wirtschaft, die ja immer wieder betonen, daß in der marktwirtschaftlichen Wirtschaftsordnung der Konsument der Souverän sei. Dieses Wort sollten wir endlich ernst nehmen.

Die wichtigste Aufgabe einer Konsumentengewerkschaft wäre die, alternative Lebensformen aufzuzeigen und uns als Konsumenten in die Lage zu versetzen, zwischen selbstbestimmten Lebensentwürfen zu wählen und nicht zwischen isolierten Kaufakten, die uns fremdgesteuerte Lebensentwürfe aufdrängen. Die alternativen Lebensentwürfe müßten eine Lebensqualität ansteuern, die auf einem qualitativen Wachstum beruht, einem Wachstum, das sozialgerecht und umweltgerecht ist.

Immer muß es um Wahlmöglichkeiten gehen – und nicht um machtvolle Durchsetzung von Idealen eines kargen Lebens oder einer rationierten Armut. Alternativen müssen freigelegt werden, die das Angebot entscheidend verändern und die eine Fülle von Lebensentwürfen zulassen, die innerhalb der sozialen und ökologischen Grenzen ein reiches Leben entfalten lassen.

Die Organisationsform einer Konsumentengewerkschaft sollte von gesellschaftlichen Bewegungen hervorgebracht und getragen werden. Aber eine Konsumentengewerkschaft benötigt Experten in Gesetzgebung, Verwaltung und Justiz und in den einzelnen Wissenschaften, vor allem in den naturwissenschaftlichen Fachbereichen. Verschiedenste Experten könnten sich verpflichten, pro Jahr soundsoviele Stunden ihrer Arbeit zur Verfügung zu stellen.

Die Konsumentengewerkschaft sollte von aktuellen Streitfällen ausgehen, etwa von der Chemie im Haushalt, den schädlichen Verkehrssystemen, der Vergiftung von Atemluft und Trinkwasser, und solche Streitfälle zu politischen Weichenstellungen zuspitzen.

Informationen über Schäden und Mängel müßten weitergetrieben werden zu Informationen über die Ursachen dieser Mängel auf der Anbieterseite.

Es müßte eine witzige, geistreiche Gegenwerbung organisiert werden. Ein bedeutsames Werkzeug einer Konsumentengewerkschaft ist das Verfügen über Medien. Einflußnahme auf und die Zusammenarbeit mit den bestehenden Verbänden, Unternehmen und Parteien wäre eine weitere wichtige Aufgabe.

3.4.2. Öko-soziale Steuerreform

Steuern sollen auch steuern![43] Ausgangspunkt einer Steuerreform sind Fragen wie: Wer verschuldet ökologische und soziale Schäden, Unsicherheit, Angst und Depression, krankmachende Arbeit, Arbeitsunfälle. Belasten wir zukünftige Generationen, indem wir über Staatsverschuldung – über Kredite und Anleihen – Ausgaben, die wir nicht bezahlen wollen, auf sie abschieben? Wer haftet für Schäden, wer leidet unter ihnen? Wie kann eine Fehlsteuerung der Wirtschaft durch Steuerpolitik gemildert werden?

Eine öko-soziale Steuerreform soll also ökologische und soziale Schäden überwinden und Privilegien in Form steuerlicher Begünstigungen abbauen helfen – durch Rohstoff- und Energiesteuern und eine steuerliche Entlastung des Faktors Arbeit.

Die wirksamste Steuerung ist dabei jene, die am Anfang eines Produktionszyklus ansetzt, also bei der Zufuhr an Primärenergie, bei sonstigen Rohstoffen, bei dem dafür nötigen Landschaftsverbrauch. Der zweite Ansatz müßte beim ersten Ausstoß besonders schädlicher Zwischenprodukte erfolgen. Gifte und Abfall müßten bereits bei der Ersterzeugung besteuert werden.

Eine solche öko-soziale Steuerreform wird heute bereits von vielen gefordert. So u.a. auch von Gerhart Bruckmann, Ökonom und Statistiker, Abgeordneter zum Nationalrat der ÖVP. Bruckmann macht folgendes Gedankenexperiment: Wie würde unsere Wirtschaft aussehen, wenn anstelle der gegenwärtigen Besteuerung der Einsatz von Rohstoffen und Energie besteuert würde? Er sagt: „Bei gleich hohem Gesamtsteueraufkommen wäre das durchschnittliche Preisniveau gleich hoch wie heute; die Preisstruktur wäre jedoch eine gänzlich andere. Alle material- und energieintensiven Güter wären teurer als heute, alle arbeitsintensiven Güter und Dienstleistungen jedoch billiger."[44]

Vereinfacht gesagt: Der Kauf von Möbeln, Fernsehgeräten, Waschmaschinen wäre teurer, deren Reparatur billiger als heute.[45] Mit einem Wort: Langlebige qualitative Wirtschaftsgüter würden gefördert werden, die Produktion von Wegwerfgütern würde abnehmen – alles in allem: ein bedeutsamer Schritt in Richtung „Qualität".

„Der Konsument würde sich natürlich anpassen. Der Verschleiß von Gütern, der Einsatz und damit auch der Import von Rohstoffen und Energie wären weit niedriger als heute, damit aber auch das Außenhandelsdefizit und die Auslandsabhängigkeit. Auch der Anfall von Schadstoffen und Müll wäre ungleich niedriger, so daß sich eine Reihe von Umweltproblemen in weit geringerem Maße stellten."[46]

„Umgekehrt wäre die Nachfrage nach Arbeit weit höher, die Arbeitslosigkeit also niedriger; Schwarzarbeit wäre weniger attraktiv, da sie kaum billiger käme als offizielle Arbeit. Qualitativ höherwertige Güter, insbesondere aber auch Dienstleistungen jeglicher Art, wären erschwinglicher und die subjektive Wohlfahrt damit höher. Die gesamte Wirtschaftsstruktur wäre also wesentlich gesünder."[47]

Durch eine öko-soziale Steuerreform wäre ein entscheidender Wandel in den Rahmenbedingungen des Wirtschaftens erreicht: entscheidende Eingriffe im Sinne eines öko-sozialen Umbaus.

Wir stehen an diesem Punkt vor einer Wahl: zwischen einer Symptomkur, „ein bißchen Kosmetik hier und dort, die niemandem weh tun möchte, und einer entschlossenen Weichenstellung in eine gesündere Zukunft"[48].

3.4.3. Aufbau von Werkstätten für eine selbstverantwortliche Lebensgestaltung und von sozialen Netzen

Die Entwicklung der Eigentätigkeit der Menschen als Entfaltung freien Unternehmertums im weitesten Sinne muß gefördert werden: in Einzelinitiativen wie in Gruppen und Netzwerken, die überschaubar und begrenzt sind und so von den beteiligten Menschen gemeinsam gestaltet werden können.

Tätig sind wir nie nur als „Lohnarbeiter". Immer erzeugen wir wesentliche Voraussetzungen, Notwendigkeiten und Annehmlichkeiten unseres Lebens jenseits von Fabrik und Büro: in Eigenarbeit (vom Kochen und Nähen bis zu selbstgezogenem Gemüse und selbstverfertigten Möbeln), in Nachbarschaftsdiensten (der Umgang mit den Kindern nebenan, Hilfe für Alte und Kranke) und in sozialen Netzwerken. Diese lebensnotwendigen Tätigkeiten sind im ganzen Industriezeitalter – auch von der Arbeiterbewegung – zugunsten der Lohnarbeit geringgeschätzt worden; erst die Frauenbewegung hat auf diese absurde Fehleinschätzung aufmerksam werden lassen. Diese Tätigkeiten sind nicht nur notwendig, sie können auch produktiver werden. Dehnen wir diese Lebensbereiche aus, so können wir mit viel weniger Schäden und Kosten leben, als dies möglich wäre, wenn wir die Lohnarbeit weiter forcieren.[49]

Ein neues Gleichgewicht gilt es zu schaffen zwischen frei bestimmter Verantwortung für die eigene Lebensführung und sozialer Mitverantwortung, zwischen persönlicher Selbst- und Mitverantwortlichkeit und bürokratischen, kollektiven Eingriffen.

Ich denke an selbstverwaltete Unternehmen, Genossenschaften neuen Typs, Zusammenschlüsse von Bergbauern, Biobauern, Kunsthandwerkern, Einkaufs- und Verkaufsgruppen, Werkstätten für angepaßte Technologien, medizinische Nahversorgung, psycho-soziale Hilfsgruppen, Zentren für Friedensarbeit und politische Bildung, Jugend- und Kommunikationszentren und kulturelle Initiativen.[50]

In vielen Bereichen könnte das politische Gemeinwesen durch frei unternehmerische Initiativen entlastet werden. Sie wären für die Menschen, denen geholfen werden soll, weit nützlicher und angenehmer und dazu wesentlich billiger als die allein durch den Staat organisierten Dienstleistungen. Das hieße z. B.: Betreuung alter und kranker Menschen zu Hause, durch eine organisierte, erweiterte Nachbarschaftshilfe oder soziale Netze.

Eine andere bedeutsame Funktion von Initiativen dieser Art bestünde darin, zerrissene Lebenszusammenhänge wieder herzustellen. Ich denke etwa an die Beziehung zwischen Bauern und Verbrauchern.[51] Der Bauer produziert nicht, was der Konsument ißt. Ein industrieller Apparat ist zwischengeschaltet: ein Apparat der Konservierung, Trennung, Vermischung, Lagerung, des Transports, der Vermarktung, nicht zuletzt der Verpackung, ein Apparat, der einen immer größeren Anteil der Kosten ausmacht.

Zwischen den Bauern und den Verbrauchern liegt ein Filz von Chemieinteressen, Maschinen-, Finanzierungs- und Vermarktungsinteressen, Handelsketten, ein Filz, der weder den Konsumenten noch den Bauern eine Chance der Kommunikation läßt: eine parasitäre Struktur. Die Folgen dieser Kommunikationsstörung sind: Unsere Nahrung ist unnötig schadstoffbelastet, unnötig mit Abfall (auch mit Verpackung) belastet, unnötig mit Überschußproduktion und Steuerstützung verbunden, die Bauern ruinieren Boden und Grundwasser immer mehr und zerstören damit ihre finanzielle und existentielle Lebensgrundlage.

Weder der Bauer noch die Konsumenten wissen, wie die Kosten und Preise entstehen. Der Bauer bekommt oft nur ein Drittel des Preises, den der Konsument zahlen muß, oder weniger. Ebensowenig wissen beide, was in den Nahrungsmitteln und Getränken enthalten ist, und auf welchen Stufen der industriellen Verarbeitung die Zusätze beigegeben worden sind.

Uns Konsumenten wird suggeriert, unser Lebensstandard hinge vom niedrigen Preis des Fleisches ab, das von Kälbern, Schweinen und Hühnern stammt, die in Tierquälfabriken gezüchtet und mit Medikamenten, Hormonen und aus Hungerländern importierten Mitteln gefüttert werden.

Diese Kommunikationsstörung zwischen Bauern und Verbrauchern nützt allein den zwischengeschalteten Interessen, schadet aber sowohl Bauern als auch Konsumenten.

Soziale Netze zwischen Bauern und Verbrauchern müssen also

geknüpft werden, und zwar in der Form von Erzeuger-Verbraucher-Genossenschaften neuen Typs, soziale Netze, die eine direkte Kommunikation ermöglichen.

Das Ziel dieser direkten Kommunikation wäre: qualitativ bessere Nahrung gegen bessere Entlohnung der Bauern, verbunden mit einer Schonung der natürlichen Kreisläufe und der Vorräte, und das ohne allzu große Mehrkosten für die Verbraucher. Darüber hinaus ließen sich soziale Beziehungen vielfältigster Art knüpfen – ein geistig-kultureller Austausch zwischen Stadt und Land.

Beide Interessenspartner könnten wieder lernen, ihre Verantwortung wahrzunehmen gegenüber Nahrung, Boden, Wasser, Wald – und damit den künftigen Generationen.

Bauern und Verbraucher müssen sich zusammenschließen und Partei ergreifen – sie müssen gemeinsam aktiv werden, um auch in anderen Handlungsfeldern mehr Lebensqualität durchzusetzen.

Solche sozialen Netze sollten in den verschiedensten Lebensfeldern aufgebaut werden – gerade auch in dem so wichtigen Bereich des Geld- und Kreditwesens.

Dabei können wir aus den Erfahrungen lernen, die beim Aufbau solcher Netze zwischen Bauern und Verbrauchern gemacht worden sind. Warum sind die bisherigen Ansätze quantitativ nahezu unerheblich geblieben, warum haben sie nur in kleinen Nischen eine befriedigende Kommunikation hervorgebracht? Wesentliche Gründe dafür liegen in der Vernachlässigung durch Gesetzgeber und Verwaltung, in der systematischen Benachteiligung durch Behörden und Banken, nicht zuletzt in der Anfeindung durch offizielle Organisationen des Handels und der bäuerlichen Vertretung. Dazu kommt das Fehlen von Infrastrukturen aller Art. Ein entscheidendes Hemmnis auf der Seite der Bauern ist die Verschuldung und die sich daraus ergebende Abhängigkeit, die häufig jeden Neubeginn aussichtslos erscheinen läßt.

Alle diese Wachstumshemmnisse können durch politisches Handeln beseitigt werden.

Zur Förderung von sozialen Netzen dieser Art sind folgende politische Maßnahmen notwendig:

a) allfällige Infrastrukturhilfen von seiten der politischen Gemeinde: administrative Hilfen (Büro, Telefon, Kopierer usw.), ein Geldfonds, auf dessen Gestaltung das soziale Netz Einfluß nehmen kann, eine Informationssammelstelle;

b) die Abschaffung bürokratischer Hemmnisse etwa im Gewerberecht;

c) steuerliche Entlastung der Arbeit;

d) die Einführung eines Grundeinkommens.

4. CHANCEN EINES GRUNDEINKOMMENS

Der Vorschlag eines Grundeinkommens führt in eine andere Richtung, wenn er – statt als isolierte Maßnahme einer besseren Grundsicherung – im Zusammenhang unserer Analyse der Weltgesellschaft mit ihrer wechselseitig sich verstärkenden Tendenz zur Selbstauslöschung entworfen und als Teil des öko-sozialen Umbaus durchgesetzt wird. Das ist ein wesentlicher Zug unseres Vorschlags für die Einführung des Grundeinkommens.

Die hier vertretene sozial-emanzipatorische Variante eines Grundeinkommens verbindet die materielle Grundsicherung mit neuem Teilen: einem Teilen der Macht, der Erwerbsarbeit und der Einkommen. Auf dieser Basis läßt sich dann – wie noch zu zeigen ist – eine Politik entfalten, die nicht nur eine einschneidende Sozial-, sondern auch eine Wirtschaftsreform ermöglicht, die unbedingt geboten ist, sollen die sozialen und ökologischen Zerstörungen wirksam eingebremst werden.

Eine solche Konzeption des Grundeinkommens unterscheidet sich radikal von einer Version, die sich als Teil der sozialen Modernisierungs- und Kontrollstrategie versteht. Ein Grundeinkommen dieser Art wäre nichts anderes als ein Almosen, das bürokratisch nicht aufwendig ist, die Stillegungskosten verbilligt, die abhängigen Menschen verläßlich in erfolgreiche Verkäufer ihrer Arbeitskraft und Bezieher von Transfereinkommen spaltet und so im Volk nicht den Widerstand erzeugt, wie er in der polizeistaatlichen Version der Zweidrittelgesellschaft zu befürchten wäre.

4.1. Gesellschaftliche Verläßlichkeit

Das Grundeinkommen in seiner befreienden Variante gewährt allen Menschen eine verläßliche materielle Grundsicherung: nicht nur jenen, die das Grundeinkommen vorübergehend oder ständig als einzige Einkommensquelle in Anspruch nehmen (das werden vermutlich nicht viele tun), sondern auch der zweifellos viel größeren Zahl derer, die ihr Einkommen überwiegend aus Erwerbsarbeit beziehen. Denn auch sie sind bedroht, mitten im allgemeinen Reichtum ins Elend abzustürzen.

Das Grundeinkommen vermittelt „gesellschaftliche Verläßlichkeit": es eröffnet sich ein Raum gegenseitigen Vertrauens, eine Sphäre gemeinsamen Lebens. Sorge und Angst lassen die Menschen um sich selbst kreisen, verändern den Blick, zerstören das Verhältnis des Menschen zum Menschen.

Kein Geldfluß kann Angst beseitigen, keine noch so günstige Einkommensverteilung entbindet die Menschen von der Sorge um die Existenz. Daran ändert auch das Grundeinkommen nichts. Aber es ändert etwas an der Situation des Ausgeschlossenseins. Denn Grundeinkommen ist nicht allein Geld, es ist Geld, das verläßlich und losgelöst von den Leistungszwängen in Erwerbsarbeit und gegenüber Fürsorgebürokratien zufließt. Das Grundeinkommen ist – jedenfalls in der Form und der Höhe, die wir vorschlagen – als Teil des vorher skizzierten öko-sozialen Umbaus die Gewähr für das Überleben und Mitleben.

So schafft das Grundeinkommen Tragfähiges, Festes, Zuverlässiges, stärkt die Verläßlichkeit der mitmenschlichen Beziehungen; das so notwendige gemeinschaftsgemäße Verhalten kann wachsen, soziales Vertrauen ein Klima der Verantwortung entstehen lassen.

Da die unmittelbare Daseinssicherung garantiert ist, gewährt ein Grundeinkommen die Chance, neue Initiativen in Angriff zu nehmen; soziale Phantasie wird geweckt, Mut zu Experimenten gefördert; und da die Erpreßbarkeit des Menschen sinkt, nimmt seine Veränderungsbereitschaft zu.

Zwei gesellschaftspolitische Fundamentalgüter sind dem Menschen wesentlich: ein gewisser Freiheitsraum und eine lebenslange, krisenfeste und verläßliche materielle und soziale Grundsicherheit in allen Not-, Wechsel- und Krisenfällen des Lebens (Arbeitslosigkeit, Krankheit, Unfall, Behinderung, Alter). Soll das Handeln und Leiden der Menschen nicht von den Maximen der Selbstdurchsetzung und Selbsterhaltung in der Konkurrenz um knappe Mittel gelenkt werden, dann müssen diese beiden Fundamentalgüter gesichert werden. Ein Grundeinkommen schafft dafür die Basis.

4.2. Existenzsicherung ohne Gehorsamszwang

Heute sind viele Menschen psychisch, moralisch oder materiell von anderen Menschen oder Institutionen abhängig. Ein Grundeinkommen würde die Chance bieten, daß sich breitere Schichten dem machtvollen Zugriff der Verbände und Parteiapparate entziehen.

Gegen ein Grundeinkommen, auch in seiner sorgfältig herausgearbeiteten emanzipatorischen Variante, wird von der Mehrheit der Vertreter sozialdemokratischer Eliten eingewandt, es führe erst recht die Zweidrittelgesellschaft herbei und verschärfe die bestehenden Gegensätze. Die Solidarität und der Kampfwille gerade der sozial bedrohten Gruppen, ihr Wille, den Sozialstaat gegen Demontageversuche verteidigen zu helfen, würde durch das Grundeinkommen geschwächt werden.

Im Licht der bisherigen Erörterungen drängt sich jedoch die Frage auf: Ist dieser Widerstand nicht als Verteidigung privilegierter Machtpositionen zu erklären, für die die Sozialstaatsklientel eine sichere Anhängerschaft bildet, wogegen sozialinnovatorische Gruppen, die aufgrund eines gesicherten Grundeinkommens innovativ werden könnten, einen möglichen Gefahrenherd für privilegierte Positionen bedeuteten?

Eigentümlicherweise wird also nicht nur von „rechten", sondern auch von „linken" Kritikern befürchtet, das Grundeinkommen würde zu mehr Passivität bzw. zu einem bloßen Abhängigkeitswechsel führen.

Aber ist dies wirklich die Triebfeder der Ablehnung? Warum stellen diese Kritiker den Menschen durch ein Grundeinkommen nicht frei, von wem sie abhängig sein wollen – vom Arbeitsmarkt oder vom Staat, vom Bettellauf zum Sozial- und Arbeitsamt oder von einer einfachen, für alle gleichen Gesetzesregelung? Und zudem: Wer ist denn heute nicht vom Staat abhängig? Alle sind es – sicher: mehr oder weniger. Außerdem ist die Abhängigkeit der Grundeinkommensbezieher von einer einfachen, klaren Gesetzesregelung, und nicht von der Willkür verschiedenster Verwaltungsämter, zu unterscheiden von der Abhängigkeit mehr oder weniger großer Machthaber in den Parteien und Verbänden. Wenn schon von Abhängigkeiten die Rede ist, dann ist dies die Alternative, die zur Wahl steht. Und diese Wahl sollte man dem einzelnen Menschen überlassen.

Ist es nicht so, daß dieses Grundeinkommen zumindest für einen erheblichen Teil der in Frage kommenden Menschen eine Chance bedeutete, wieder Mut zu fassen, Atem zu holen, selber zu denken und zu handeln? Und in der Furcht gerade davor sehe ich das eigentliche Motiv derer, die die Einführung eines Grundeinkommens ablehnen.

Mit anderen Worten: Alle, die auf Menschen Macht ausüben oder auf eine solche Machtausübung hinarbeiten, sehen durch ein solches Grundeinkommen instinktiv ihre Interessen verletzt. Über den Privat- und Staatsdirigismus versuchen sie dann, die Bedingungen zu diktieren, nach denen sich die Interessen der Menschen ausrichten sollen.

Eine Zurückweisung der emanzipatorischen Variante des Grundeinkommens wäre dann glaubwürdig, wenn sie durch eine Politik gedeckt wäre, die reale Fortschritte aufweisen kann in der Humanisierung der Machtverhältnisse und der Arbeitswelt, in mehr Einkommens- und Vermögensgerechtigkeit, in einer gerechteren Teilung der Erwerbsarbeit und der Lebenschancen, in der Schonung der Natur, eine Politik, die Ämteranhäufung unterbindet und eine sinnvolle Rotation der Funktionäre und innerverbandliche Demokratie durchsetzt.

Aber solche aus einer Tradition der Hoffnung erwachsende Absichten haben gerade auch sozialdemokratische Eliten, wo immer sie Macht erlangten, bisher nicht realisieren können. Praktisch sind sie – im Widerspruch zu ihrer Programmatik – in die Gegenrichtung umgeschwenkt und Partner im Machtkartell geworden, das die Eliten verbindet und die Grundmechanismen des herrschenden Wirtschaftssystems nicht antastet.

Der Kernbestand der herrschenden Elite verfolgt eine weiterhin progressiv dem quantitativen Wachstum verschriebene Politik. Diese quantitative Wirtschaftspolitik prolongiert die neuzeitliche Forschrittsideologie, die von der Illusion ausgeht, die menschlichen Probleme könnten anders als durch neue Formen der Konfliktaustragung und Zusammenarbeit gelöst werden. Sie vertrauen weiterhin einer nicht mehr an menschlichen Zielen ausgerichteten technisch-naturwissenschaftlichen Expansion von Mitteln, die uns längst ihre eigene negative Entwicklungslogik aufzwingen.

Statt eine Kommunikation aller Bevölkerungsgruppen über die Verteilung zumindest der Rationalisierungsgewinne und -opfer zu initiieren, wird den eigenen Eliten ein großes Einkommen gesichert und den Fortschrittsopfern als einzige Abhilfe suggeriert, ein immer kostspieligeres quantitatives Wachstum werde doch wieder den Verteilungskuchen anwachsen lassen. An die Stelle sozialer Gerechtigkeit tritt die Vertröstung darauf, daß auch kleiner werdende, durch Sozial- und Umweltschäden versalzene Kuchenscheiben gleich nahrhaft bleiben, wenn nur der ganze Kuchen immer größer ausfällt – koste es, was es wolle.

Wie soll auf der Basis einer solchen Politik das Entstehen einer Zweidrittelgesellschaft verhindert werden, wie können unter solchen Bedingungen die Menschen zu einem Kampf für einen qualitativen Wandel unserer Gesellschaft motiviert und bewegt werden? Müssen nicht neue Wege gebahnt, muß nicht ein neues Instrumentarium entwickelt werden?

Eine kommunikative Gesellschaft bedarf des gemeinsamen Handelns. Gemeinsames Handeln bedarf gemeinsamer Freiheit. Diese wird nur in dem Maße Wirklichkeit, wie jede/r den anderen in sein Eigenes freigibt, wie jede/r die Chance erhält, aus einem Spektrum von Alternativen frei wählen zu können. Die Freiheit von erdrückender Macht und repressiver Dienstbarkeit ist Voraussetzung einer Freiheit für wechselseitige Verbundenheit und Verantwortung der Menschen.

4.3. Das Grundeinkommen als Flexibilisierungsinstrument

Das Grundeinkommen ist ein unerläßliches Instrument zur Förderung der Eigentätigkeit (zur Entfaltung handwerklicher und musisch-schöpferischer Begabungen in selbstgewählter Arbeit) und für den Aufbau primärer Sozialsysteme (Werkstätten für eine selbstverantwortliche Lebensgestaltung in Gemeinschaft, Nachbarschaftsdienste, soziale Netzwerke). Ein Grundeinkommen stärkt diese Pole des tätigen Lebens.

Gerade im Bereich primärer Lebens- und Sicherungsbedürfnisse schaffen die primären Sozialsysteme auch ein zweites Leistungsnetz gemeinschaftlicher Vorsorge, Fürsorge und Versorgung für Krisenfälle und drängen so den Versorgungsstaat mit seiner überflutenden Gesetzgebung, ausgreifenden bürokratischen Gewalt und Kostenexpansion zurück.

Nur wenn wir – gerade auch den massenhaft wegrationalisierten – Menschen eine Lebensführung jenseits von Elendsgrenzen garantieren, können diese Menschen die produktiven Chancen im Bereich der Eigenarbeit und der primären Sozialsysteme nützen und Formen der Kombination von Grundeinkommen und Teilzeitarbeit entwickeln.

Eigenarbeit und Arbeit in den primären Sozialsystemen können einen höheren produktiven Beitrag erbringen, wenn möglichst viele Menschen in der Lage sind, selber Ausmaß und Bedingungen zu wählen, unter denen sie sich an der verbleibenden, geringer werdenden Berufs- und Erwerbsarbeit beteiligen wollen.

Menschen, die dank einer teilweisen Entlastung von der Erwerbsarbeit ihr Leben stärker auf Eigenarbeit oder primäre Sozialsysteme ausrichten können, erfahren einen Fähigkeits-, einen Sinnzuwachs ihres Lebens. Sie werden so im Bereich der sekundären Sozialsysteme (Markt, Großindustrie, Verbände, Staat) eine andere Rolle spielen können. Durch ihre solidarische Selbsttätigkeit wächst die fachlich-sachliche Kompetenz, die Fähigkeit, Verantwortung zu übernehmen, die Fähigkeit zur Zusammenarbeit, die Lern- und Konfliktbereitschaft und die Möglichkeit zu menschengerechteren Konfliktlösungen; kurzum, die Subjektbestimmung wächst durch Strukturveränderung.

Die Verzahnung der primären und sekundären Sozialsysteme in der Art, daß sie sich wechselseitig stärken und nicht schwächen, ist für das Gelingen eines öko-sozialen Umbaus von grundlegender Bedeutung. Dies bedingt, daß möglichst viele Bürger in beiden Sozialsystemen aktiv sind. Je flexibler die Grenzen zwischen beiden Sektoren sind und je größer die Wahl- und Kombinationsmöglichkeit zwischen Eigentätigkeit und Arbeit in den primären und sekundären Sozialsystemen ist, umso größer ist der Freiheits- und Gestaltungsraum für den Menschen zugunsten des gesamten Gemeinwesens.

Ein Grundeinkommen könnte sich gerade als Flexibilisierungsinstrument fruchtbar erweisen. Wenn die Eingriffspolitik des Staates nicht alle Selbst- und Sozialverantwortlichkeit der Menschen in Subventionseffekte und Anspruchsreflexe auflösen will, muß Mut und Spaß zum nicht nur am Geldwert meßbaren Lebensrisiko, sondern auch zu frei unternehmerischer und frei gewerblicher Tätigkeit freigesetzt werden. Die Menschen sollten sich streiten und wehren können im Wettbewerb um alternative Lösungen und Wege.

4.4. Auf dem Weg zu mehr Einkommensgerechtigkeit

Ein Grundeinkommen kann auch einige der fundamentalen Ungerechtigkeiten im Bereich der Einkommens- und Vermögensbildung mildern.

a) Es gibt Bereiche, ohne deren Leistung unser Gemeinwesen nicht existieren könnte, die aber nicht mit einem Leistungsgeld verbunden werden können: Dazu zählen die weiten und wichtigen Bereiche der Erziehung und Pflege. Wenn wir auch diese Bereiche monetarisieren, dann würde dies etwa darauf hinauslaufen, daß der kleine Bub zu seiner Mutter sagt: Du mußt mich bedienen, denn dafür wirst du schließlich bezahlt.

Ein Grundeinkommen schafft also mehr Gerechtigkeit für gewisse Schattenbereiche – ohne Hausfrauen und Pendler etwa wäre Erwerbsarbeit gar nicht möglich. Die Qualität des Lebens gerade der in der Erwerbsarbeit tätigen Menschen ist zu einem gerüttelt Maß der unbezahlten Schattenarbeit geschuldet. Für diese Menschen gibt es bislang keine gerechte Verteilung, auch nicht im Sozialstaat.

b) Unser kompliziertes Wirtschafts- und Gesellschaftssystem ist – gerade auch was die Einkommen und die materielle Grundsicherung betrifft – von Momenten des Zufalls und ungleichen Machtchancen bestimmt, die sich nicht vorweg durch gerechtere Normen regeln lassen. Dazu zählt der Zufall der besseren Startchancen, der Zufall des Erfolgs oder Mißerfolgs in bezug auf Macht- und Sicherheitschancen: die einen sind pragmatisiert, die anderen sind tagtäglich den Wechselfällen der Arbeitslosigkeit und damit der Sozialstaatsbürokratie und den demütigenden Prozessen und Zufällen der Arbeitssuche ausgeliefert; die einen haben durch Machtchancen und/oder durch irgendeinen Zufall die Möglichkeit, Verträge auszuhandeln, die sie gegen jedes Risiko absichern, die anderen sind ohnmächtig der puren Willkür und den Launen der Machtinstanzen und/oder der karitativen Zuwendung unterworfen.

c) Ein Grundeinkommen begünstigt generell die untersten Einkommensschichten. Die Anhebung dieser Einkommen ist auf dem Weg von Tarifverhandlungen aufgrund der Grenzen, die die Einbindung in die herrschenden Wettbewerbsbedingungen setzt, nur in dem Maße möglich, wie die nationalen Unternehmen in ihrer Wettbewerbsfähigkeit nicht geschwächt werden. Transferzahlungen wie Grundeinkommen sind von diesen Zwängen nicht berührt.

d) Für eine zunehmende Zahl von Menschen sind die Chancen für die Entfaltung ihrer Möglichkeiten dadurch wesentlich eingeschränkt, daß sie über kein Einkommen verfügen. Einkommenslosigkeit kann die verschiedensten Ursachen haben, kann schuldhaft oder nicht schuldhaft entstanden sein. Dabei ist nicht nur an registrierte Arbeitslose zu denken, die zumindest hierzulande einigermaßen mit Einkommen versorgt werden, sondern auch an die rasch wachsende Zahl derer, die in den Statistiken nicht zu finden sind und keine oder nur völlig ungenügende sozialstaatliche Einkommenszuweisungen empfangen.

Ein Grundeinkommen wäre daher besonders für jene Zehntausende wichtig, die durch eine solche materielle Grundsicherung begünstigt wären: Schulabgänger ohne Arbeitschance; im Stich gelassene und abhängige Frauen; Dauerarbeitslose, die aufgrund ihrer vergeblichen Bemühungen und den Sekundärfolgen ihres sozialen Abstiegs so entmutigt sind, daß sie weder um Arbeit noch Arbeitslosengeld nachfragen; Menschen, die nicht über das Wissen verfügen, das ihnen Zugang zu öffentlichen Geldhähnen verschaffen könnte.

Sollen die Zerstörungsprozesse aufgefangen werden, dann muß u. a. ein Mindestmaß an materieller Grundsicherung gegeben sein; ohne diese Grundsicherung geht die gesamte psychische Energie im Kampf um die materielle Subsistenz auf: mühsame, demoralisierende Arbeitssuche, Angst vor der Bürokratie, Stigmatisierungs- und Versagersyndrom.

Durch die Anhebung der Einkommen in den untersten und den unteren Mittelschichten entsteht eine zweifache Änderung der Nachfrage. Erstens wird der Anteil an Gütern des elementaren Lebensbedarfs steigen; das bedeutet eine Verstetigung der Nachfrage insgesamt. Wenn das Grundeinkommen offensiv genützt wird, besteht zweitens die Chance, daß Produkte nachgefragt werden, die als Produktionsmittel im Bereich der Eigenarbeit wie der primären Sozialsysteme nützlich sind. So entsteht also über die Nachfrage ein positiver Einfluß auf die Qualität der Güterproduktion in den sekundären Sozialsystemen.

4.5. Waffen- bzw. Vertragsgleichheit

Durch ein Grundeinkommen würde so etwas wie Waffen- bzw. Vertragsgleichheit zwischen den Kapitalverfügern und den Lohnabhängigen geschaffen werden. Im herrschenden Kapitalverhältnis, als einem ökonomisch vermittelten Herrschaftsverhältnis, ist für den einzelnen nur ein Umsteigen, aber kein Aussteigen möglich. Der Zwang, jede Arbeit anzunehmen, wäre aufgehoben. Durch ein Grundeinkommen würde der Druck auf die Kapitalverfüger verstärkt werden, die Arbeitsbedingungen und die Arbeitsbeziehungen zu verbessern.

Arbeitslosigkeit und neue soziale Armut sind ein beliebtes Disziplinierungsinstrument der Mächtigen gegenüber den Schwächeren. Die Verhandlungsposition des Schwächeren würde sich durch ein solches Grundeinkommen verbessern.

Damit ergäbe sich die Chance, daß das Fließband, das die Schäden und Nachteile immer mehr an die Ärmsten und Schwächsten weiterwälzt, abgestellt wird.

Kurzum: Wer über keine eigenen Existenzmittel verfügt, ist von den Existenzzusicherungen der politischen und ökonomischen Machthaber abhängig.

4.6. Freiere Berufswahl

Die persönliche Entfaltung eines Menschen hängt entscheidend von seinem Beruf ab. Die Planung und die Freiheit der Berufswahl – auf der Basis von Eignung und Neigung – ist für den Menschen von grundlegender Bedeutung. Ein Berufsethos kann sich nur dort herausbilden, wo der Mensch auch Freude an seinem Beruf hat, wo er sich seiner Freiheit und seiner Verantwortung bewußt ist. Je größer die Freude, umso größer die Leistung; und desto mehr dient der einzelne auch der Gesamtgesellschaft. Ein Grundeinkommen würde die Berufswahl gerade junger Menschen entkrampfen, sie müßte nicht unter dem Zwang zukünftiger Einkommenssicherung erfolgen. Die Chancengerechtigkeit in der Berufswahl würde erhöht werden.

Mobilitätsanforderungen im Hinblick auf einen Berufswechsel oder einer Ausweitung der fachlichen Kompetenz könnte auf der Basis eines Grundeinkommens leichter entsprochen werden.

4.7. Atemraum für den eigenen Lebensentwurf

Ein Grundeinkommen ermöglicht Atemraum für die Suche nach dem je eigenen Lebensentwurf – vor allem an den Wendepunkten der Lebensgeschichte: in der Zeit des Aktivwerdens in der Jugend wie im allmählichen Herausgehen aus Erwerb und öffentlicher Wirksamkeit im Alter – überall, wo ein Lebensabschnitt zu Ende gebracht und ein neuer gesucht wird.

Die einzelnen Lebensphasen sind echte Lebensgestalten mit unwiederholbaren Eigenheiten, die zur Verfehlung oder zum Gelingen des Daseins beitragen.

Wichtig ist, daß jede(r) zu jeder Zeit sich an dem Lebenspunkt auf das Grundeinkommen verlassen kann, wo es am meisten gebraucht wird: in den Krisenpunkten des Lebens, die oft auch Wachstumspunkte der persönlichen Lebensgestaltung sind.

Ein Grundeinkommen in Verbindung mit Ersparnissen und/oder einer möglichen Eigentätigkeit bietet die Chance zu einer vorübergehenden Fristung des Lebens aus diesen Mitteln – um das Arbeitsleben zu unterbrechen, um neu „sehen" zu lernen, um sich in Ruhe und Gelassenheit umzublicken, um sich neue Fähigkeiten anzueignen, um in einem anderen Tätigkeitsfeld neu zu beginnen.

Bislang ist ein solches Atemschöpfen und Neuorientieren nur einer relativ kleinen Gruppe von privilegierten Menschen möglich.

4.8. Zusammenfassung

Die gegenwärtige quantitative Wachstumspolitik auf Kosten von Mensch und Natur läßt sich vor allem aufgrund der Angst vor Arbeitslosigkeit durchsetzen. Die notwendige Neuorientierung bedarf daher der Freiräume, die das Engagement für neue Wege zumutbar erscheinen lassen.

Wunschdenken oder realistischer Möglichkeitssinn?

Solche Freiräume lassen sich nicht herbeizaubern; nicht durch Gesetze und Verwaltungsakte, nicht durch Geldflüsse. Aber ohne verläßlichen Geldzufluß für die von Ausgrenzung Bedrohten gibt es keine Freiräume; weder für die Bedrohten noch für die Mehrzahl der übrigen, deren Wirklichkeitssinn und politisches Verhalten durch das Ausgrenzen und Ausstoßen der anderen verfälscht wird.

Ein Grundeinkommen schafft eine gewisse materielle Unabhängigkeit, baut die Angst vor sozialer Armut und gesellschaftlicher Stigmatisierung ab; entschärft den Druck auf dem Arbeitsmarkt; mindert den Zwang, sich irgendwelchen Instanzen der Herrschaft unterwerfen zu müssen; stärkt den Mut zu neuen Lebensentwürfen und Experimenten; setzt Energien frei für den Aufbau der primären und den Wandel der sekundären Sozialsysteme.

Das Grundeinkommen in seiner hier vorgeschlagenen Gestalt ist Moment eines umfassenden ökologischen und sozialen Umbaus der Gesellschaft, ist mehr als nur ein verläßlicher Geldzufluß für die von Ausgrenzung Bedrohten. Das Grundeinkommen nützt nicht allein denen, für die es (vorübergehend) das einzige Einkommen ist. Der Konsens über den gesicherten und von jeglichen Leistungspflichten und Unfähigkeitsnachweisen entlasteten Geldzufluß begünstigt auch die anderen Umbauvorhaben, weil es das sattsam bekannte Spiel mit Ausgrenzungen, das Ausspielen einer Kategorie von Benachteiligten gegen die anderen und der Mehrheit gegen die ausgegrenzten Minderheiten, ins Leere laufen läßt. Umgekehrt wird das Einführen des Grundeinkommens durch jeden Fortschritt in anderen Bereichen des öko-sozialen Umbaus begünstigt, weil es als ein Element unter mehreren im Bauwerk eines erneuerten sozialen Zusammenhalts faßbar wird.

Das Grundeinkommen als eines der Bauelemente des öko-sozialen Umbaus: Es liegt in der Natur einer solchen Skizze, daß der Umbau und alle seine Teile – auch das Bauelement Grundeinkommen – im vollendeten Zustand skizziert werden, gleichsam als fertiger Bau oder zumindest als Rohbau. Wir sehen die Teile sich gegenseitig stützen, und jeder Teil hat seine annähernde Perfektion. Die erwartete Steuerreform mit der Entlastung der lebendigen Arbeit und die Förderung vielfältiger Angebote an sinnvollen Tätigkeiten machen zusammen mit den anderen Reformen die Voraussage von positiven Wirkungen des Grundeinkommens realistisch. Und in diesem Zielbild des gelungenen Umbaus ist auch das Grundeinkommen in seiner vollendeten Form gekennzeichnet: hoch genug zur Sicherung einer über die bloße Existenzfristung hinausgehenden kulturellen Teilhabe und begleitet von Chancen eines flexibleren Übergangs zur Erwerbsarbeit.

Wo beginnen?

Es kann mit jedem Bauelement begonnen werden, mit der Steuerreform, der Entlastung der lebendigen Arbeit, mit regionalen Umbauprogrammen, mit der Erneuerung einer Konsumentenbewegung, mit der Einführung des Grundeinkommens. Der Beginn kann, muß aber nicht mit der Einführung des Grundeinkommens gemacht werden.

Was wären die Folgen, wenn die Einführung des Grundeinkommens nicht der Beginn eines öko-sozialen Umbaus, sondern schon die Endstation wäre? Was also wären die Folgen, wenn zwar ein Grundeinkommen in der anfänglich sicherlich niedrigen Höhe eingeführt, sonst aber nichts geändert würde – weil die politischen Kräfte für den umfassenderen öko-sozialen Umbau gar nicht da wären, weil die mächtigsten Gruppen sich davon nichts versprechen oder dem Volk gar nicht zutrauen, den richtigen Weg zu suchen und zu finden und mitzugehen?

In diesem Fall könnte die Einführung eines Grundeinkommens kontraproduktiv sein.

Ein politischer Weg

Worin unterscheidet sich also der vorgeschlagene Weg von dem der Technokraten, die auf das Herstellen der Freiheit im Sinne des strukturellen Machens setzen, die – oft mitgetragen von einer illusionären Revolutionshoffnung – auf die technische Machbarkeit vertrauen?

Der Weg ist notwendig mit Kampf verbunden. Dieser Kampf muß von Bewegungen getragen sein, in denen das Subjekt dieser neuen Grundordnung entsteht. Ein Grundeinkommen schafft dieses Subjekt noch nicht, aber es verbessert wesentlich die Umstände, die seine Herausbildung möglich machen, und verstärkt eine Bewegung, die auf neue Bündnisse zielt. Ein Grundeinkommen eröffnet den Menschen durch die Erweiterung ihrer alltäglichen Lebensfreiheiten die Chance, eine Kultur neuer sozialer Verhaltensweisen aufzubauen, die – statt auf Konkurrenz und

Über- und Unterordnung – auf gleichberechtigter Zusammenarbeit beruht und die dem Menschen jenen tragenden Grund seines Lebens und jenes Grundvertrauen vermittelt, von dem her er Orientierungssinn und Orientierungswissen gewinnen kann.

Das Grundeinkommen ist als Offensive für den Ausbau der primären Sozialsysteme und davon ausgehend für den Wandel der sekundären Sozialsysteme konzipiert. Es unterstützt den Aufbau sozialer Netze, die Erneuerung und Wiederbelebung der Stadtkerne und vernachlässigter Regionen wie Gemeinde-, Vereins- und Nachbarschaftsaktivitäten. In dieser Perspektive ist die Einführung des Grundeinkommens Moment einer auf Fähigkeitsentwicklung und Solidarität orientierten Gesellschaft, in der die Entfaltung neuer Werte und Sinnziele nicht Privileg einiger weniger, sondern das Lebensnotwendige aller darstellt.

Was die Nutznießer eines Grundeinkommens daraus machen, liegt in ihrer Verantwortung. Die Allgemeinheit kann diese Chance ungenützt verstreichen lassen, sie aber auch wahrnehmen und durch positive Gestaltungsmöglichkeiten, Anreize und Infrastrukturen anreichern. Das, und nicht etwa die Finanzierung und politische Durchsetzung, dürfte sich als die entscheidende Frage bei der Einführung eines Grundeinkommens erweisen.

Eigeninitiativen, Produktion für die eigenen Bedürfnisse, Selbstfindung und Nächstenhilfe, Bürgerinitiativen, Konsumentengewerkschaft und Technologieopposition: all das läßt sich nicht und soll nicht zentral geplant und kanalisiert werden. Ein Minimum an Hilfsmitteln und Beratung kann fast ohne finanziellen und administrativen Aufwand bereitgestellt werden.

Nichts, was zur Entwicklung der primären Sozialsysteme getan wird – auch nicht die Einführung eines Grundeinkommens – , ist für sich allein offensiv. Diesen Charakter nehmen solche Maßnahmen erst dann an, wenn zugleich auch im Bereich der sekundären Sozialsysteme all die Kräfte, die auf eine Zweidrittelgesellschaft hindrängen, daran gehindert und bezähmt werden.

Jede Änderung zu einer relativ besseren Gesellschaft läuft über Risiko und Wagnis. Niemand kann tatsächlich voraussagen, wie sich die Motivation der Menschen und ihre Bereitschaft, die notwendigen Initiativkräfte für einen öko-sozialen Umbau unserer Gesellschaft einzusetzen, durch die Einführung eines Grundeinkommens entwickeln werden; ob nicht statt des erhofften Wandels zu einer gerechteren Verteilung von Nutzen und Lasten umgekehrt die sich schon abzeichnende Zweidrittelgesellschaft gefördert und damit noch größere Ungerechtigkeit und Unfrieden die Folge sein werden.

Dieselbe Ungewißheit trifft – unter umgekehrten Vorzeichen – für die Position nicht zu, die den Status quo zu bewahren trachtet. Das „Risiko" des herrschenden Normensystems besteht gerade darin, daß man die gegenwärtige, wachsende Ungerechtigkeit in der Verteilung der Arbeit, des Einkommens und somit der Lebenschancen rechtfertigt und durch das passive Hinnehmen der herrschenden Symptomkurpolitik verantwortlich wird für eine beschleunigte Zunahme von Ungerechtigkeit, Unfriede und Zerstörung der Schöpfung.

Die von der bestehenden Ordnung profitierenden Kräfte sind dann am besten gefahren, wenn sie versucht haben, das aus den Unterschichtbewegungen aufzugreifen, was diese sich „erträumten". Die ungerechtesten Züge der bestehenden Ordnung wollten sie beseitigt wissen, etwas mehr Teilhabe an ihr gewinnen. Was immer die wahren Triebkräfte der Geschichte sein mögen, stets sind die tatsächlichen Stauungen und Umbrüche durch die mangelnde Integrationskraft der herrschenden Klassen verursacht worden. Deutlicher und profaner formuliert: von ihrer Dummheit und Unfähigkeit. Das Kartell der Eliten als „Allianz der Unvernunft". Macht bedeutet die eingebildete Möglichkeit, nicht lernen zu müssen.

Ziel unseres Konzepts eines Grundeinkommens ist ein doppeltes Beginnen: Das Grundeinkommen wird – auch in einer anfänglich bescheidenen Höhe – eine unmittelbar für die individuelle und familiäre Lebensplanung spürbare Linderung von Not, aber auch Chancen zu flexiblern, eigenständigeren Antworten auf Notlagen eröffnen. Zugleich ist aber das Grundeinkommen mehr als nur ein Instrument zur Beseitigung (oder Linderung) von akuten Notlagen, mehr als nur eine kostengünstige Maßnahme, mit sozialen Konflikten besser fertig zu werden. Das Grundeinkommen ist Teil eines offensiven Konzepts für eine gastfreundlichere Gesellschaft: um Partner zu gewinnen für einen Ausbau und Aufbau einer neuen Grundordnung.

Anmerkungen

[1] R. H. Strahm, *Warum sie arm sind.* Arbeitsbuch zur Entwicklung der Unterentwicklung in der Dritten Welt, mit Schaubildern und Kommentaren, Wuppertal 1985, S. 15.

[2] Ders., 12 f.

[3] Vgl. U. Beck, *Von der Vergänglichkeit der Industriegesellschaft,* in: *Das pfeifende Schwein,* hrsg. von Thomas Schmid, Berlin 1985, S. 94 f; ders., *Risikogesellschaft.* Auf dem Weg in eine andere Moderne, Frankfurt am Main 1986, S. 305 f.

[4] Vgl. dazu: R. P. Sieferle, *Ökonomie und Ökologie,* in: *Politikwissenschaft,* hrsg. von I. Fetscher und H. Münkler, Reinbek 1985, S. 262 ff.

[5] Dieses Beispiel einer „Problem-Lösung-Problem-Erzeugungskette" übernehme ich (in etwas abgewandelter Form) aus: U. Beck, *Risikogesellschaft,* a. a. O., S. 295.

[6] Ders., S. 43.

[7] Ders., S. 43.

[8] U. Beck, *Gegengifte.* Die organisierte Unverantwortlichkeit, Frankfurt am Main 1988, S. 273.

[9] Vgl. dazu: K.-O. Apel, *Diskurs und Verantwortung.* Das Problem des Übergangs zur postkonventionellen Moral, Frankfurt am Main 1988, S. 62 f; S. 237.

[10] Ders., S. 366.

[11] *Die Zeit,* Nr. 37, 8. September 1989, S. 28.

[12] *Die Zeit,* Nr. 43, 20. Oktober 1989, S. 3.

[13] N. Grunenberg, *Die Chefs.* Herren der Realität: vorsichtig, öffentlichkeitsscheu, machtbewußt, in: *Die Zeit,* Nr. 43, 20. Oktober 1989, S. 3.

[14] S. dazu: M. Jänicke, *Staatsversagen.* Die Ohnmacht der Politik in der Industriegesellschaft, München 1986, S. 34.

[15] U. Beck, *Risikogesellschaft,* a. a. O., S. 74.

[16] Vgl. dazu: Ch. Leipert, *Die heimlichen Kosten des Fortschritts.* Wie Umweltzerstörung das Wirtschaftswachstum fördert, Frankfurt am Main 1989, S. 133.

[17] U. Beck, *Risikogesellschaft,* a. a. O., S. 30.

[18] U. Beck, *Gegengifte,* a. a. O., S. 72 ff.

[19] Vgl. dazu: M. Jänicke, *Staatsversagen,* a. a. O., S. 34 ff.

[20] S. dazu: E. Kitzmüller, *Ökologische und soziale Opferungen im Rechtsstaat – und die Opposition dagegen,* in: *Aktuelle Probleme der Demokratie,* Wien 1989, S. 127 f.

[21] Vgl. dazu: H. Baier, *Herrschaft im Sozialstaat,* in: *Soziologie und Sozialpolitik,* Sonderheft 19 der Kölner Zeitschrift für Soziologie und Sozialpsychologie (1977).

[22] Vgl. E. Natter/A. Riedlsperger (Hrsg.), *Zweidrittelgesellschaft.* Spalten, splittern – oder solidarisieren? Wien 1988.

[23] Vgl. dazu: E. Kitzmüller, *Ökologische und soziale Opferungen im Rechtsstaat – und die Opposition dagegen,* a. a. O., S. 131 ff.

[24] H. Baier, *Leistungs- und Versorgungsklassen im Sozialstaat,* in: *Schwäbisches Tagblatt Tübingen,* 6. Mai 1989.

[25] U. Beck, *Gegengifte,* a. a. O., S. 216.

[26] Vgl. ders., S. 226 ff.

[27] H. Baier, *Ehrlichkeit im Sozialstaat.* Gesundheit zwischen Medizin und Manipulation, Zürich 1988, S. 16.

[28] Ders., S. 17 f.

[29] Ders., S. 39; S. 44.

[30] Vgl. U. Beck, *Risikogesellschaft,* a.a.O., 226 ff.

[31] R. N. Bellah u. a., *Habits of the Heart.* Individualism and Commitment in American Life, New York 1986.

[32] Grundlegende Einsichten in dieses hier entfaltete Konzept eines ökosozialen Umbaus verdanke ich den Arbeiten von E. Kitzmüller. Vgl. *Handlungsfreiheit in einer transnationalen Welt;* zur Kritik der Ökonomie und zur Gegenrationalität einer nicht expansiven Gesellschaft siehe den Beitrag in: *Österreich im internationalen System* (Forschungsberichte des Österreichischen Instituts für Internationale Politik), Wien 1983; vgl. auch *Soziale Alternativen,* in: E. Natter/A. Riedlsperger (Hrsg.), *Zweidrittelgesellschaft,* a. a. O.; *Ökologische und soziale Opferungen im Rechtsstaat – und die Opposition dagegen,* a. a. O.; *Österreich in Europa: Die politische Dimension eines ökologisch-sozialen Umbaus,* in: *Kurswechsel.* Zeitschrift für gesellschafts-, wirtschafts- und umweltpolitische Alternativen, Heft 4/1989.

[33] E. Kitzmüller, *Österreich in Europa: Die politische Dimension eines ökologisch-sozialen Umbaus,* a. a. O., S. 16.

[34] Ders., S. 21f.

[35] E. Kitzmüller, *Ökologische und soziale Opferungen im Rechtsstaat – und die Opposition dagegen,* a. a. O., S. 129 f.

[36] U. Beck, *Risikogesellschaft,* a. a. O., S. 37.

[37] U. Beck, *Gegengifte,* a. a. O., S. 211 ff.

[38] Vgl. E. Kitzmüller, *Ökologische und soziale Opferungen – und die Opposition dagegen,* a. a. O., S. 127 ff.

[39] Vgl. G. Bruckmann, *Mega-Trends für Österreich.* Wege in die Zukunft, Wien 1988, S. 12 ff; S. 24 ff.

[40] Vgl. dazu: E. Kitzmüller, *Soziale Alternativen,* a. a. O., S. 193; ders., *Handlungsfreiheit in einer transnationalen Welt,* a. a. O., S. 56 ff.

[41] Vgl. Th. Bauriedl, *Das Leben riskieren.* Psychoanalytische Perspektiven des politischen Widerstands, München 1988, S. 144.

[42] Vgl. E. Kitzmüller, *Österreich in Europa: Die politische Dimension eines ökologisch-sozialen Umbaus,* a. a. O., S. 16.

[43] Vgl. E. Kitzmüller, *Soziale Alternativen,* a. a. O., S. 221 ff.

[44] G. Bruckmann, *Mega-Trends für Österreich,* a. a. O., S. 84.

[45] Ders., S. 84.

[46] Ders., S. 84.

[47] Ders., S. 84.

[48] Ders., S. 85.

[49] Vgl. dazu: E. Kitzmüller, *Soziale Alternativen,* a. a. O., S. 214.

[50] Ders., S. 214.

[51] Ich beziehe mich hier auf eine unveröffentlichte Arbeit von E. Kitzmüller zum Thema alternative Ökonomie.

Bibliographie

Apel, K.-O. (1988): *Diskurs und Verantwortung*. Das Problem des Übergangs zur postkonventionellen Moral, Frankfurt am Main.

Arras, Hartmut E./Bierter, Willi (1989): *Welche Zukunft wollen wir?* Drei Szenarien im Gespräch. Ein Beitrag des Basler „Regio Forum", Basel.

Aubauer, Hans-Peter/Bruckmann, Gerhart (1984): *Eine Energie- und Rohstoffabgabe statt der Besteuerung von Mehrwertschaffung und Arbeitseinsatz*, in: Wirtschaftspolitische Blätter, 4/1985, S. 357–366.

Bäcker, Gerhard (1985): *Sozialpolitik im Verteilungskonflikt*. Anmerkungen zu den Finanzierungsproblemen der (auch alternativen) Sozialpolitik, in: *WSI-Mitteilungen*, 7/1985.

Baier, H. (1989): *Leistungs- und Versorgungsklassen im Sozialstaat*, in: *Schwäbisches Tagblatt Tübingen*, 6. Mai 1989.

Baier, H. (1988): *Ehrlichkeit im Sozialstaat*. Gesundheit zwischen Medizin und Manipulation, Zürich.

Baier, H. (1977): *Herrschaft im Sozialstaat*, in: *Soziologie und Sozialpolitik*, Sonderheft 19 der Kölner Zeitschrift für Soziologie und Sozialpsychologie.

Bauriedl, Th. (1988): *Das Leben riskieren*. Psychoanalytische Perspektiven des politischen Widerstands, München.

Beck, U. (1988): *Gegengifte*. Die organisierte Unverantwortlichkeit, Frankfurt am Main.

Beck, U. (1986): *Risikogesellschaft*. Auf dem Weg in eine andere Moderne, Frankfurt am Main.

Beck, U. (1985): *Von der Vergänglichkeit der Industriegesellschaft*, in: *Das pfeifende Schwein*, hrsg. von Thomas Schmid, Berlin.

Bellah, R. N. u. a. (1986): *Habits of the Heart*. Individualism and Commitment in American Life, New York.

Bericht über die soziale Lage 1988, Bundesministerium für Arbeit und Soziales, Wien 1989.

Beveridge, W. H. (1944): *Full employment in a free society*, London.

Bruckmann, Gerhart (1988): *Mega-Trends für Österreich*. Wege in die Zukunft, Wien.

Bruckmann, Gerhart (Hrsg.) (1978): *Perspektiven für Österreich*. Grundüberlegungen zu sozio-ökonomischen Alternativen. Schriftenreihe des Instituts für sozio-ökonomische Entwicklungsforschung, Nr. 2/1978, Österreichische Akademie der Wissenschaften, Wien.

Büchele, Herwig (1987): *Christlicher Glaube und politische Vernunft*. Für eine Neukonzeption der katholischen Soziallehre. Wien, Zürich, Düsseldorf.

Büchele, Herwig/Wohlgenannt, Lieselotte (1985): *Grundeinkommen ohne Arbeit*. Auf dem Weg zu einer kommunikativen Gesellschaft. Wien, Zürich.

Busch, Georg/Hellmer, Silvia/Korber, Wilfried/Mayer, Margit (1984): *Wertschöpfungsbezogene Arbeitgeberbeiträge zur gesetzlichen Pen-

sionsversicherung. Bundesministerium für soziale Verwaltung, Forschungsberichte aus Sozial- und Arbeitsmarktpolitik, Nr. 10, Wien.

Bust-Bartels, A. (1984): *Recht auf Einkommen?* In: *Aus Politik und Zeitgeschichte,* Beilage zur Wochenzeitung *Das Parlament,* B 28/84, 14. Juli 1984.

Christl, J./Maurer, J. (1984): *Die Auswirkungen zusätzlicher kreditfinanzierter Staatsausgaben.* Eine Simulationsstudie, in: *CA Quarterly,* 4/1984.

Collectif Charles Fourier (1984): *L'allocation universelle,* in: *L'allocation universelle.* Une idée pour vivre autrement, in: *la revue nouvelle,* 4/1985, Brüssel.

Dahrendorf, Ralf (1987): *Fragmente eines neuen Liberalismus,* Stuttgart.

Dahrendorf, Ralf (1983): *Die Chancen der Krise.* Über die Zukunft des Liberalismus, Stuttgart.

Dallinger, Alfred (1987), in: *Forschungsberichte aus Sozial- und Arbeitsmarktpolitik,* Nr. 16, *Basislohn/Existenzsicherung. Garantiertes Grundeinkommen für alle.* Bundesministerium für Arbeit und Soziales, Wien.

Den Sozialhirtenbrief vorbereiten. Sinnvoll arbeiten – Solidarisch leben. Zusammenfassung der Stellungnahmen, Linz 1989.

Engels, Wolfram u. a. (1988): *Das soziale Netz reißt.* Vorschläge zur Rettung der sozialen Sicherheit, Frankfurter Institut für wirtschaftliche Forschung e. V.

Europäische Ökumenische Versammlung Basel, Schlußdokument (1989).

Forschungsberichte aus Sozial- und Arbeitsmarktpolitik, Nr. 16 (1987), *Basislohn/Existenzsicherung. Garantiertes Grundeinkommen für alle.* Bundesministerium für Arbeit und Soziales, Wien.

Frühstück, E./Wagner, M./Winkler, F. (1987): *Gutachten: Die Kosten eines Basiseinkommens für Arbeitslose und Pensionisten.* Im Auftrag des Parlamentarischen Clubs der Grünen Alternative. Institut für Wirtschafts- und Sozialforschung, Wien.

Gerhardt/Weber: *Garantiertes Mindesteinkommen.* Für einen libertären Umgang mit der Krise, in: Schmid, Thomas (Hrsg.) (1986): *Befreiung von falscher Arbeit.* Thesen zum garantierten Mindesteinkommen, Berlin.

Glaser, Hermann (1988): *Das Verschwinden der Arbeit.* Die Chancen der neuen Tätigkeitsgesellschaft. Düsseldorf, Wien, New York.

Gorz, André (1989): *Kritik der ökonomischen Vernunft.* Sinnfragen am Ende der Arbeitsgesellschaft, Berlin.

Gorz, André (1989): *On the difference between society and community, and why basic income cannot by itself confer full memership of either.* Discussion paper, International Conference, Louvain-la-Neuve, 1–2 September 1989.

Grundrente statt Altersarmut. Die Grünen und die „Grauen Panther" fordern Rentenreform (1985). Perspektiven der Sozial- und Gesundheitspolitik, hrsg. von den Grünen und dem Seniorenschutzbund „Graue Panther", Berlin.

Grunenberg, N.: *Die Chefs.* Herren der Realität: vorsichtig, öffentlichkeitsscheu, machtbewußt, in: *Die Zeit,* Nr. 43, 20. Oktober 1989.

Guggenberger, Bernd (1988): *Wenn uns die Arbeit ausgeht.* Die aktuelle Diskussion um Arbeitszeitverkürzung, Einkommen und die Grenzen des Sozialstaats. München, Wien.

Hanesch, Walter (1988): *Armutspolitik in der Beschäftigungskrise.* Bestandsaufnahme und Alternativen, Wiesbaden.

Hanesch, Walter (1987), in: *Forschungsberichte aus Sozial- und Arbeitsmarktpolitik,* Nr. 16, *Basislohn/Existenzsicherung. Garantiertes Grundeinkommen für alle.* Bundesministerium für Arbeit und Soziales, Wien.

Hatchuel, Georges (1987): *Pauvreté – précarité.* Quelques expériences locales de revenu minimum social garanti. Paris, Crédoc, Collection des Rapports, November 1987, Nr. 27.

Heintel, Peter (1986): *Zum Thema: Basisgehalt.* Klagenfurt, Ms., 27. Februar 1986.

Heinze, Rolf G./Olk, Thomas/Hilbert, Josef (1988): *Der neue Sozialstaat.* Analyse und Reformperspektiven, Freiburg im Breisgau.

Institut für Kirchliche Sozialforschung (IKS), Wien (1990): *Menschengerechte Arbeitswelt.* Untersuchung von Einstellungen und Verhaltensweisen der österreichischen Bevölkerung in einer im Wandel begriffenen Arbeitswelt.

Jahoda, Maria (1988): *Wirklich Ende der Arbeitsgesellschaft?* In: Rosenmayr, Leopold (Hrsg.): *Arbeit – Freizeit – Lebenszeit.* Grundlagenforschung zu Übergängen im Lebenszyklus, Opladen.

Jänicke, M. (1986): *Staatsversagen.* Die Ohnmacht der Politik in der Industriegesellschaft, München.

Jordan, Bill (1989), in: *First International Conference on Basic Income,* Proceedings 1986; Louvain-la-Neuve, 4.–6. September 1986.

Kammer für Arbeiter und Angestellte Salzburg, *Stellungnahme zu den derzeitigen Sozial- und Behindertenhilfegesetzen.* Quelle: Kontraste, 5/89.

Kitzmüller, E. (1990): *Alternative Ökonomie,* unveröffentlichte Arbeit.

Kitzmüller, E. (1989): *Ökologische und soziale Opferungen im Rechtsstaat – und die Opposition dagegen,* in: *Aktuelle Probleme der Demokratie* (= Internationales Jahrbuch für Rechtsphilosophie und Gesetzgebung, Wien 1989).

Klanberg, Frank/Prinz, Aloys (1986): *Anreizkompatibilität von Transfers im Bereich der sozialen Mindestsicherung.* Eine ökonomische Analyse der Grundeinkommensvorschläge, in: *Sozialer Fortschritt.* Unabhängige Zeitschrift für Sozialpolitik, Jahrgang 35, Heft 10, 1986.

Köppl, Franz/Steiner, Hans: *Sozialhilfe – ein geeignetes Instrument zur Bekämpfung sozialer Not?* In: Dimmel, N. u. a. (1990): *Sozialhilfe.* Strukturen, Mängel, Vorschläge, Wien.

Kreisky, Bruno (1989) (Hrsg.): *Zwanzig Millionen suchen Arbeit.* Bericht der Kreisky-Kommission. Ein Programm für Vollbeschäftigung in den 90er Jahren, Wien.

Kress, U. (1987): *Arbeitslosigkeit und soziale Sicherung*, in: *Mitt.*, AB 3/87.

Kühnl, J. (1988): *Arbeitslosigkeit*, in: *Aus Politik und Zeitgeschichte*, Beilage zur Wochenzeitung *Das Parlament*, B 38/88, 16. September 1988.

Leipert, Ch. (1989): *Die heimlichen Kosten des Fortschritts*. Wie Umweltzerstörung das Wirtschaftswachstum fördert, Frankfurt am Main.

Molitor, B. (1976): *Negative Einkommensteuer als allgemeine Fürsorgeleistung?* In: Molitor, B.: *Sozialpolitik auf dem Prüfstand*, Hamburg.

Natter, Ehrenfried/Riedlsperger, Alois (1988) (Hrsg.): *Zweidrittelgesellschaft*. Spalten, splittern – oder solidarisieren, Wien.

Nissen, Sylke (1990): *Zwischen lohnarbeitszentrierter Sozialpolitik und sozialer Grundsicherung: Sozialpolitische Reformvorschläge in der parteipolitischen Diskussion*, in: Vobruba, G. (Hrsg.): *Strukturwandel der Sozialpolitik*, Frankfurt am Main.

Offe, Claus (1988): *Das Dilemma der Sicherheit*. Die politischen und moralischen Fundamente des Sozialstaats haben Risse, in: *Die Zeit*, Nr. 4, 2. Dezember 1988, S. 24.

Opielka, Michael (1988): *Grundeinkommen und Sozialversicherung*. Sozialtheoretische Überlegungen zur Reform sozialpolitischer Existenzsicherung. ISÖ-AP/WP 11/88, Hennef.

Opielka, Michael/Vobruba, Georg (Hrsg.) (1986): *Das garantierte Grundeinkommen*. Entwicklung und Perspektiven einer Forderung, Frankfurt am Main.

Opielka, Michael/Zander, Margherita (Hrsg.) (1988): *Freiheit von Armut*. Das GRÜNE Grundsicherungsmodell in der Diskussion, Essen.

Otto, Ulrich/Opielka, Michael (1988): *Grundeinkommen und Sozialarbeit*. ISÖ-AP/WP 6/88, Hennef.

Parker, Hermione (1989): *Instead of the Dole*, London.

Parker, Hermione (1988): *How to get a BI system in the UK*. A personal viewpoint. BIEN Conference, Antwerp, 22. September 1988.

Personen- und Haushaltseinkommen von unselbständig Beschäftigten (Ergebnisse des Mikrozensus September 1987). Beiträge zur österreichischen Statistik, hrsg. vom Österreichischen Statistischen Zentralamt, Heft 924, Wien 1989.

Purdy, David (1988): *Social Power and the Labour Market*. A Radical Approach to Labour Economics, London.

Reformprogramm der Grünen. Fünf Schritte zu mehr sozialer Gerechtigkeit. Diskussionsentwurf zu einer grünen Sozialpolitik für die nächsten fünf Jahre (August 1989). Grün-Alternativ-Press, Nr. 69, Wien.

Reichardt, Robert (1978): *Zukunftsperspektiven der sozialen Gerechtigkeit*, in: Bruckmann, Gerhart (Hrsg.) (1978): *Perspektiven für Österreich*. Grundüberlegungen zu sozio-ökonomischen Alternativen. Schriftenreihe des Instituts für sozio-ökonomische Entwicklungsforschung, Nr. 2/1978. Österreichische Akademie der Wissenschaften, Wien.

Roberts, Keith (1982): *Automation, Unemployment and the Distribution of Income*, Maastricht.

Schulz, Wolfgang/Norden, Gilbert (1986): *Einstellungen zur Einkommensumverteilung*, in: *Journal für Sozialforschung*, 26. Jahrgang, 1/1986, Wien.

Sieferle, R. P. (1985): *Ökonomie und Ökologie*, in: *Politikwissenschaft*, hrsg. von I. Fetscher und H. Münkler, Reinbek.

Sozialhilfe. Strukturen, Mängel, Vorschläge (1989). Kammer für Arbeiter und Angestellte für Wien, Schriftenreihe Arbeit – Recht – Gesellschaft, Band 7.

Strahm, R. H. (1985): *Warum sie arm sind*. Arbeitsbuch zur Entwicklung der Unterentwicklung in der Dritten Welt mit Schaubildern und Kommentaren, Wuppertal.

Subsidiarität, Selbsthilfe, Mindestsicherung – Sozialpolitische Alternativen in Diskussion. WSI-Mitteilungen, Juli 1985, Köln.

Tálos, Emmerich (Hrsg.) (1989): *Materielle Grundsicherung*. Popper-Lynkeus' Programm „Die allgemeine Nährpflicht als Lösung der sozialen Frage", Wien.

Tálos, Emmerich (1981): *Staatliche Sozialpolitik in Österreich*. Rekonstruktion und Analyse, Wien.

Teichert, Volker (Hrsg.) (1988): *Alternativen zur Erwerbsarbeit?* Entwicklungstendenzen informeller und alternativer Ökonomie, Opladen.

The Justice Commission of the Conference of Major Religious Superiors (1988): *Who Benefits? Who Pays?* Submission to the Dail and Seanad on Aspects of the 1989 Budget, Dublin.

Theobald, Robert T. (1963): *Free men and free markets*, New York.

'T WERKT NIET MEER. Nieuwsbrief Basisinkomen, Werkplaats Basisinkomen (Hermann Heijersmansweg 20, NL-1077 WL Amsterdam).

Vak, Karl (Hrsg.) (1989): *Arbeit, die neue Herausforderung*. Mit Beiträgen von Erich Becker-Boost, Kurt Prokop, Stefan Schleicher, Wolfgang Tritremmel, Alexander Van der Bellen, Ewald Walterskirchen und Josef Wöss. Austrian Chapter des Club of Rome. Wien, Zürich.

Van Parijs, Philippe (1989): *Liberty, Equality, Ecology*. On the ethical foundations of basic income. Université Catholique de Louvain, Louvain-la-Neuve.

Vignon, Etienne et Pierre Lecomte (1988): *Le travail demain – un privilège?* Paris.

Vobruba, Georg (Hrsg.) (1990): *Strukturwandel der* Sozialpolitik. Lohnarbeitszentrierte Sozialpolitik und soziale Grundsicherung, Frankfurt am Main.

Vobruba, Georg (Hrsg.) (1989): *Der wirtschaftliche Wert der Sozialpolitik*. Sozialpolitische Schriften, Heft 60, Berlin.

Voedingsbond FNV Utrecht: *No frontiers to a basic income*. Contribution to a European discussion on the introduction of a basic income.

Walter, Tony (1989): *Basic Income*. Freedom from poverty, freedom to work. London, New York.

Welzmüller, R. (1985): *Bedarfsbezogene Grundsicherung – Element einer Anti-Krisenpolitik*, in: *WSI-Mitteilungen*, Juli 1985.

Wiemeyer, J. (1988): *Grundeinkommen ohne Arbeit?* In: *Aus Politik und*

Zeitgeschichte. Beilage zur Wochenzeitung *Das Parlament,* B 38/88, 16. September 1988.

Zander, Margherita (Hrsg.) (1987): *Anders Altsein.* Kritik und Perspektiven der Altenpolitik, hrsg. im Auftrag des Arbeitskreises Sozialpolitik der Bundestagsfraktion Die Grünen, Essen.

Zoll, Rainer (1989): *Für den Ausbau der Grundsicherung – Veränderungstendenzen im Verhältnis von Erwerbsarbeit und Reproduktionsarbeit und der Wandel sozialer Bedürfnisstrukturen,* in: *Gewerkschaftliche Monatshefte,* 11/89.

Register

Glossarium verwendeter Fachausdrücke

Äquivalenzprinzip

besagt, daß die Höhe der Leistungsansprüche in den (Sozial-) Versicherungen abhängig ist von der Höhe (und eventuell der Dauer) der geleisteten Beiträge. Anders ausgedrückt: Jeder Versicherte bezahlt einen bestimmten Prozentsatz seines Einkommens an Beiträgen (= unterschiedliche Höhe der Beitragsleistungen) und hat damit bei Eintritt des Versicherungsfalles (bei Arbeitslosigkeit, Krankheit oder im Alter) Anspruch auf ein aufgrund seiner Beitragsleistung errechnetes Transfereinkommen (Krankengeld, Arbeitslosengeld, Pension). (→ *Transfers*)
Da bei diesem Prinzip niedrige Erwerbseinkommen noch niedrigere Ersatzleistungen zur Folge haben, ist die Sicherung des Mindestbedarfs nicht garantiert. (→ *Sockelung*)

Äquivalenzrelationen

sind Annahmen zur Berechnung eines gewichteten Pro-Kopf-Einkommens zum Zwecke von Einkommensvergleichen zwischen Haushalten unterschiedlicher Zusammensetzung. Ausgangspunkt ist die sehr einleuchtende – wenn auch im Grund unbewiesene – Überzeugung, daß das Zusammenleben mehrerer Personen in einem Haushalt zu Einsparungen führt. Neben der Haushaltsersparnis wird bei der Errechnung gewichteter Pro-Kopf-Einkommen auch der angenommene geringere Verbrauch von Kindern gegenüber Erwachsenen berücksichtigt.
Solche Umrechnungsschemata werden vor allem für Vergleiche in der Sozialforschung verwendet.

Arbeitsgesellschaft

meint eine Gesellschaft, in der Einkommen, Lebenschancen und gesellschaftliche Stellung des Individuums wesentlich von der Erwerbsarbeit bzw. dem Beruf abhängen. Der durch die Berufsarbeit vermittelte Status bleibt dem Individuum auch nach seiner aktiven Zeit, also im Alter, erhalten (Pensionen, Berufstitel); er überträgt sich auf die Familie, d. h. Frau und Kinder.

Armutsfalle

entsteht, wenn eigene Anstrengungen (etwa eines Arbeitslosen) zu keiner Verbesserung der Situation führen können. Solche Armutsfallen gibt es in vielen Sozialgesetzen: so werden Beziehern von Sozialhilfe Arbeitseinkommen zur Gänze auf die Sozialhilfe angerechnet; Notstandshilfe fällt in Österreich zur Gänze weg, wenn ein Arbeitseinkommen bezogen wird.

Bruttosozialprodukt

ist der zu den jeweiligen Marktpreisen ausgedrückte Wert aller inländischen Sachgüter und Dienstleistungen (privater und öffentlicher Konsum + Investitionen + Export – Import).

Kapitaldeckungsverfahren

meint die Kapitalisierung von Versicherungsbeiträgen in den (privaten) Pensionsversicherungen. Um den zeitlichen Abstand zwischen Beitragszahlung und Inanspruchnahme von Leistungen zu überbrücken, sind Versicherungsunternehmen (auch vom Gesetz her) verpflichtet, die eingenommenen Beiträge so anzulegen (z. B. in Immobilien), daß sie die eingegangenen Verpflichtungen später erfüllen können. Tatsächlich können aber auch Kapitalanlagen nur aus dem jeweils aktuellen Nationalprodukt „zurückgezahlt" werden. Was sich gegenüber dem → *Umlageverfahren* ändert, sind deshalb vor allem – neben der rechtlichen Form der Ansprüche – die Verteilungseffekte.

Lohnquote

bezeichnet den Anteil der Einkommen aus unselbständiger Arbeit am gesamten Volkseinkommen (Netto-Nationalprodukt). Dieser Prozentsatz betrug in Österreich 1989 71,5%. In dieser Summe sind neben den Bruttolöhnen auch die Arbeitgeberanteile für die Sozialversicherungen und sonstige lohnbezogene Abgaben (Beitrag zum Familienlastenausgleichsfonds) eingeschlossen.

Negative Einkommensteuer

bedeutet die Auszahlung einer bestimmten Summe durch das Finanzamt, wenn das persönliche Einkommen eine bestimmte Höhe nicht erreicht. Die Transferzahlung (→ *Transfers*) wird umso geringer, je höher das persönliche Einkommen ist, bis zu jenem Punkt („break even point") wo („positive") Steuer zu bezahlen ist. „Negative Steuer" bedeutet weiters, daß nur ein Teil der persönlichen Einkommen (z. B. 50%) von der Transferzahlung abgezogen wird, um eine → *Armutsfalle* zu vermeiden.

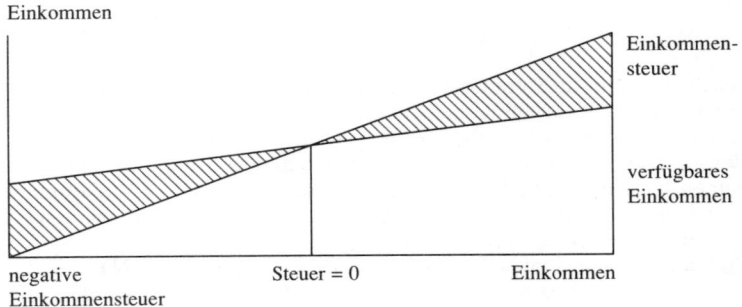

Der Ausdruck NEst. geht auf den amerikanischen Ökonomen und Nobelpreisträger Milton Friedman zurück. Seine Zielsetzung war, allen (auch den verschämten) Armen ein minimales, nicht diskriminierendes Einkommen zu garantieren und gleichzeitig sowohl bei den Armen als auch in der Armenadministration Staatsgelder einzusparen.
Technisch betrachtet, ist auch unser Vorschlag, Grundeinkommen als Steuerabsetzbetrag zu behandeln und im Falle der Nichtausnützung (zur Gänze oder als Differenz) auszuzahlen, eine negative Einkommensteuer.

Produktivität

bezeichnet das Verhältnis zwischen dem Produktionsergebnis und den dafür aufgewendeten Produktionsfaktoren (Arbeit, Material, Einsatz von Maschinen und Anlagen). Produktivitätssteigerung liegt dann vor, wenn mit geringerem Einsatz – z. B. von Arbeit, wenn die Arbeitsproduktivität gemessen wird – mehr Güter oder Leistungen erzeugt wurden.

Ressourcensteuer

meint die Besteuerung von (nicht erneuerbaren) Rohstoffen, meist mit dem Ziel, deren Verbrauch so weit wie möglich einzuschränken (Steuerungseffekt). Als Nebeneffekt kann die Entlastung der Erwerbsarbeit von Steuern und Abgaben angezielt werden.

Sockelung

als Mindesthöhe für bestimmte Sozialleistungen zielt darauf ab, Lohnersatzleistungen wie Arbeitslosengeld, Notstandshilfe, Pensionen zumindest auf die Armutsgrenze anzuheben.
Diese Vorschläge können sowohl als Verbesserung des bestehenden sozialen Netzes wie auch als Schritte hin auf ein allgemeines Grundeinkommen konzipiert sein.
Als Beispiel für diese Art von Mindestsicherung kann der Ausgleichszulagenrichtsatz für ASVG-Pensionisten in Österreich dienen: Pensionen unter dem Richtsatz werden, falls der Bezieher keine anderen Einkommen hat, bis zum Richtsatz aufgestockt.

Splitting

(auch Splittern) im Steuerrecht bedeutet, daß die Einkommen der Familienangehörigen zusammengelegt und dann durch die Zahl der Personen (oder einen gesetzlich festgelegten, gewichteten Faktor) dividiert werden. Die so errechneten Beträge werden dann wie Einkommen der einzelnen Personen besteuert, was bei unterschiedlich hohen Einkommen (besonders im Falle eines Alleinverdieners) aufgrund der Steuerprogression zu bedeutenden Steuereinsparungen führen kann.
So bedeutet zum Beispiel das Ehegatten-Splitting in der BRD, daß die gemeinsamen Einkommen der Ehegatten durch 2 geteilt werden, die dann errechnete (oder von der Steuertabelle abgelesene) Steuer wird verdoppelt. (Im Gegensatz dazu gilt in Österreich Personenbesteuerung,

gemildert durch die Alleinverdienerabsetzbeträge und erweiterte Möglichkeiten der Inanspruchnahme von Steuerfreibeträgen für Sonderausgaben.)

Steuerabsetzbetrag

mindert direkt die Steuerschuld, weil Steuerabsetzbeträge als fixe Summe von der bereits errechneten Steuer in Abzug gebracht werden. Die Steuerersparnis ist deshalb für alle Steuerpflichtigen gleich hoch, vorausgesetzt, die Steuerschuld ist mindestens gleich groß wie die Summe der Steuerabsetzbeträge.

Steuerfreibetrag

wird vor der Berechnung der Steuern vom Einkommen in Abzug gebracht. Wegen der → *Steuerprogression* ist die durch Freibeträge erzielte Steuerersparnis um so größer, je höher der persönliche Grenzsteuersatz des Steuerzahlers ist.

Steuerquote

bezeichnet das Verhältnis der gesamten Steuereinnahmen zum → *Bruttosozialprodukt*; oft auch *Abgabenquote* oder *Staatsquote*, wenn steuerähnliche Abgaben wie z. B. Sozialversicherungsbeiträge mit einbezogen werden.

Steuerprogression

entsteht, wenn (bei der Einkommensteuer) von jeweils höheren Einkommensanteilen ein höherer Steuersatz berechnet wird. Der allgemeine Grundsteuersatz ist dann der höchste im Tarif zur Anwendung kommende Satz (in Österreich 1990 50% von jenem Teil des steuerpflichtigen Jahreseinkommens, der über 700.000 Schilling liegt).

Solidarität

bezeichnet die wechselseitige Verantwortlichkeit in einer Gruppe von Menschen, in einem Staat, zwischen Staaten oder innerhalb der gesamten Menschheit sowie gegenüber der Umwelt und der Zukunft (in dieser Definition gehört *S.* zu den Grundprinzipien der katholischen Soziallehre).
In den sozialstaatlichen Einrichtungen kommt das Solidaritätsprinzip nicht nur in der organisierten Sozialhilfe zum Ausdruck; auch in der Sozialversicherung wird das → *Äquivalenzprinzip* durch das Solidaritätsprinzip ergänzt: In der gesetzlichen Krankenversicherung richten sich die Beiträge nach dem Einkommen, die Krankenbehandlung ist davon unabhängig. Weiters sind die Beitragszahlungen unabhängig vom Familienstand, d. h. von der Zahl der Mitversicherten. Eine → *Sockelung* wäre ebenfalls Ausdruck des Solidaritätsprinzips.

Subsidiarität

als *Familiensubsidiarität* in verschiedenen Sozialhilfegesetzen verankert, bezeichnet die Verpflichtung der (jeweils zu definierenden) Familienangehörigen, für ihr Mitglied nach Maßgabe ihrer eigenen Möglichkeiten finanziell aufzukommen; die größere Gemeinschaft (Gemeinde, Staat) greift erst in zweiter Linie helfend ein. In der Praxis bedeutet dies, daß gewährte Sozialhilfe von Familienangehörigen (innerhalb der definierten Grenzen) zurückverlangt werden kann.
S. (als eines der Grundprinzipien der katholischen Soziallehre) besagt allerdings nicht nur, daß die größere Einheit nicht tun soll, was die kleinere selbst leisten kann, sondern beinhaltet auch die Verpflichtung der jeweils größeren Einheit, der kleineren zu helfen, wo sie Hilfe braucht (Hilfe zur Selbsthilfe).

Transfers

sind Zahlungen der öffentlichen Hand an Private: z. B. Kinderbeihilfen. Auch die Leistungen der öffentlich-rechtlichen Sozialversicherungsanstalten wie Pensionen, Arbeitslosengeld, Krankengeld werden als *T.* bezeichnet (im Gegensatz zu Sachleistungen wie etwa ärztliche Behandlung, Krankenhaus- und Kuraufenthalte usw.).

Umlageverfahren

ist die für die Sozialversicherungen bezeichnende Finanzierungsform, wobei die in einem Jahr eingenommenen Beiträge der Aktiven im selben Jahr für die Pensionisten verwendet werden. Das Umlageverfahren baut auf dem *Generationenvertrag* auf: es wird davon ausgegangen, daß die jeweils aktive Generation für die noch nicht Erwerbsfähigen (die Kinder) und die nicht mehr Erwerbsfähigen (die Alten) aufkommen wird.

Versicherungsprinzip

beruht auf der Wahrscheinlichkeitsrechnung. Was für den einzelnen ein nicht vorhersehbares Risiko bedeutet – z. B. an einer bestimmten Krankheit zu erkranken, einen Autounfall zu erleiden oder in einem bestimmten Lebensalter zu sterben –, wird für eine große Zahl von Personen berechenbar, die Kosten kalkulierbar.
Während bei privaten Versicherungsträgern die zu zahlenden Prämien und die bei Eintritt des Versicherungsfalles zu beanspruchenden Leistungen einander entsprechen (→ *Äquivalenzprinzip*), wird bei der Sozialversicherung das Versicherungsprinzip durch das Solidaritätsprinzip ergänzt.

Wertschöpfungsabgabe

wird von der gesamten Wertschöpfung des Betriebes berechnet, die neben Löhnen und Gehältern auch Abschreibungen und Gewinne, Fremdkapitalzinsen, Mieten und Pachten, Sozialkosten und Steuern umfaßt. Diese verbreiterte Berechnungsbasis würde niedrigere Beitrags-sätze ermöglichen, vor allem aber das Beitrags- oder Steueraufkommen von Veränderungen der Erwerbsarbeit unabhängiger machen.

Zweidrittelgesellschaft

kennzeichnet seit Mitte der 80er Jahre Industriegesellschaften mit der Tendenz, immer mehr Mitglieder durch längerfristige oder wiederholte Arbeitslosigkeit und durch niedrige (Transfer-)Einkommen von der vollen Teilnahme am gesellschaftlichen Leben auszugrenzen. Dieser Ausschluß wird durch formaldemokratische Mehrheitsentscheide legitimiert und verfestigt.

Soziale Brennpunkte im Europaverlag

Herwig Büchele
**Christlicher Glaube
und politische Vernunft**
Band 12, 256 Seiten
(BRD: Patmos Verlag)
ISBN 3-203-50999-7

Ehrenfried Natter/Alois
Riedlsperger (Hrsg.)
Zweidrittelgesellschaft
Band 13, 232 Seiten
ISBN 3-203-51031-6

Herwig Büchele
Politik wider die Lüge
Band 9, 148 Seiten
ISBN 3-203-50797-8

Herwig Büchele/Harry
Hoefnagels/Bruno Kreisky
**Kirche und
demokratischer
Sozialismus**
Band 6, 132 Seiten
ISBN 3-203-50659-9

Oswald von Nell-Breuning
Arbeit vor Kapital
Kommentar zur Enzyklika
„Laborem exercens" von
Johannes Paul II.
Band 10, 192 Seiten
ISBN 3-203-50823-0

Herwig Büchele/
Lieselotte Wohlgenannt
**Grundeinkommen
ohne Arbeit**
Band 11, 192 Seiten
ISBN 3-203-50898-2

Oswald von Nell-Breuning
Soziallehre der Kirche
Band 5, 284 Seiten
ISBN 3-203-50834-6

Johannes Schasching
**In Sorge um Entwicklung
und Frieden**
Kommentar zur Enzyklika
„Sollicitudo rei socialis" von
Johannes Paul II.
Band 14, 192 Seiten
(BRD: Patmos Verlag)
ISBN 3-203-51044-8

Hildegard Goss-Mayr
**Der Mensch
vor dem Unrecht**
Band 3, 176 Seiten
ISBN 3-203-50786-2